中国社会科学院近代史研究所
民国文献丛刊

沈 怡 著

沈怡自述

中华书局

图书在版编目(CIP)数据

沈怡自述/沈怡著. —北京:中华书局,2016.3
(中国社会科学院近代史研究所民国文献丛刊)
ISBN 978-7-101-11135-4

Ⅰ.沈⋯ Ⅱ.沈⋯ Ⅲ.沈怡(1901~1980)-回忆录
Ⅳ.K828.7

中国版本图书馆 CIP 数据核字(2015)第 175011 号

书　　名　沈怡自述
著　　者　沈　怡
丛 书 名　中国社会科学院近代史研究所民国文献丛刊
责任编辑　张荣国
出版发行　中华书局
　　　　　(北京市丰台区太平桥西里 38 号　100073)
　　　　　http://www.zhbc.com.cn
　　　　　E-mail:zhbc@zhbc.com.cn
印　　刷　北京市白帆印务有限公司
版　　次　2016 年 3 月北京第 1 版
　　　　　2016 年 3 月北京第 1 次印刷
规　　格　开本/920×1250 毫米　1/32
　　　　　印张 14　插页 2　字数 260 千字
印　　数　1-4000 册
国际书号　ISBN 978-7-101-11135-4
定　　价　58.00 元

出版说明

　　文献史料是认识和研究历史的基础，民国史研究自不例外。为了给民国史研究者和爱好者提供史料利用上的便利，我局与中国社会科学院近代史研究所等学术机构合作，推出"民国文献丛刊"。

　　"民国文献丛刊"首批图书中，经台北传记文学出版社授权，列入了原属"传记文学丛书"和"传记文学丛刊"的一些作品，包括《刘汝明回忆录》、《银河忆往》、《逝者如斯集》、《颜惠庆自传》等十九种。

　　由于作品产生的时代背景和作者个人的政治立场的影响，一些作品中存在着比较明显的时代局限和政治色彩，一些个人视角的描述与评论，难免有不符合事实之处，反映了特定历史时期各派政治势力和社会组织之间错综复杂的关系。我们除了作必要的技术处理外，基本保留了作品原貌。希望各位读者在阅读和研究的过程中，着眼于其文献价值，辨析真伪，而获得本真的历史事实。

中华书局编辑部

二〇一四年七月

一九六五年沈怡在台北办公室摄

沈夫人应懿凝女士摄于上海中西女塾，时年十五

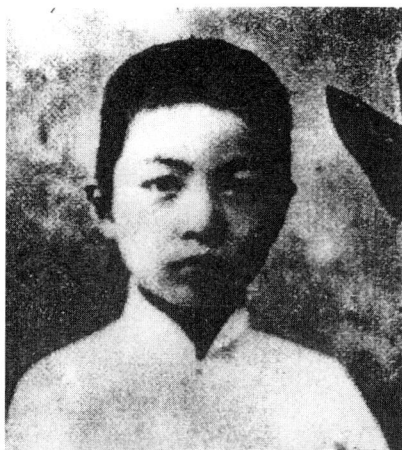

上图：沈怡八岁时摄
下图：沈怡与父母姐妹合影

民国十六年七月七日上海特别市成立，沈怡（左）任工务局局长，市长为黄郛（右七）

上图：沈怡夫妇台北郊区寓所迟鸽小筑之一角

下图：航业发展中心成立与联合国技术协助局签订协定时摄。中为联合国副秘书长兼技协局长胡世泽，右为联合国特别基金"驻台代表"Knut H. Winter，左为沈怡

沈夫人于香港拜张大千为师，行礼后合摄

上图：中国文化大学授予沈夫人哲士学位时摄，中为沈怡，左为蒋纬国

下图：沈夫人获巴西最高美术院颁赠名誉奖章并举行其作品展览，图为受奖后致谢词

上图：一九五三年沈怡夫妇银婚纪念，与张群夫妇(右一、左一)及胡适(右二)合摄于台北

下图：一九七八年沈怡夫妇金婚纪念，摄于美国之合家欢

目　录

序　王开节/1

我的父母　/1

我的童年　/15

就学青岛　/25

转学上海　/33

五四运动与少年中国学会　/47

留学考试落第　/55

初次做事在南通　/61

应征北京交通部　/67

出洋留学　/75

在德国德兰诗顿四年　/83

首次访问新大陆　/103

回　国　/119

北伐时期在武汉　/129

上海市工务局　/135

结　婚　/185

二度赴欧　/197

中国工程师学会　/209

抗战时期一段经济建设促动的经过　/213

广州三个月　/247

资源委员会　/257

甘肃水利林牧公司　/271

被征调到重庆　/301

未到任的大连市长　/309

两年南京市　/313

联合国远东防洪局　/325

"交通部"七年　/347

金婚忆往　/369

序

王开节

一

沈君怡先生及夫人应懿凝教授伉俪生平自述，今将由台北传记文学社出版。关于自述式传记，记曾读过数种。但同时读到伉俪两位各写的自述，这是第一次。君怡先生曾长"交通部"多年，是我在"部"中工作三十四年中追随最久的一位长官。自从他交卸"部"职以后，直到一九八○年九月去世，中间十三年。十三年中，他在"国内"与"国外"的时间，大约各占一半。他在"国内"时的经常见面与在"国外"时的经常通信，联络从未中断。应教授是一位业余作家，常在刊物杂志中读到她的作品，笔下很具文学素养，描写细腻、生动，也曾有多次长谈机会，印象十分深刻。他们贤伉俪《自述》将先后付印，传记文学社长刘绍唐先生指定我参与校阅。应教授来信也要我写一篇序。由这两项因缘的凑合，使一向艰于写作的我，增加了动笔的勇气。

我记得当年君怡先生谈话中，曾不止一次谈到写纪念文字的甘苦，他说纪念他人，不免写出自己与被纪念人的许多关系，这些说多了，或无意中以自己的意见穿插文中，易有反客为主之嫌。这一篇文，开场也未尝"无我"，但希望谨守分际。纪念他时，不忽略他的论点。

二

君怡先生是学工程出身。他生前担任公职约计五十多年。经历中以工程方面居多，约占去了五十年时间的一半。三度交通行政方面及市政、"外交"等各方面工作，合计占用另一半。他在工程方面工作，因系公职，不能脱离政治，政治不是他所自认的专长，事实上也非全是自谦之词，当他辞卸联合国远东防洪局长回台接任"交通部长"时，在交接典礼中的一席讲话，记有两点：一、他应召回台担任此项公职，对他个人而言，这是在"交通部"服务的第三次。第一次是民国九年，当时北洋政府交通部公开征求技术人才，应考录取入部。不久，得有公费机会资助出国留学。第二次是民国三十四年，由甘肃奉调赴重庆任交通部政务次长。为时甚短。这是第三次回"部"服务。得有机会以所学回报，理所当然，十分心愿的。二、曾国藩从前评论官场的通病有三：一、敷衍，二、颟顸，三、办事态度不黑不白。这些病态，是晚清政局的普遍现象，也是国势衰微的根本原因。今日"复兴建国"，必须有勇气根除此种颓风。从事公职，本身须具积极的动力，积极须先明辨是非，经过研究计划，逐步推行，方不致操切流入盲动。并说这些平凡无甚高论的作事态度与方法，希望能供同人参考互勉。他那时心声透露，留给我很深的印象。因当时逗留海外，长期居留蔚成风气之下，他虽是应召而来，有知遇与奉献的情感在内，但放弃已有的高位优薪，及将来退休的一笔可观的待遇，对于素恃薪给维持生活的人来说，应该不是不值得考虑的。此外，以一位洋博士所心仪向往的人，不是什么外国月亮，名人专家之类，而是土气十足，地道国粹的曾涤生先生，予我直觉的感想，是一位书生本色的工程师。

三

君怡先生自述中，关于交通方面，有他所写的《"交通部"七年》一文，但很简略。文内列有一张"清单"。"清单"内容每一子目的经过，都可写一篇长文。曾见他写过一篇《航业发展中心创办经过之回忆》（《传记文学》第二十九卷第一期），其余均未见续有发表，想是后来因健康的关系未及动笔，这实是很可惜的事。因看他所写的"清单"，立即触忆当年"清单"内每一件事,都曾经过一波三折的种种迂回过程。其中比较困扰的整顿招商局一案,经过整整五年时间,才算定案实施。

整顿招商局与航业发展中心,可以说是他对于航业发展全部构想中的两个层次。一九六一年七月间,他发起召开航业会议,约请海内外约近百名有关人士参加,议题分为七类,事前印发,请提供意见,他曾于开幕时致词说:

> 此次会议之议案,虽列有七项题目分别讨论,但以性质而论,则可分为业务、船舶、人才及管理四大类。凡此四者,固同属重要。惟船舶一项,尤为当务之急。所谓"工欲善其事,必先利其器"。本部所编拟之第三期经济建设四年计划中之海运计划,实可视为一个造船与购船计划。按该计划之说明,现远近洋商船可符合经济营运者共四十艘,计三十四万余载重吨。其中性能良好而船龄在四年以内者仅有四艘,共约六万五千余载重吨,情形之严重不言可喻。因此该计划有购造商船三十万吨之目标,期于四年之内予以实现。
>
> 航业只是运输工具之一种,但其活动范围,又比其他运输工具为广。尤其在海岛之台湾,赖航运而遍及世界各地,其营运对象具有国际性,故其营业不仅在配合当局贸易政策及公民物资的输运,抑且系一种增加外汇收入或减少外汇支出之重要企业。因此发展航业不独可以树立

对外贸易之基础，使进出口物资不致为外轮所控制，尤应视为一种协助平衡国际收支之主要工具。但航业之发展有赖自力更生……建立一种能与国际之海运国家相抗衡之商船队，则尚需我们本身之力量方能达成。

他的三十万吨商船计划，总括说来，到他卸职为止，轮船吨位，包括远洋及沿海共增加了一倍。即由一九六〇年底的五十余万载重吨，到一九六七年底的一百余万载重吨；平均船龄由一九六〇年的十七年减为一九六七年的十二年。至于航业人才培育，则航业发展中心存在五年中，由联合国技术协助局遴聘有关各类分由七个国籍不同的专家组成，训练专才三百五十余人。

至于招商局经过整顿改组，开始向日本洽贷三千万美金造船，进行尚属顺利，招商局董事长张寿贤先生于此所付心力，不亚于身为"部长"的君怡先生。这是他对发展航业构想的轮廓。

四

交通方面所主管的业务，尚有路、电、邮各部门，他也曾各尽心力。那几年正是台湾经济起飞的准备时期，建设方面，需要投资的要看预算容纳的限度。预算所列依法收入，均各有指定的分配，无法匀列作统一的新规划。后来电信、铁路打开世界银行贷款之门，逐渐充实设备，或研究评估，其基础也是在那几年奠定的。

他个人认为在职责方面所应致力的约有四点：一、统筹规划。二、督导调节。三、厘订标准。四、提倡鼓励。辅导协助事业之发展而非干扰，有限度的调节而非管制。各事业本身未具备足够的条件去经营发展以前，这些理想何从实现！技术标准方面，在极其可怜的经费下，尚曾做些基本工作，但去理想目标很远。

五

君怡先生日常的生活，读书占了重要部分。当他从巴西"大使"辞职回台后，住在阳明山下的住宅——迟鸽小筑——的时候，每月大约进城一二次。进城主要是到衡阳街一带的书店，看看有何可以购阅的书籍。每次满载而归的，都是些西文工程书籍。他曾谈及书价公道，因此谈到彼此逛书店的经验。那时我经常到世界书局买翻印的旧籍，好处是价廉，坏处是字小，因见他所看的工程书籍，图表很多，我建议他若看得枯燥，不妨看看我所买的掌故说部小品之类，换换口味。他说读工程书籍是兴趣所在，不觉枯燥，至于消遣的小品，反觉光阴虚耗可惜。于此一端，可见他读书的专注。有一次他读林孟工先生所写其先德林则徐传，林文忠曾在陕甘开发水利，倡导开凿坎井，因将坎井的情况，绘制成图示意。他发现所绘图有误，因即别绘一图，并为孟工解说，后来此书再版，即加引用。由此又谈到左宗棠在陕甘治绩，并曾随口引用文襄当时奏文的语句，原来他在甘肃水利林牧公司时，对于前人在当地治绩，都曾用过一番研读功夫，意在寻求可供他从事经营西北利源开发的参考借镜，这又是一项典型的书生工程师例证。

六

从性格方面来看，君怡先生是一位性情中人，作事积极而坚持原则，对人内心甚热而笃守分际，与他泛泛相交的人，只从表面上观察而加以论定，很容易导致偏差。因为一个人作事坚守原则，就不能不流露个性，同时对人保持分际，则易予人不够圆融之感。再加以理想目标已定，积极直前，虽千万人，吾往矣。若进行的是一项工程，问题比较单纯，如若进行的是牵涉层次较多的工作，就不能那样的单纯了。

根据君怡先生自述，他的家庭情形是父母去世均早，幼年即系独立生活。当然亲长及诸姊的关怀照应，是可弥补一部分情感上的空虚。但心灵深处总有一种无可取代的缺陷。爽朗热肠，由于历练而不自觉地自我抑制，形成一种韧性超过弹性的性格。他写到母氏葛太夫人治家驭下，十分能干；父亲叔和先生曾参加浙江乡试，中过举人。那是光绪二十八年壬寅，正庚子拳乱以后，辛亥革命以前，国势衰相显露的时候。那时代的知识分子一心向往的是国家如何致富强，政治如何走向民主，所以叔和先生在考取举人之后，放弃参加会试，也就是放弃当时读书人惟一进身的道路，而只应聘担任学校教席，这已可说明他的想法。学校毕竟是比较易于吸取新知，接近时代潮流趋势的场合。君怡先生的几位姊妹，均入学校接受新式教育，他的长姊黄夫人亦云女士且及参加辛亥革命，这是那个时代习于保守的风气下很不多见的。君怡先生涵濡于这样家庭气氛中，加深了他的积极、踏实的性格。至于他求学的过程，考留学，虽也经过周折，但大体说来，也不能说是不顺利的，直到考取博士学位，才结束了求学生活。人生除家庭以外，关系影响最深的是师友。从他编著的《黄河问题讨论集》（商务出版），可见他曾获名师的教益，感念至老不衰。从张九如先生所写有关正己社一篇有志青年的结合的报导（一九六三年十一月新闻天地周刊），可见他颇多益友，终身砥砺不渝。这都是足以形成其性格的无形基础。

七

应教授出身永康世家，她的祖父敏斋先生是同光间名臣，学问政绩，名重当时。俞曲园文集及李鸿章书牍中，都收有很多与敏斋先生讨论学术、政治的文章和信札。由于承袭世家乔木的浓厚气息，观念上不像叔和先生那样与时代潮流接近，以此应教授求学过程，尽管在比较优裕的环境中，反不似君怡先生那样顺利。其所经过的周折，说来是今日青年朋友所不易体会的。应教授的自述中，写得非常细腻委婉。细读她的文章，可以反应民初新旧交替时代的一般观念，是研究那时家庭社会的第一手材料。

天才的培养发扬，本不是简单的事，但要抑制或埋没天才也不简单。应教授的文学秉赋与她中英文字写作造诣，都因后来的晋修，而得到弥补充实，并且达到了很高的水平。凡是读过她的作品的，都会给予公平的评价。

八

一九八〇年君怡先生逝世后，其好友谭伯羽先生曾由美国来信，言及君怡先生去世前数日，曾通电话，声音宏亮，意兴如常，未觉有何征兆，不料突得其去世消息，十分伤感。因写一付挽联，托我于其台北追悼会时代为写送。后来在台北为君怡先生举行追思会，采用教会仪式，谢绝联幛，所以未曾办。现在伯羽先生亦已作古，未送的联语，尚在手边，借此写存，作个无法交代的交代。

几日尚清谈，方近重阳，迟鸽不来人已去。

满城暗秋色，竟成永诀，招魂无计泪空挥。

　　当时我也曾有两首挽诗，由于同一理由，未曾写送，一并附记于此，稍补序文未竟的追念。

　　忆从识面奉瑶琼，政尚宽和见性情。
　　事大记曾容众议，位尊不掩是清名。
　　多时饱谙居官味，尽室终为渡海行。
　　水远山长一回首，西风吹泪荡蓬瀛。

　　怀抱何缘得暂开，病中不废简书裁。
　　施为岂竟平生意，岁月俄惊夜漏催。
　　迟鹄有情空挂梦，沧波不尽与流哀。
　　他年直笔留青史，何用鹓雏费浪猜。

一九八三年八月

我的父母

沈氏原籍浙江吴兴，我家这一支在元末明初始迁竹墩，明正统年间，相当于十五世纪中叶，继迁嘉兴，至今我还保存着一本父亲手抄的家谱，就是从那时候开始的。根据家谱一世祖以实公号竹隐，卜居南湖，一名鸳鸯湖，有烟雨楼，为嘉兴名胜之一，传至五世汝桐公，号暉阳，初居轿坊里，后避乱迁朱家村，再传至十世政枢公，名璇，生三子，天桂公最幼，号林一，是我曾祖，娶黄太夫人，生三子一女，祖父少林公，名炽，最幼，经商，居东栅口，娶陶太夫人，生子女十人，其第六子行九，名秉钧，字衍清，号叔和，是我的父亲。

我父生于清同治五年，时科举未废，初在杭州求是书院读书，于光绪十六年应科试入泮，两年后，又应岁试及第，光绪二十六年乡试，因拳乱改在次年举行，称庚子辛丑并科，父亲考中第一百三十三名举人。戊戌政变，虽告失败，但影响所及，科举已成弩末，我父自此也就绝意仕进，置身文化教育事业，历任嘉兴新丰公塾及秀水县学堂教习，并被推为嘉兴劝学所总董。光绪三十二年应聘为上海商务印书馆编辑，积劳得肺疾，于民元回里休养，民国五年卒于上海。

我父在商务印书馆任职七年，曾独力校订《资治通鉴》，及参预《新字典》与《辞源》二大辞书的编纂，工作甚是繁重，所得薪水月不过四五十元，虽清末民初生活无今日之高，但论待遇，即在当时亦属少得可怜，那时祖父早已去世，家道中落，父亲身负家庭重担，为生计所迫，不得不接受这种事实。我犹记得民元父亲养病在家，中华书局正告成立，以重金聘父，于是商务也竟以同样甚至数倍于前的待遇来相挽留。我尝想一个人的学问能力固然无法用所得的薪水来衡量，但如父亲的能力以及他在工作上的贡献，应当有此报酬，则过去他们何以不能稍稍从优，竟如此忍心酷待，眼看他无限制的工作而把身体拖倒。可是当中华和商务彼此竞聘的时候，父亲已病不能兴，不但无法就中华之聘，连商务工作，体力也不能支持下去了。

我父一生为人正直，做事从不苟且，同里朱仙槎先生为编纂《嘉兴县志》，搜集我父事略，曾不胜赞叹的对我说："叔和先生真可当得'孝廉方正'四字而无愧。"父亲生平除读书外一无嗜好，最多只是空下来喜欢下下棋，喝点酒。这样常年离家，住在商务编辑所的宿舍里，几乎没有固定办公时间，无分昼夜的工作，当局不但不知欣赏，反疑心他自己有所写作，几次三番不声不响地站在父亲背后来侦察。一日被父发觉，未免有点气愤，但父一向以恕道待人，遂亦一笑置之。

民国三年，商务发行的《新字典》问世，这是继《康熙字典》后我国第一部辞书，为当时出版界的一件大事。《新字典》共有七位编辑，父亲乃其中之一，其余六人为陆尔奎、傅运森、蔡文森、方毅、张元济及高凤谦。与《新字典》出版的同时，商务就宣布发行《辞源》的消息，由高凤谦所撰《新字典》缘起中可以看出这两部辞书的关系：

> 戊申游广州，与陆君炜士（按即陆尔奎）谈辞书之关系，所论大洽，归以语张君（按指张菊生元济），乃要陆君主其事，又得傅君伟平、蔡君松如、方君叔远辈相赞助，至今年（按即民国元年）而脱稿，命之曰《辞源》，又刺其单辞先付手民，命之曰《新字典》。

由此可见《新字典》实脱胎于《辞源》，有《辞源》而后有《新字典》，父亲既为《新字典》编辑人，不用说更是《辞源》的编辑人无疑了。我还记得在当初《新字典》样本上印有《辞源》出版预告，满载编辑人姓名，亦明明有父亲名字在内，我们再看陆尔奎叙述编纂《辞源》之缘起有云：（见《辞源》卷首）

（前略）友人有久居欧美周知四国者，尝与言教育事，因纵论及于辞书，谓一国之文化，常与其辞书相比例。……国无辞书，无文化之可言也。其语至为明切。戊申之春，遂决意编辑此书。其初同志五六人，渐增至数十人，罗书十余万卷，历八年而始竣事。当始事之际，固未知其劳费一至于此也。

陆氏又述编纂《辞源》之经过：

着手之际，意在速成，最初之预算，本期以两年蒇事。及任事稍久，困难渐见，始知欲速不达。进行之程序，编制之方法，皆当改弦更张。……于是分别部类，重加校订。迨民国初元全稿略具。（同见《辞源》卷首）

当商务于戊申即光绪三十四年（一九〇八）开始编纂《辞源》及民国初元全稿略具时，父均在商务任职。陆氏所说其初同志五六人，虽未明言何人，未始非即指列名《新字典》的七位编辑，此虽系我的猜想，但十之八九当与事实相去不远。民国四年十月，《辞源》出版，列名编辑者数十人，独无父亲名字在内。父亲时在病中，虽毫不介意，但为子女者，却不免为之愤愤不平。次年八月父亲去世，此事对我几将永远成为一个谜。幸于抗战初期在香港遇见陆费伯鸿（逵）先生，谈到此事，方才将这一疑团打破。

据伯鸿先生说商务编纂《辞源》一开始就有父亲参加，这样经过了若干年，快到全稿完成阶段，忽然发生辛亥革命，共和告成，由于时代更新，需要增加一些新名词，于是添请了一批人，大都是短期性质，将全稿加以补充，编辑者的名字由最初的五六人增至数十人，其故即在此。不过无论如何，以父亲对此书贡献之巨，不该一笔勾销。我还记得当时伯鸿先生很带一种感慨的语气对我说，他猜商务在《辞源》中把父亲的名字除去，一定是由于受中华书局之聘，亦即为他的缘故，否则殊无任何理由可言。

以上这段话是民国二十七年秋，某日伯鸿先生在其香港九龙太子道寓所亲口对我讲。何以要说此事和他有关，这也有其原因，原来民国元年出版界异军突起，出现了一个中华书局，中华的创办人就是伯鸿先生，他原在商务工作，其他不少中华干部也都是商务出身，他们一班人比较年纪轻，头脑新，而且眼快手快，颇能把握时机，突以各色新制教科书问世，一时全国中小学用的全是中华课本，使商务着实受了一大打击，在当时商务当局心目中看来，伯鸿先生这批人都是叛徒，父亲虽未参加中华的工作，但与伯鸿先生私交甚厚，至少是个同路人，因此，任凭父亲对《辞源》有过很多的贡献，也难逃除名的处分了。

父亲所遇这类不平的事，使当时年仅十岁的我，心中甚是气愤，因此时时有一种想法，将来我长大以后，一定要办一家书局，聘请许多有学问的人，要好好的待他们，给他们很优厚的薪水，这样他们就不会受到像我父亲的种种遭遇了。固然到了二十六年，我忽遇到一个参加这类工作的机会，这件事我将留待以后来说。

我母葛太夫人名敬琛，生于清光绪元年（一八七五），卒于民国四年（一九一五），是外祖父葛星槎（文源）公的次女。父亲自养病在家，当时商务定章病假停止给薪，以笔耕为生的一介书生，至此生计的艰苦可以想见。幸赖母亲典质簪珥，悉索敝赋来张罗医药，并陪伴父亲去杭州西湖易地疗养，哪知父亲的病犹未有起色，而母亲自己忽因腹部作痛，被医生误断为盲肠炎开刀不慎去世，母亲殁后才数日，父亲曾挥泪成《悼言》一文，可为母亲一生写照，兹谨将全文照录于此：

元配葛夫人敬琛，同邑星槎明经次女也，明敏有决断，处事勤干，而待人至公，接物无忤，从未见疾言遽色。年十九来归，时先严弃养已五年矣，家计日落，夫人上承高堂，下睦妯娌，安贫守分，处之怡然，人无闲言，虑钧之羁家事而荒学业也。百计措资俾钧无内顾忧，得壹意从师读。逾年冬，伯姊归同邑陆氏，贫无以为礼，夫人悉心筹画，不足则自出奁资以益之。迨杭守林公创求是书院，又力劝钧应试而肄业焉。负笈四年，家中几无儋石储，仰事俯蓄，一惟夫人是赖。未几仲兄秉璋物故，遗有嫂氏及子女各一，身后萧条，无以为家，夫人创议迎嫂侄同居，抚养而教诲之。已而求是书院改为高等学堂，学者皆当纳学膳费，钧以无力，故不得已辍学。时届大比之岁，钧困于贫病，无志举业，夫人以老母望切，劝钧力图寸进，以慰慈望，且筹得二十余金，藉壮行色，遂以壬寅补行庚子辛丑科乡试，幸获一第，甲辰计偕返里，越日本生先慈弃养，夫人摒挡一切，赀贷典质，勉尽丧礼，不使钧毫末劳心焉。无禄伯兄秉衡，季弟秉荣，相继即世，伯兄遗有二女，皆已遣嫁，而嫂亦先卒，惟弟有子女二人均幼，夫人迎娣妇辈同居，抚养教诲，一如遇仲兄后，然任负则愈重矣。逾年，复以先考妣暨本生考妣暨伯氏兄嫂停柩有年，未卜宅兆也，乃竭力措资为营窆茔于朱家村祖茔之侧。迨民国元年夏，钧以从事编辑商务书馆历年积劳，顿遘肺疾，调治小愈，三年春复患胃病，其夏又患风症，夫人昼夜服劳，饮食医药事事躬亲将护，乃得转危为安；然自是夫人之心力益瘁矣。夫人性好施与，见人孤寒疾苦，无论识与不识，解囊伙助，宁减缩己衣食而不稍吝悔。戚属或以疑难事相质，辄条分缕析，立为剖决，尝语钧曰："君平日脑力过耗，今后事无巨细，当悉置度外，庶几静养以补所不足乎。"钧颇然其言，孰意夫人操劳过甚，乃反中道而弃钧耶……呜呼伤哉。

民国十八年，大姊亦云尝动议在九里汇父母坟上勒石纪念，虽未实行，但姊所撰事略，极有保存价值，照录于后：

公姓沈，讳秉钧，字叔和，先世由吴兴迁居嘉兴，遂为嘉兴人。祖林一，讳天桂，父少林，讳炽，以丝纱业起家。少林公轻财重义，曰贾人日接于利，恐去仁义远，遂令诸子习儒，公其第六子也。生而端谨，不苟言笑，读书颖悟，弱冠通经史。年十九，丁少林公艰，逾四年，娶葛夫人。三十二举于乡，三十四母陶太夫人见背，哀泣至于呕血，自是绝意仕进，专心典籍。历任本邑秀水学堂教习，劝学所总董，上海商务印书馆编辑，参预编《辞源》犹未问世，而咯血症发，年四十六，殁于沪。其明年丁巳与葛夫人合葬於邑之九里汇。夫人讳敬声，同邑云甫公讳登銮孙女，星槎公讳文源次女，禀性正直，任侠有丈夫气。生六岁，而母朱太夫人见背，尝受育于潘母沈夫人，沈夫人者，葛朱二氏之姻娅，世乱出死生以存母族夫族之遗孤者也。夫人既习闻孝义之事，年十九，来归于公，时适家道中落，兄弟析炊，公与夫人独奉陶太夫人以居，遗业无所有，公卖文授徒，夫人躬操井臼，不足则典钗珥而甘旨无亏，上下融融如也。太夫人尝顾谓公曰："汝父临终告予，他年惟阿德可依，不知更有贤妇。"阿德者，公小字也。公一生言忠信，行笃敬，律己以严，责人以恕，夫人慷慨任侠，乡里戚族有急难，援应不稍踌躇。自公与夫人之丧，闻者莫不唏嘘……呜呼，性真等失怙恃十四年矣，此十四年中，或分居南北，或求学异邦，聚首之日不常，追念之议未成，虽然，先人之潜德不可不彰也。岁己巳之冬，孙一中诞生之期年，因敬谨纪述行状，勒石墓侧，使后之子孙知所本而知所勉焉。

我母亲的豁达仗义，戚族朋友中有口皆碑。父亲在《悼言》中所说"见人孤寒疾苦，无论识与不识，解囊佽助，宁减缩己衣食而不稍吝悔"以及"戚族或以疑难事相质，辄条分缕析立为剖决"，这几句话最足以状母之为人。助人本为人类应有美德，但以我父母当时处境，自顾不暇，而能不顾一切，帮助他人，实在是难以企及的。

民国二十九年我在香港旅中，适值母亲去世二十五周年忌辰，曾将父亲生前亲笔所写《悼言》稿抄寄大姊并征求对刻送亲友意见，大姊旋复我一信有云：

当年姊在国外不得与于父弟之哭，今则泪随稿下矣。刻送一节，姊意：（一）原稿父母体贴之情毕露，而母亲行事虽具纲目，在俗人视之，以为具文，在姊记忆所及，备述梗概，吾母真非常人也。故尚须有补充者一。（二）父亲明年二十五周忌辰，父亲之学问道德为一乡物望所归，足为后人楷模者不一而足，故姊以为父母须有一合传，此事姊蓄志久矣。十年前曾有简稿，弟当忆之，我兄弟宜再商合成之。父母事实姊应所知最多，当真实不虚记出来。（三）照上说法，若刊送可俟明年合传成后，若不刊送，可将父稿裱一册页，合传及附述，甚至亲友若亦有附述均按次录于后，较有意义，而可保存。（四）此时天灾人祸希有之浩劫，父母若在，或且不喜我侪为此。姊前曾有一意见，待父母任何纪念日，吾四人合赠浙大一奖学金（浙大前身为求是书院，父曾肄业也），今姊拟实行之，惟今昔时世不同，着眼不必执一用途，尤视所急，送浙大，或捐他处，姊无成见，乞弟与二、三妹商定可也。

姊信言"十年前曾有简稿"，即指前文所录事略。未几太平洋战事爆发，拟议中的合传，及设立奖学金二事，均未实现。三十三年（一九四四）姊写《半生杂记》初稿成，内有《父母昆弟》一章。叙述父为人有如下字句：

吾父身体力行而示我者，认真而不苟，且淡泊而甘刻苦。出处、辞让、取与之间，毫不假借。我所亲见的，父亲待人虽处处以恕，但嫉恶如仇，大节凛然。当对袁世凯称帝，痛心疾首。病中读梁启超所作《异哉所谓国体问题者》文，为之击节称快。吾国屈服于日本对二十一条件的最后通牒以后，全国各界发起救国储金，父亲率先响应。

每日读报，见捐款踊跃辄喜，反之悒悒不欢。当时局紧张之际，隔邻外叔祖家犹终日丝竹歌声传来，恒为之顿足变色。此虽小节，但父亲的为人可以略见。

姊在其《半生杂记》中，描写母之慷慨任侠，曾有道：

常人给了人，自己尚有，母亲给了人，自己便无。

又云："母亲岂但自己没有，她是没有自己。"

我母亲这类行若无事的美德，至今我犹留着不可磨灭的印象，我们做子女的，每议论及此，辄自愧不如远甚。我今更欲追述母亲弥留时之一段情景。

这一天下午，母亲由城里福音医院迁回柴场湾家里，我做梦也想不到大祸即将起于眉睫，因为看母亲的神情，还是若无其事和平日一样。父母卧室原在家中最后一进靠左临河的一间，但母亲由医院回家之前，吩咐病床即设二进堂楼右侧，不必进入卧室。事后思之，母此种安排，都有用意。是时父已卧病多年，大姊等亡命海外，二姊和我虽在身旁，皆更事不多，平妹更是年幼。外祖父则远游北方未归，诸舅亦皆在外，母环顾左右，竟无一可托之人，适族兄景修，在青浦经商，告假在家，母就约他至医院，与谈后事。临别并脱所佩金戒指赠之，以作纪念。至今回想，此时母的内心当是最最难过。但及其见父，犹有说有笑，诿称在医院起居不适，故决定回家静养，父于母入院开刀，初无所知，盖母与福音医院院长美人文渊博夫妇，平日往还颇密，对西洋医术更是笃信不疑。母究竟所患何病，我至今犹不甚清楚。至戚中有沈子美姨丈（名承瑜，字子美）习医。当母病危时，姨丈及姨母（名敬琮）由上海特地赶来视疾。事后姨母为我言，母因腹部时常作痛，医生断为慢性盲肠炎，未加检查，即施手术，结果既非盲肠炎，亦未摸清何病，反因伤口发炎，遂致不起。或云开刀后某日，看护进以Castor Oil，甚拂母意，强而后可，由是病势逆转。此则二姊随侍在侧，亲见其事。总之，医生诊断不明，手术欠佳，无可为讳。母入医院开刀，秘不使父知，即对二姊及我，亦只说："母今有病，医言开刀可愈，儿等如希望母健康，应同意母施此手术。"在此情势下，二姊及我尚复何说，及至母自知不起，犹谆谆嘱语，此乃天命，勿与医生为难。其豁达诚非常人所能及，而此福音医院者，多年饮誉，自母去世，声望即一落千丈。未几，文氏夫妇亦即回国。

母真非常人，虽濒最后一刻，仍不动声色，既镇定，亦洒脱，对父则始终百计安慰。当我扶父至堂前视母，距母去世不足五六小时，母犹带笑的说："你看儿子和父亲差不多一般高了。"

母当自知不起之日，和族兄景修谈些什么，我不在侧，并不清楚，仅知事无巨细，均有嘱咐。大之对每个人的安顿，小之如零星工作的分配，包括何人擦堂前洋灯（是时方有电灯，我家未装），何人抄写报条，如何人写均有指定，又叮嘱众人早睡，庶次日可有精神办事。对于丧事，则禁用僧尼，戒焚楮箔。又旧俗丧中吊者至，必有人号啕假泣，母认为虚伪，戒勿仿行。其时尚无殡仪馆，母对入殓，嘱用硖石仵作，取其手脚干净。出殡毋须仪仗，只用本城孤儿院儿童乐队一排，戒用吹打，以免弄成婚丧莫辨。凡此种种，均出自临时口嘱，其有条有理，令人几不能想像竟已到了最后永诀之时。母逝前五分钟，犹神志清醒，一如平时，身体精神，至少在外表上无丝毫痛苦表现。其时已将半夜，室内静寂无声，二姊忍不住躲在楼上隐隐哭泣，为母所闻。而我尚茫然，犹坐母床侧。母握我手谓："阿二（指二姊）何竟如此想不开。"并语我："母此时已无他嘱，只望儿尽记母平时所说的话。"语甫毕，气息陡急，不数分钟遂与世长辞。是时唯二姊性仁和我在侧，均伏地而哭，此情此景，历历如昨，及今偶一思及，仍不禁泪难自已也。

这是民国四年九月五日午夜的事。

我的童年

　　我父母一共生我等姊妹五人，长姊景英又名性真，字亦云，婚杭县黄郛，字膺白。次姊景芳，又名性仁，婚天津陶孟和，原名履恭，后以字行。妹景平，又名性元，婚常熟钱昌照，字乙藜。弟景慧，生匝月而殇。我行三，初名景清，由于我父字衍清，这清字的来源当因此，但在辛亥革命前后，很容易使人联想到满清二字，这是最惹人厌的事。也不知何故，我姊妹先后纷纷弃用"景"字排行。民国元年（一九一二）我赴青岛读书，自此改用"怡"字单名，这是一个夏夜，在窗前侍父赏月，由于大姊的提议、父的赞同，就此决定下来。我初字景卿，原是自己在小学时代随意取的，除了和名字像音外，毫无意义可言。自民四（一九一五）起，才开始用"君怡"二字，当时有好些同学的别号，均以"君"字冠首，如杨继曾字君毅、周延勋字君常、黄养正字君维、朱樾字君林。杨君与我同级，周、黄、朱三君与我同一寝室，均甚莫逆。

我生于浙江嘉兴，时为清光绪二十七年辛丑（一九〇一）夏历八月二十一日（阳历为十月三号）。小名"志"，又作"智"，肖牛而爱观牛，因此亲戚们替我取了一个绰号曰"黄牛"。又因童时生得头大，长辈们随口称我为"大头男"。距我家不远有一牛棚，那地方又脏又臭，但我每日都要去观赏片刻，风雨无阻，带我的人甚以为苦。其时父终年在外，家书每由大姊执笔；一日姊为讲"近朱者赤，近墨者黑"，以朱喻善，以墨喻恶，及至姊作家书时，我央姊代书"阿志愿意染红"，以告父亲，染红意指近朱，亦即为善之意。儿时不善达意，遂以染红二字出之，母与姊均赞我有志。是年四岁。

五岁父教我识字，七岁进养英初等小学堂。校长为董季和先生，校址即在我家对门。我在养英成绩颇好，以第一名卒业初小，奖品是一套纸做的万国旗，归来挂在客堂内，好看而且体面，父母看了也满心欢喜。小学卒业以后，一时无适当学校可进，恰好五外叔祖葛蔚南（文炳）公聘同里朱仲和先生在家设馆，我与二姊遂同往附读，开蒙读《孝经》，次读《孟子》、《论语》。二姊读的是《左传》，朱先生讲《左传》时，我座位虽远，但亦可听到，在我当时听来要比《孟子》、《论语》有趣得多：可见年纪太小，读四书未必一定合适。我们也时常作文，仲和先生总是先替我修改再令誊正，如此父看到的只是老师修改以后的作品。一日父发现此情形，甚不以为然，便和母说："我们将孩子托付这位先生，他不应教孩子以欺骗。"因此有另换老师之意。这事被我知道了，忽失声大哭，父见我哭，以为师生有此感情，倒也难得，遂把这念头打消，但请仲和先生保存我原作面目，因为只有这样父才能知道孩子功课有无进步。在私塾读了一年半光景，改入私立高氏澧源小学校，校址在城内火德庙附近，校长孟紫舫（豪）先生。这学校在本地很有点名气，尽管教的都是小学生，而教师中倒不乏很有学问的人，其中最著者莫如后来在北大担任教授的单不厂先生。单先生是我们的地理教习，我其时年龄实在太小，对他的印象不深，只记得一日消息传来，日本并吞朝鲜，他在课室内提到这事，说了一些极沉痛的话。他讲地理懂得穿插历史，使学生听来津津有味。我在高氏小学住读半年，适辛亥武昌起义，学校停办，改入县立第二高等小学（通称秀水学堂，父早年曾在此担任国文教员）。在秀水学堂仅仅读了半年，就在民国元年（一九一二）秋天随着敬新舅（字省吾）、敬应舅（字梦鱼）北上，投考青岛特别高等专门学校，那年我十二岁。

记得当年父亲一面教我识字，一面把笔教我写字，幼时亲戚中颇赞我写得一手好字，当然也不是怎样出色，只是在同年龄的孩子中要算还好就是了。经过描红、影写两个阶段之后，便开始临帖；第一部临的是《玄秘塔》，后来也写过《九成宫》。十五岁那年家住上海，二姊买了一部《黄庭坚字帖》，是普通木刻本，极不高明，但是我一见，爱它的笔法洒脱，临得很起劲。我习黄字不曾得到好处，反把字写歪了，任凭怎样也改不过来。十七岁开始临《张猛龙》，并无人指点，只是出于自己爱好，可惜都是时习时辍，不曾好好下得功夫，不但习字一道如此，即对国文也是如此。

当时一年半的私塾生活，总算读了一册《孝经》，一部《孟子》，半部《论语》，我的国文根柢说穿了，只是如此而已。出了私塾以后，无论在青岛，在上海，国文一课只是虚应故事，因为我进的学校全是以外国语为主，并不注重国文。所幸在青岛时，遇到一位老师姓商，名衍瀛，乃前清翰林，赖他循循善诱，多少还学到一点。商先生正是我们当时的中文先生，听说他后来帮着张勋策划复辟，溥仪在东北傀儡登场时，曾在宫内做事，自康德二年（一九三五）十二月至康德五年（一九三八）五月任"满洲国"宫内府内务处处长。他原是满洲人，毋怪其然。

我虽在外文学校读书，但暑假回家，父母常令我从师补习中文，如巍舅（敬中，字运成），如同里郑棐臣先生或由父自己为我补课，父尝以小型《纲鉴易知录》一部授我，并嘱我放在枕畔代替小说读，这样我对历史渐渐发生兴趣，而对文学始终兴趣有限。父又教我读《古文观止》，每读一篇，均须朗诵，至能背诵为止。父甚注重朗诵，尝谓由朗诵中可以听出领悟程度。一日我读苏子《六国论》，父在楼上听罢，对母说："只有这一次算是读对了。"父的意思如果读的人未能领悟文章内容，无论怎样也朗诵不好的。我今细味父言实在极有道理，朗诵宛如讲话或演说，若生吞活剥的说，和有条有理的讲，这其间是大有分别。

辛亥革命前夕，人心浮动，人人暗中竞行剪辫，我的辫子就在这年立夏日剪去的。事前敬恩舅（字湛侯）问了母亲，母表示默许，舅就当真把我的小辫一下剪掉了。在当时尚无理发铺，有的只是剃头店，那些剃头匠只懂得剃头，不知道如何理发，而且整个嘉兴城只有一把新式轧发剪，还是私人的。我的辫子剪下以后，跑去借了来修剪一番，才算把头发修整成个样子；可惜当时不曾照相，我想那样子决不会高明。

是年夏历八月十九日，即阳历十月十日，武昌起义，不久革命势力风靡全国，家家预备白旗，写着"光复"或"大汉光复"等字样。我家的旗系敬康舅（字振民）设计，旗中央还画了个太极图，不知用意何在，但在当时看来很觉得别致。武昌革命成功，我家自母以至于我们姊妹几个人，都兴奋非常。大姊景英投效女子军事团，到上海去参加工作，母则逐日挨户劝募北伐捐，我跟着填写收据，捐款数目多则一二元，少至一二角，有时遇到一毛不拔的人，很是没趣，但母仍鼓起精神，毫不灰心。

我家和外叔祖蔚南公家都住在嘉兴北门城外柴场湾，因能开风气之先，一时有文明湾之称。外叔祖家所有子弟几乎都在外埠求学，其中尤以恩舅肆业杭州武备学堂，富有革命思想。武昌起义以后，各省纷纷响应，但以效忠清室自命的张勋，犹固守南京。当时担任攻打天保城的军队，亦即朱瑞所率领的浙军，恩舅适充朱氏参谋，躬与其事。战罢归来，为我等讲作战经过，如张勋部下盘辫在城头上，口出不逊的骂人，南京四郊尚有不少太平天国战壕遗迹，攻城时不慎如何跌入壕沟之内，以及队伍失散走错了方向，结果反糊里糊涂闯进了南京城。恩舅说话常带情感，讲来更是有声有色。

清末民初称时髦曰"文明"，和现在习用的"摩登"二字意义相仿佛。为什么人家称我们住的那条街为"文明湾"呢？说来有很多原因，最令人注意的，这两家子弟不分男女，个个都受新式教育，年轻一代的女子，都不缠足，男子都不早婚，女子也不早嫁。家庭中对于一般运动十分提倡，网球、怡球、泅泳、划船，应有尽有。唱歌也很流行，《男儿第一志气高》、《雪中行军》，都是当时我们最喜欢唱的时代歌调。恩舅是我们事实上的领袖，我在十岁光景过寄与他，因此我称他为寄伯，禾俗过寄乃是一种亲密表示，在他的领导下，这一群大大小小充满着生命活力的青年男女，每逢放假回家，大家无忧无虑过着最快乐的日子。我们住的地方前门临街，后门濒河，河对面即是城墙。恩舅在城根买有一块地，盖了几间平屋，养鸡种菜之外，还辟了一个网球场，两岸凭一只舢板（俗称洋船）交通，水手由我和几个舅舅轮流充当。在我十一岁那年的夏天，恩舅发起泅泳，今日回想起来，当时所谓的文明，岂能和现在的摩登相比。今日如果练习泅泳，不是在海滨，就在很考究的游泳池，地方多好，水多清洁，唯恐其不合卫生，还要消毒，而当时我们这一班文明人呢，河滨就是我们的泅泳所，在河底不平，深浅不管，碎瓷破片所在，稍一不慎即可皮破血流，而一般习惯，洗衣淘米，以及荡涤污物，自饮料取给，以致污水排泄，无不同在这一条河中，卫生二字，无从谈起，练习游泳，也没有橡皮圈，只用裤子一条，将两只脚管缚住，吹气成泡。昔日的文明举动，在今日看来，尽成野蛮行为，思之可笑。照世俗说法，我在家庭中乃是独子，开始练习泅泳时，舅问母是否放心让我参加，母说："莫说不放心，假如他胆怯，还要烦你带他到河中心去浸他几下。"母去世后，恩舅以此语我，并且接着说："你看单就这样一件极寻常的事来说，你母亲对你是何等的期望！"我闻此言，眼泪不由得夺眶而下。

舅家这条洋船几位舅舅都成水手，我以年纪尚小不够资格，只做一名小小差遣，但久而久之居然能使桨，也能掌舵。我们的船常和别人竞赛，因为我们人才齐整，总是胜利时候多，几乎每个夏日的傍晚，我们都要去南湖一趟。南湖又名鸳鸯湖，湖中央有岛，岛上有亭台楼阁，统称曰烟雨楼，乃嘉兴唯一名胜所在。有时我们侵晨出发，小船直放荷花荡，现采现买，载满了清香扑鼻，又嫩又鲜的莲蓬。归途日已高升，人人以荷叶为帽，母亲有时常和我们一起去，兴致甚好。父亲平时难得在家，即使在家也从不参加。犹忆其后在民七年（一九一八）同济土木科同学赴杭州西湖实习测量，一日我们在湖中赛船，由我司舵的一艘船，每赛必居首列。其后民十四年（一九二五）在德兰诗顿工大读书，和同学在柯恩教授（Prof. Kuhn）率领下参观德国各地卫生工程，道经柏林，在德国国立体育专门学校作半日休息，学校设于柏林市运动场，内有泅泳池，那天天气颇热，我换上泅泳衣没有立刻就下水，有几个德国同学以为我胆怯，怂恿我和他们比赛，于是大家一跃下池，结果还是我首先到岸。以上两件小事只是证明我在童年时所奠下的一点体育基础。

我母对于体育不但处处鼓励，而且以身作则的提倡，因此我家不久也定造了一条小船，此船形状颇似爱斯基摩土人用的一样，两端俱成尖形，无船头船尾之分，只可容两人乘坐。母在日恒独自或偕二姊或我遨游河上，由于船身甚小，只须一人操桨，来往自如，母视此为日常运动，我敢说与母同时代同年龄的妇女很少有像我母这种精神的。关于这小船还有一段故事必须在此叙述一下。

这故事发生在这小船下水之日。由于承造的船厂在南门外，而我家则在北门，相距约有一二十里水路，因此必须有人前往验收并将船划了回来。这份工作恩舅派定我和应舅二人担任。那是一个暑天下午，当我们出门时候，天际已有一片乌云，行至东门，果然下了几点小雨，此时同行的应舅就说天下雨了，不如改日去罢。我无可奈何也就跟了回家，及至回家，雨反没有了，见到恩舅并不问我们何以半途而归，只是和旁人讲纳尔逊童年冒雨上学的故事，盛赞纳之有出息，这不是针对着我和应舅二人说，是和谁说？我于是向应舅提议我们走罢，幸舅同意，遂再一起出门而去。到了船厂，一同上了这只才下水的小船，即由船厂出发。一刹那间天已倾盆大雨，暑天的雨俗称阵头雨，来势甚骤，但其去也快。及至船入南湖，雨亦渐止，这时我二人衣服尽湿，偏偏凉风一阵一阵的袭来，凉快难受，兼而有之，就在这个时候，应舅提议说这样我们一定会受凉，不如雇一条有遮蔽的船来躲避，我们的小船就让它拖着。我虽感觉这样措置大不妥当，但其时的我，只有十岁左右，尚无法以一人之力单独将船划回家，何况还要穿过偌大一个南湖，心中虽是十分不愿，结果还是随着上了所雇的民船。一方面我们正在中途换船起了变卦，一方面恩舅看见我们二人经他一激，居然拔脚就跑，现今又遇着这般大雨，定必异常狼狈，他觉得有对我们鼓励一番的必要，因此就驾着舢板迎面而来，哪知我们真够泄气，此时已躲在民船里，把小船拖在船尾，他们老远望见这副样子，不作一声，掉头而去，我看了心中难过极了！回到家中，又悔又恨，放声大哭。母对我虽同情，也责备我们不该虎头蛇尾，这明明是自讨没趣，有何话说。自此以后，我做事不论大小，常以此为戒，这一次的经验对我一生可说有莫大益处。

就学青岛

那是民国元年（一九一二）的秋天，我随着敬新、敬应二舅到上海候船去青岛，船名"塘沽"，才一千余吨，我们买的是统舱，票价每人四元，其时我尚不足十二岁，只需半票，故只花了两块大洋，这是我第一次坐海轮，一切都觉得非常新奇。船未启碇前，只见起重机把岸上货物，一件又一件的由一个很大的四方口子，经过另一个很大而且照样四方的口子向舱底装卸，及至货装卸完了，便有人把下面的口子盖上木板，这时所有搭客便一涌而上，抢着打开自己的铺盖，就地占好了各人的位置。本来从头顶上面的口子，还可以望见高大的桅杆和碧蓝的青天，忽然间连这个口子也用板盖上了，板上面还罩着一层黑沉沉的帆布，于是舱内顿成一片漆黑。旅客上下甲板，只有一个梯子可通，那道门是窄极了，舱内的空气已是坏到无可再坏，可是旅客中还有人点起灯大吸其鸦片。上船时一团兴致，到此尽归乌有，这时初次离家的滋味一齐涌上心来。我终于在一个角落里一堆生铁的上面把铺盖打开，躺将下来。不巧遍遇风浪，晕船为苦。如是者足足两日，便到青岛。船抵码头已是傍晚，我们都是新生，不能一迳搬进学校去，就找了一家客店暂时歇下。这家客店臭虫之多，为我有生以来所仅见。这一晚实在无法睡觉，我们索兴来到客店门首，正巧这时还停着一副水果担子，山东是有名产水果的地方，在我们家乡一角钱一只的苹果，在此地最多只需铜元一枚，我们一面吃苹果，一面在马路上踱来踱去，没有臭虫骚扰，人也舒服了许多。挨到天明，就忙着算清店账，押了行李向黑兰大学堂而去。该学校创立于一九〇八年，为德人所创办，故需读德文。

大姊肄业天津北洋女子师范时，曾从德国女教习读过几年德文，自从父母决定命我去青岛读书，大姊就开始为我补习德文。到入学考试那天，主考海理威先生（Herr Hellwig）亦即后来我级的主任教习，他勉强能说几句中国话，一见便说这青年可以到大抱岛去。我当时不明何意，过后才知大抱岛乃青岛热闹市区，那里有一所中国小学，他觉得我年纪这样小，怎好进大学堂，不如进那个小学来得合适。幸而大姊为我补习了一个多月的德文，此时帮了大忙，同时我的中文也还过得去，考试结果，不但录取，甚至还插高了一班。自此以后，我便是青岛中德特别高等专门学校（这名称堆砌得不通，但在当时确是一连串这几个字，本地通称黑兰大学堂学校，所在地的区域曰黑兰）

预科二年级的正式生了。

过渡时代的教育，每有许多不上轨道的地方，以法定学龄言，进中学最小须十四岁，我去青岛时还不足十二岁，高小犹未毕业，怎能一下就进中学，因为论程度第一年重在读德文，其他课程便相形减轻，预科一年级只当高小的三四年级，预科二年级至多是和中学一年级相等，课程有德文、数理（包括数学、代数、几何）、历史、地理、植物、动物，都是用的德文课本，此外尚有国文、图画、音乐、体操等。一般说来，程度并不高深，但对于我已是相当吃力，尤其当时的我年纪实在太小，一味好玩，不肯读书，视功课为畏途，因此成绩坏到极点。教室距海滨不远，我除了上课以外，不是在海边看潮水，就是拾贝壳，或是和同学们在沙滩上打架。这些和我成天打架的同学，大半是广东孩子，年龄相仿，他们人数众多，初时以我为可欺，但是我也不肯示弱，所以初去的半年必须时时戒备。

因为在异乡求学，来自同一地区的人彼此就格外容易亲近。当时常在一起的有傅绪（字壮民）、傅绩（字慕陆）、朱樾（字君林）、李中庸（字伯庸）、王泽恒、新舅、应舅和我八人，自称为八仙。在青岛一共两年（自民元秋至民三夏），有几件事似乎值得一记。

民元（一九一二）四月，国父孙中山先生辞去临时大总统职务，八月北上游历，九月道出青岛。同学闻讯咸愿一睹此开国伟人的丰采。国父抵青那天晚上，我们自动列队赴车站迎接，跟着就筹备开会欢迎，但是学校当局并不以此举为然。正在若干日前，德王弟亨利亲王来青岛访问，同学们奉命欢迎，心中都是十分无可奈何，表面上张灯结彩，却很热闹，德亲王来过之后，接着就有国父莅青的消息，同学们都在想这些灯彩何妨多保留几天，也可借此点缀，哪知德亲王一走，就拆得的一干二净。学校当局对于国父非但没有欢迎的准备，同时对于学生们的行动还千方百计的阻挠，即以到车站欢迎一事而论，我们先在校内排队，一个德国体操教员以身体挡住校门，不让我们出去，这时我们立即散队跑到校外，重行集合，那位教员看了，两眼直瞪，毫无办法，总之学校当局和学生为此事各不相下，风潮已如箭在弦上，幸而后来当局自知形势不妙，允许学生在校开会欢迎，才告无事。其时大礼堂尚未落成，欢迎会就在几间形同兵房的临时礼堂内举行。这一日和孙先生同来的有孙夫人（卢太夫人）、秘书宋女士（即后来的孔夫人）及随员若干人。国父演说时我因人小，站在最前列，虽则他说些什么并不全部了了，但是看得却很清楚，只觉他说话虽无慷慨激昂之情，可是态度从容，蔼然可亲，令人起敬。当日国父告诉我们世界上有两种人没有自由，一是军人，二是学生，奖励我们要好好读书，学人所长，将来可以报效国家，语重心长，发人深省。同来的孙夫人实即孙哲生先生的母亲卢太夫人，年事似已不小，装束亦不入时，那位盘东洋髻的女秘书却打扮十分时髦，完全另是一种派头。国父演说完毕，还和全体同学在校外山坡下合照了一张相。

一个风潮甫了，第二个风潮又起，原来这所特别高等专门学校，由于中、德两国政府合办关系，规定双方各派监督一人，正监督凯贝尔先生（Prof. Keipert）。民二十五年（一九三六）前后我还在上海遇见过，已变成十足商人样子，已非复当年风度。在当时，同学们对他毫无印象，完全是无可无不可的。早先的中国监督是荆门蒋楷先生（字则先），说来惭愧，我当时只知他姓蒋，其余一概不晓得，直到后来看见黄河水利委员会所印《河上语图解》（民二十三年十二月印行），卷首有李宜之先生的弁言，才晓得我们这位蒋监督原来就是《河上语》的作者，清光绪二十二年（一八九六）利津黄河决口，其时他正在山东滨州知府任上。若论我对他的印象，只记得他是一位十足老先生的样子，说话声音很低，行路时总是佝了背，看神气就知道决不是德国监督的对手。后来不知怎样中国监督忽然换了人，新监督姓窦，原先就是德监督的翻译，说得一口好德文，穿着道地的西装，年纪不大，外表也不坏，同学们对他其实并无所谓恶感，只是嫌他是翻译出身，以为这样以后，哪还有中国监督说话余地，就起来反对。先之以罢课，继之以公推代表赴京请愿，最后居然达到收回成命的目的。

　　青岛全校学生约有四五百人，其中最受人注目的一位姓陈名桐，籍贯不详，只知其生长北方，身材高大，在民初穿西装的人还不多，学生中更是绝无仅有，这位陈同学非但西装革履，有时还身穿礼服，头戴高帽，到车站欢迎国父那晚上，他就是这付盛服去的，大家都笑他可惜天色已晚，车站上灯光也不够亮，国父未必看得清。更有趣的，他在那时居然已有一辆汽车，车子破旧得很，听说花三百块大洋买的，每次发动都要费好半天，走起来，老是锵锵作响，同学们看了无不为之忍俊不已。因为汽车虽旧，那驾车的人头戴高礼帽却是常事，当两次风潮时表示得最激烈的也是他。会场中他的噱头最多，他屡次表示决定跳海自杀，一面说，一面就装作立刻往外跑的姿态，可是人人都知道他是说着玩的，因此绝无人去理会。

第二位令人注意的同学是姓李，名维衡，他有一个外国名字叫Wilhelm，即以维廉为字，后改名彦士，浙江吴兴人。他是法政科的学生，到过奥国，西装笔挺，态度大方，一副绅士派头，同学们都对他刮目相看。李君每进饭厅必挟白布手巾包一个，内有筷有匙，入座后，便将包打开，把手巾铺在桌上，用的是自己的碗，自己的筷匙，当时我们的卫生常识有限，看了他这付行径都是暗暗称奇。民十五（一九二六）以后，李君在江浙一带经营电气事业，甚著成绩，为我国民营电业界巨子，其时我在上海，时常和他来往，可惜他在抗战前数年忽得腰子病，竟告不起。李君本人并非电气专门，他和我的族兄嗣芳（字馥庵，交大电机科卒业）交谊很深，馥庵一直是他的左右手。

前面所说两次风潮，都是全校性的，后来还闹出一次小小风潮，范围只限于我们这一班，结果虎头蛇尾，很无意思。原来我们的图画教习桑德先生（Herr Sander），常带学生出外写生，平日师生之间相当随便。一日同学中有一位姓许的，名廷珏，他趁着桑先生不在，偷偷翻过山头去游玩，游毕归来，正巧遇着先生，桑先生脾气倒也真好，只说了一句："我的孩子，你到哪里去了？"话是说的德文，译成中文，便是这个意思。桑先生这般说法原很亲密，并无其他含意，无如我们那位北方同学对于德文的了解太不高明，竟错会了意思，以为先生在讨他便宜，把他当成儿子；盖北方人对于认人作子有许多想入非非的含义，最是忌讳，这一气，便使他用德文回敬了先生一句："你才是我的孩子呢！"桑先生一闻此言，也动了肝火，报告教务长，不问情由就把这位同学开除。布告贴了出来，同班的人纷纷不平，四出运动，颇想酝酿又一次的罢课，无如其他同学都认为这原是许君自己的不是，不愿附和，这也罢了，可是若干人还不肯干休，以为非见教务长不可，当时我们的班长是童诗闻（字亢龄），浙江鄞县人。生来佝背，在我们班中年龄最长，因为我年龄最小，大家捉弄我，举为副班长，在平时副班长原是无事可为，但恰巧发生这件事的那几天，童君因事告假，遂使我身当其冲，而偏偏事情是毫不理直气壮。同学中有许元方君（字长卿），和肇事的许廷珏是叔侄关系，逼着我一道去见教务长欧特曼先生（Dr. W. Othmer），欧先生精于汉学，操一口流利的中国话，他说学校当局对这件事自有权衡，非学生们所应过问，义正词严，着实把我们几个人抢白了一顿。回到班上，大家没精打采，你怪我，我怪你的怪了一阵，许元方后来和我成极熟朋友，但在当时为这件事和我很过不去，在教室黑板上写："副班长某某不能胜任，应予革职。"几个大字，在他算借此出气，我并没有去理会他。平心而论，此事固是那位许同学的不是，但当局的措置也未免太过分了一点。

民国二年（一九一三）四月八日第一届国会在北京开幕，校中同学集会庆祝，有人临时把我推上讲台，其时我初到北方，国语还说不太像样，大概说的是道地乡音，只记得用"亡羊补牢，未为晚也"文绉绉地作结束，和我成天打架的广东孩子，都想不到我还有这一手，全场同学都很捧场，报我一阵极热烈的鼓掌。这是我生平第一次的演讲。

我一向在内地住，因赴青岛就学，才初次出门，到了上海事事觉得新奇，好容易弄明白了电灯，但还不曾见过电铃，及至青岛第一次见了电铃，还以为就是电灯开关，同时自己却也纳罕，何以这开关与其他不同，心想必是一按即亮，不按不亮，但是亮了又如何叫它熄呢？这些疑问实在无法解决，遂思何不试验一下，于是将手轻轻一按，哪知这电铃通整个宿舍，铃声大作，所有同学都开门而出，以为已是吃饭时候，号房急急忙忙地扬手，好容易才把误会说明。那时我已是十二岁，如今连四五岁的孩子都懂得什么是电铃了。

转学上海

民国三年（一九一四）夏天欧战发生，日本乘机攻打青岛，学校停办，我和许多同学遂一起转入上海同济医工专门学校，是年我十三岁，插入语言科（Sprachschule）第二班，即中学三年级。主任教习为包而扬先生（Herr A. Boljahn），课程有德文、历史、地理、算法、算术、物理、化学、植物、动物等等，较之青校程度不免深了许多。我因游心不改，成绩仍是极坏，这一年冬季的升学考试只有国文列一等，其余德文、历史、地理、物理、化学、算术，均列三等，算法则为四等，三等为及格（genuegend），四等不甚及格（wenig genuegend），五等便是不及格（ungenuegend），我的成绩如此，因之证书附注栏内主任教习批了下列几行字：

Wird nach Klasse I versetzt. Weit zurück

im Rechnen und sich in diesem Fach noch ganz besonders befleissigen.

译成中文便是：

> 该生可升头班，惟算法特逊，尚须用功。（用证书原译字句）

那时我的一班的算学教习是鲍蔼尔先生（Herr J. Bauer），他对我印象极坏，在教务会议时力主留级，幸而主任教习替我说话，才侥幸渡此难关，至今回想起来，当时我对功课确是太不用心；一则年纪太小，二则功课日深，除了某些科目尚可凭借急智和临时抱佛脚来应付过去以外，所有其他较为艰深的课程如算术、物理之类，论成绩可以说坏到无可再坏，课余作业，老师出下算题，十有八九我会一题不做，自己觉得倒也很妙，从不知请教他人，或是抄袭别人答案来搪塞应付，任由老师申斥，满不在乎。

民四（一九一五）春侥幸升入头班，即中学四年级，偏偏冤家遇着对头，主任教习正是那位鲍先生，开学第一天，他一手指指窗外的工科讲堂，一面对我说："哼，你还想进那座屋子去？你这个又懒又笨的孩子。""又懒又笨"乃是鲍先生时常这样称我的，当时听了真不服气，但是自己不用功，又有什么办法呢。固然，上学期考试揭晓，成绩单上依然有一连串的附注：

Dieser Schüler muss sich im mathematik bedeutend bessern, wenn Anspruch auf Versetzung gemacht werden will.

原译作："该生如欲升班，须将算术特别用心。"算术与物理二项都是主任教习的课，而我的这两门成绩均为四等，试想这情形糟不糟。当时同济功课在上海一般学校中颇以严紧著称，每逢学年考试，总有不少学生留级，设连续留级二年，照章即须开除。因此成绩坏的学生，到了学年考试前夕，个个提心吊胆，校中向例在学期终了前一月，举行教务会议，个别讨论学生成绩，升级成问题的学生，就在会议终了由监督到各班逐一宣布姓名，予以警告，不用说我每次都在被警告之列。那时预科监督费德克博士（Dr. Foethke）教我级的化学，事也奇怪，我于化学成绩不恶，因此监督对我不无好感。一日，监督讲起智利的"硝"，便发问智利的所在，问遍全班，就只有我一人知道，大家都很奇怪。因那时我已开始集邮，故此对世界各国名称及位置相当清楚。除费监督外，还有好几位教习都对我不错，和我过不去的，实际上就只有这位主任教习。民四（一九一五）冬，预科毕业考试倘能及格，则次年即可升入工科，这真是一个紧要关头。我在当时也不免着了急，在得到警告之后一个月中，不得不特别用功。笔试既毕，接着就有口试，大凡成绩好的学生，口试不过虚应故事，但是遇着素日成绩不佳的，或是升级降级还未确定的学生，口试还是一重难关，口试时监督总是自己临场。那天第一场考算术，主任教习一心只想把我难倒，问了这样，又问那样，我居然一一对答如流，可见一个月来的抱佛脚毕竟发生了它的作用。主任教心犹未足，还要我上讲台黑板上去演题，我已走到一半；监督忽于此时突然说了一声"Halt!"这是停止再问的意思，我真是高兴极了！这一下总算在中学侥幸毕业了。次年即民五（一九一六）二月，就此升入工预科，从此以后，虽成绩依旧平平，但证书上开始不再有附记。民七（一九一八）春正月，安然卒业工预科，成绩仍是中等（genuegend）。

同济学制中学四年，到第四年，分成甲乙两班，读医科的入甲班，读工科的入乙班，工科四年，计预科二年，正科二年。正科又分电机、机械及土木，因此在中学三年级时，全班同学虽有四五十人，到了四年级，由于选读医、工的区别，每班只剩了二十余人，这二十余人升入工科，过了二年，又因选读机械与土木的区别，再度分班，到了最后便各剩十余人。我选的是土木工程，同班有郭则溉、张柏如、赵世暹、陈秉琦、李邦翰、崔毓菜、张言森、麦蕴瑜、李言，连我共为十人。

我自民四（一九一五）九月丧母、次年八月丧父，两年之中，连遭大故，加以年纪渐长，感伤之余，看见其他成绩优良的同学，不禁生羡慕之心，无如过去功课太坏的声名久著，一时不易恢复过来。民六（一九一七）那年，某日恩舅特地来吴淞看我，傍晚一起回上海，在火车中舅对我备加激励，从这次谈话，使我如梦初醒，悔恨无已。舅一向主张青年时期毋宁多注重身体，功课稍差一点无关紧要，因为这时期的功课毕竟普通，日后补习不难，倘若身体坏了，势必无法补救，后悔莫及。母在世时恒从舅言，对我功课好坏未免放松，而有关体育之事无不尽力鼓励，我当时的成绩坏到那种田地，而每次放假归来，不但母不责备，连父也从不说我一句，自己糊里糊涂毫不知父母对我的用心，一旦明白过来，诚有何以为人之憾。

那次在淞沪火车中舅对我说的话，我记得极清楚，他说："以往你的功课不好，我总是替你说话，因为那时你年纪小，身体比什么都重要，所喜我的理想竟成事实，你现在的身体锻炼得极好，而你的年龄也一天比一天大了，可是你的功课并未好转。我感觉此时若不提醒你，纵使你将来力大如牛，而学问全无，怎样在社会上立足，故从今以后，你必须不顾身体，不顾一切，拼命用功，急起直追，此其时矣。"除此以外，舅又和我讲了若干关于性教育方面的常识，讲真话，我当时根本还不晓得"性"是怎样一回事，当然更说不上其他恶习了；但是这些话对我还是有莫大益处。

我自听了舅这番激励的话，民七（一九一八）春升入土木工科，即工科三年级，一改从来态度，痛下苦功，因此第一学期考试的结果，成绩居然大有进步，自己也颇为得意，把分数抄寄正在天津住家的大姊，不料姊回信并无半点赞许，相反的举我的国文分数作陪衬，姊说你的国文程度我是再清楚没有，居然能有九十分，则其他可想。这一激，不免使我更加发愤用功，就在这个年底我便一跃而为全班第一，欢喜之余，不禁有无限感触，只恨当年年幼无知，不解父母用心，假定双亲此时尚在，见我肯读书，知上进，不知将如何高兴，这件事已成终天之恨。自此以后，我每试都居首列，有时先生省得在成绩单上逐项填分数，竟用括弧把各项科目勾成一起，填上一百分，这情形和数年前比较起来，真令人有隔世之感。民九（一九二〇）四月我遂以最优等第一名毕业于同济医工专门学校（后改称国立同济大学）。时年二十，实际年龄尚不足十九岁。同时我的四年大学以成绩最优等免费。

在同济求学时，有几件事值得一记。民四（一九一五）即欧战发生的第二年，日本政府训令其驻华公使向袁世凯提出二十一条条件，强迫我国接受，其中以第五条尤为苛刻，那时我们年纪虽不大，但已皆深切感觉国难的严重，纷纷捐助经费，将条件全文印成传单向内地寄发，全国舆论愤激，达于极点。陆军总长段祺瑞通电请缨，有"背城借一"的话，无如袁氏这时候已蓄意称帝，竟于是年五月九日对日本最后通牒表示屈服，从此"五月九日"便成为"国耻纪念日"，一直到抗战胜利才渐渐淡忘。但也有人说袁氏应付那次交涉并不算错，一则欧战方股，各国无暇东顾，国际相助无人，形势于我极度不利，二则我国当时的武人只是些自私自利的军阀，至多也不过像段祺瑞那样发发通电，说些慷慨激昂的话，其实皆不堪一战。因此平心而论，袁氏的屈服，未始非不得已。所不可为袁恕者，即在如此创巨痛深之余，隔得没有几个月功夫，竟丧心病狂，自己做起皇帝来，在他个人固然是身败名裂，咎有应得，在国家则葬送了复兴机会，真是太可惜了。

　　同济校址初在上海宝隆路，原系华界，后来法租界向西扩充，遂将宝隆路吞并，改名亚尔培路。欧战初起，学校德当局看见形势不妙，未雨绸缪成立了一个校董会，罗致若干上海商界闻人，如贝润生，管祉卿，及教育界沈信卿等为校董，这办法亦只能抵挡一时，盖当欧战正酣之际，胜负未分，彼此均存顾忌，及至民六（一九一七）春，就是我进工科第二年，突在某星期六下午，法租界公董局派来大批巡捕将学校团团围住，限令全体教职员及学生当晚离校，此事发生在下午三四点钟，而那天下午我恰巧和同学陆之顺约好一起到虹口去学溜冰，吃过午饭即匆匆出门，那时还一点动静也没有，我们在溜冰场足玩了四五小时。所谓溜冰，乃是足下穿了装有四个轮子的鞋子，在地板上滑，这是我初次尝试，起初老是摔跤，二三小时以后，已渐能行走，趣味顿生，因此玩得特别高兴，那时天色渐黑，兼之外边下着蒙蒙细雨，我和陆君还想赶着回学校去吃晚饭，一路在电车中已听乘客纷纷谈说学校被封，但尚摸不着一点头脑，及至到了学校门首，只见武装安南巡捕把守大门，对任何人只许出，不准进，我和陆君呆立半晌，无计可施，遂决定到白克路宝隆医院去看看那边是何情形，因为同济医正科附设宝隆医院，地点在公共租界。其时傅绪(字壮民)已进了医正科，他们的宿舍即在医院对门聚兴坊，甫进门才知道我的行李铺盖等早由傅君替我搬了出来，盖当出事时，傅君正在宝隆路本校，他便急急忙忙替我收拾行李，并用人力车运到他住的宿舍内，那时宿舍内挤满了人，我在人声嘈杂中，向他道了谢，当晚无处可住，便到四姨母家过了一夜。学校被封得如此突兀，社会上无论哪一方面都很同情这件事，简照南氏所办的南洋兄弟烟草公司，和唐少川先生有关系的金星人寿保险公司，立即发起包定好几家旅馆收容临时无家可归的同学，此种急公好义的精神，令人非常感动。第二天同学中各省代表举了出来，临时办事处也跟着成立，就在四川路青年会大礼堂举行全体同学大会。唐少川先生亲自出席致词，保证社会各界一定帮助学校恢复，并叮嘱散住旅舍诸同学务必遵守秩序。那日唐先生戴的那付老光眼镜在台上一闪一闪，加上一口广东官话，使我留有很深的印象。开会结束，一致公推赵厚达(字兴三)、叶鼎(字刚久)两位同学到北京教育部请愿，由于朝野各方的赞助，两位代表的努力，以及教育当局的爱护，不久，就决定将学校收归国有，聘阮尚介氏(字介藩，江苏奉贤人，留德习机械工程)为接收后第一任校长，借吴淞中国公学及水产学校一部分为临时校舍，于是很快我们就在吴淞复课。当时宝山袁希涛先生（字观澜）适以教育次长代理部务，同济复校以先生之力为最巨，当时教育部派来照料此事的司长是沈彭年先生。我还记得，复校第一日教习、同学彼此重复在课堂相见，真可说得悲喜交集，这滋味诚难以笔墨形容。自此以后，学生与学校之间，结下一道牢不可解的关系，师生感情因此也格外圆满。上海是一个学潮澎湃所在，但在当时的同济，人人只觉学校之可爱，读书之不易，谁还有心绪来闹无谓的风潮，一时风气之佳，成为各校之冠。其后民八在吴淞自建新校，民十二落成，此皆为江苏省所拨之款。

民六（一九一七）我国参战，学校仍照常上课。民七（一九一八）欧战停止。民八（一九一九）遣送敌侨事发生，同济教员十之八九均为德人，这样一来，立即不能开课，阮校长千方百计替我们请到了两位临时教授，都姓李，一位李协先生（字仪祉，又作宜之，陕西人）授水功学。一位李厘身先生（字孟博，浙江人）授测量。阮校长自己授机械学。偌大一个土木科就靠三位教授来维持残局，后来索性由李孟博先生带我们去杭州作测量实习，以遣时间。李先生那时回国不久，是一位道地的留美学生，上课堂只会用英文讲解，对于我们这班只懂得德文的学生可说牛头不对马嘴，大家依样葫芦把李先生在黑板上写的讲义一一抄下，倒也觉得新奇有趣，懂不懂却在其次。

李先生带我们去杭州，同学坐的是三等车，他一人独坐在二等，车厢里这时大家倒也没有起什么反感，以为老师原该坐二等。后来我去德国留学，凡出外旅行，那些教授总是陪着学生一起坐四等车，有说有笑，不免使我常常会想起当年独坐在二等车里的李先生来。但在那时，我们认为是很当然的，而这次在杭同学朱君林的介绍，我们师生全体都一律借住在西湖孤山朱文公祠，并无等级的区别。到的当日把行李安顿好了以后，李先生就立刻去看定测量区域，次日清晨便一齐出发工作，这一点很显出李先生当年的朝气和办事的精神。自此我们就天天早出晚归，约有一个来月。

山中多骤雨，无处可避，衣履尽湿，成为常有的事。午餐须在野外，即以馒头充饥，遇着口渴，到处有山泉可饮，玉泉的水，尤其是我们常去汲取的。星期假日则与同学徜徉湖上，赛舟为乐，或结伴游灵隐、天竺、烟霞、云栖诸名胜，无忧无虑，至今想来真是优哉游哉乐无穷。至今犹有余味。

李宜之先生曾在德国但泽（Danzig）工业大学习水利，乃是留德前辈，其时正在南京河海工程专门学校担任教授，特地由南京赶来教我们的课，每星期都是如此。宜之先生的教授法和前述的这位李先生恰成一个正反面，原来这位李先生虽也是留学出身，但喜用国语讲解，所编讲义也是中文，他的水利讲义中尤富我国资料。宜之先生生长陕西，说话带乡音，咬字很重，这正象征他说每一个字，讲每一句话，都是有力量的。我们听他的课虽只短短数月，但实在得益匪浅。第一、同济以往教主要课程均是德人教授，中国教习只是教些不相干的功课，因此同学在心理上不知不觉对于本国教习起了一种藐视，自李宜之先生和顾珊臣先生（顾先生授数学，深得同学欢迎，不幸赴欧游历病故于德国旅中，此乃后事）相继来校掌教，使同学心理为之一变。第二、宜之先生教水利喜引本国资料编入讲义，在我们都是闻所未闻，大家不但感觉新颖，并且对于以往德国教师在某些课程上所采教授法不免发生了疑问。这二点对于当时的同济学生无疑是一件大大快意的事。

民八（一九一九）上学期就是这样对付着上课，及至下学期，经学校当局多方努力，居然请到了好几位遣送敌侨时漏网的德国教授，一向都在平津方面担任工作，内中史娄那先生（Herr Slotnarin）曾任津浦铁路北段工程师，襄筑洛口黄河铁桥，颇著名望。津浦路落成之后，即在北京交通部做事。学校当局为我们请到史先生，同学们，特别是我们这一班，非常感觉兴奋，这样我们的学业才赖以继续。史先生是德兰诗顿工大出身，恩格思教授还教过他的课，后来我去德国留学，进的也是这个学校，得有受业于恩格思教授门下的机会，可说完全出于史先生的指示。

说起史先生，真使人悼惜，他一直掌教同济，并任工科教务长，某年医生忽发现他长有胃癌，初在上海开刀，未能根除，乃决计返德医治，学校念他任教多年，想送他一笔回国川资，他竟拒绝收受，他以为不可因一人之故开这个例。他启程这天，我和懿凝上船送行，首至头等，遍询不得，继至二等，又不得，最后始得之于经济二等，实即是三等舱。若在常人，遇到学校有川资可送，必无拒绝之理，其尤甚者，或不待学校表示还会提出要求，都未可知。史先生一生积蓄，听说都在第一次世界大战前后丧失殆尽，他的个人经济实在并不见好，而他有此种义利之辨，真是难得。他那次回德不久，即告不起，我听到这一不幸的消息后，心中的哀悼恛郁诚无以名状。

关于我们学校校史的若干经过，在朱家骅先生所写《我回忆中的同济》一文中有如下的几段：

民九年，阮尚介到德国去募捐，那时贝伦子早已返德，阮校长找人帮忙募到一批和从前相仿的机器和图书仪器，因此贝又回学校来了。他真是一个热心校务的人，要想为学校树立一个永久基础，可惜后来在民国十六年的冬天，贝病逝于宝隆医院。

虽然从民六起，学校行政由我国自己来办，但是教务方面以及一切设施计划，事实上犹是由贝一人负责。

当宣统三年下半年在上海的德国商人发起加办工科，他们的计划是想办一个职业学校性质的机械学校。在德国职业学校是隶属于邦政府的，所以上海方面负责人就向普鲁士工商部接洽聘请人员，工商部的负责人机械学校司长就把科隆机械学校教员贝伦子先生介绍到中国来。

当时上海只要求介绍人员,对一切设备并无具体计划,贝伦子应聘以后,表示愿意向德国工业界游说,他周历各工业区,果然捐得在机械学校和工厂应有的全套机械并仪器设备。他又请了一个中等工业学校出身的监工,于民国元年春初和他同时到校,到校以后,就立即开始筹备,一面在金神父路建筑一幢讲堂,一面又建筑一个实习工厂,规模相当大,为当时国内各校所不及,到了秋天就正式开学。头班学生只有六个人,计为黄昇、刘荫揎、舒昌瑜、曹省之、王道周,及我,这个机械学校就是工科当时的名称,叫"德国机械学校"。

五四运动与少年中国学会

　　民八（一九一九）春，第一次大战结束后，参战各国在法国凡尔赛举行和平会议，我国派陆征祥、顾维钧、王正廷代表出席。那时大战甫停，国际间又回复了正常状态，日本趁火打劫独霸远东的局面已成过去，然全国人民对二十一条的创痕记忆犹新，无不盼望在这次和平会议中得一平反机会，加以胶州湾本是我国领土，当年为德人强占，今又被日本从德人手中夺去，趁此收回，更是全国上下的愿望。无奈和平会议只以分赃为能事，所谓公理战胜强权，只是口头说说而已。我国是时在国际间毫无地位，凡所要求均遭拒绝，其尤为荒谬者，和平会议竟主张将德人在胶州湾武力取得之权利一一让渡给日本，当时国内舆论对于政府亲日政策久怀不满，尤以集矢于办理对日外交的曹汝霖、章宗祥、陆宗舆三人。由于北京学生界在曹汝霖家放了一把火，并将章宗祥一顿痛殴，竟掀起了惊天动地的学潮，浸至弥漫全国。这事发生在民国八年（一九一九）五月四日，后来就称为五四运动。

消息传来，上海学生界立即起而响应，各校纷纷组织学生会，未几，学生联合会就成立了。第一任会长何葆仁，南洋华侨，其时正在复旦大学读书，在这次上海学生运动中，复旦学生始终居于领导地位，经过一个月的酝酿，在六月三日那天上海的学潮开始爆发，首为学校罢课，继则商店罢市，风潮大有如火如荼之势，同时抵制日货由上海发动，渐渐波及全国各地。在上海南市西门的公共体育场举行民众大会，连续不断，各校学生排队参加，旗帜飘扬，声势浩大。同济自五四以来，学生即自动请求军事训练，聘吴淞驻军某营长担任教官，操练颇勤。某次大游行我任同济领队，行至中途，只见他校队伍里的人纷纷离队，不是到商店中抢了东洋磁器当街摔破，便是拿了日本花布奔向会场，其时公共体育场堆积此类布匹如山，当场付之一炬。我与本队同学看见这种秩序大乱的情形，力持镇静，相戒不得散队，不为越规行动。路上行人见我队个个身穿笔挺的制服，步伐整齐，队伍不乱，经过之处，无不报以热烈掌声。次日全市报纸批评这次学生的行径，无异暴动，深致惋惜。数月来社会上对于学生的同情，不免顿为冷淡下来。

回想学生运动初起时，社会上那种热忱赞助的情形，实在令人感动，大家把学生几乎看成了出征将士，沿街预备干点茶水，学生联合会会所里各界捐赠的饼干果饵，满坑满谷。六三之役，公共租界商店响应罢市，南京路先施、永安两家百货公司首先停业。最初的学生罢课，当时的北京政府看来并不重视，及至上海商界全体罢市，才感觉到事态的严重。罢市的几天，学生联合会动员各校学生，表面上以协助租界维持秩序，实则暗中实行监视，使一般商店不得开门。当时公共租界市面以南京路日升楼至抛球场一带最为热闹，同济学生适被派在那个据点上站岗，而我的岗位亦即在南京路浙江路口先施公司门首，在平时日升楼附近已是够热闹，此时商店一齐停业，店伙个个在路上闲逛，以致路上更是人山人海。说也奇怪，当那些外国三道头（巡官别称）和印度巡捕走来走去，简直束手无策，但只须我们帮着劝导几下，顿时间路上的人散了不少。因此最初数日，租界当局不知就里，尚以为学生出动站岗大有帮助，后来不知怎样被他们发觉了我们的真正目的，这才下令取缔学生站岗，其时罢市已有多日，目的已达，租界当局，这一次总算受了学生一场大骗，至今回想起来，怪有趣的。很是够味而耐味。

当出动站岗的几天，我和同学阮尚丞成为一组，身穿白色制服，束有白布条，前后都写着英文"严守秩序"字样，所有学生全是这般装束。我和阮君当时在南京路上由日升楼到抛球场往来行走时，两旁商店的伙计尽着把我们邀往店里，不是请吃茶，就是送痧药水，有的竟坐了人力车装满水果，不问要否，大把的向我们袋里塞，其热忱直无法以言语形容，不由人不为之感动。路上既不准再站岗，学生会就变更策略，通令各校，尽量派同学到闸北和南市演讲，命令的内容是务必引起警察干涉，达到多数学生被捕的目的，假如此计得售，则可将消息立即传播到全国，掀起更大的风潮，这是学生会又一妙计。事前连通电全国的稿子都准备好了，计策固妙，无如不够机密，已被地方当局识破，因此那日任凭学生到处演讲，警察绝不干涉。我和三四同学在城隍庙湖心亭一带茶肆演说了一阵子，无计可施，只得跑了回来。有一位同学急得没法，跑去问警察何以不拿他，那警察只是朝他笑。这一日城里挤满了由租界涌进的学生，但是并没有出一点乱子。

这时各校经常派有同学在外演讲，同济校址在吴淞，而吴淞只是一个不甚热闹的小镇，宝山名为县城，地方更是荒凉，当我们出发演讲时，同学们都跟着去看热闹，如此学生先有了数十人，听众还不及学生多，讲了半天，只算讲给自己人听，至今思之，实在可笑。再说演讲一事，看是寻常，但过去毫无经验，骤然登台，只见台下人头簇簇，一阵头昏眼花，尽管站在面前是些平素极熟的同学，一眼望去没有一张脸孔是认得清楚的，至于自己讲的是些什么，更是茫然不知所谓了。经过若干次以后，胆子渐渐壮，首先知道何处放自己的手，也不要尽在台上跑来跑去，其次应知道仍和平日说话一样，只须把声音稍稍提高一点，用不着大嚷大叫，以致声嘶力竭。那时我们的演讲还说不上内容，只要态度从容，口齿清楚，就不难号召一些听众，否则只有靠同学们自己的捧场了。我在学生会中属于演讲组，每次出发，都有我的份，某次我们组成一队队员四五人，渡海到崇明，那次不可能有同学跟着去，全靠我们自己来表演，于是我们总是先找定一个广场，临时向附近民居借张方凳，站在上面讲话，开讲之前有如小贩似的必在大街小巷摇一阵子铃，以吸引听众。如是者早出晚归，演讲了一个多星期，成绩还算不恶。

同济学生会还出了一种刊物，名曰《自觉周报》，由同学王智湛君主持编辑，这一刊物在当时各校出版的刊物中要算首屈一指。从那时起，我开始有写作，一日，我在上海《时报》妇女副刊里投了一篇呼吁女子勿缚胸的文，居然登了出来，同学们都笑我："与你何干？要你管这种闲事。"此乃民国九年间事。其后十余年，朱家骅（骝先）长浙民政，果然发出了取缔缚胸的禁令，甚使我听了很有一种昂然自得之概。

我自父母去世后，已成了无家可归的人，每逢寒暑假总是住在校内。那年暑假，我和三四同学发起在吴淞镇上办一所民众夜校，又在本校办了一个校役补习班，我差不多每晚都去吴淞镇上课。为引起听众兴趣，我常把物理试验室的仪器带去，有时还借些幻灯片映给大家看，来的人总是每晚满座。由于附近张华浜铁路工厂若干工人的请求，我们又在工厂宿舍内增设了一个工人夜校，他们先在吴淞镇的民众夜校听讲，久之直接向我们提出可否在工厂内添设一个夜校，我们毫不迟疑的就立即答应，校舍和一切设备都由他们自己备办，凳子、黑板应有尽有，只是凳子矮些，都是着地的条凳，还特地装了一盏煤气灯，我和同学高尚德、黄显灏一共三人轮流担任讲演，教的人和听的人都很感觉有趣。

那时各校风气只要有题可借，罢课已是司空见惯。我现在已记不清，因为福建出了一件什么事，学生联合会中一部分代表又主张全体罢课，出动演讲，我当时适被推为本校学生会副会长，颇不以此举为然，我主张演讲只须少数人去，并无因此全体罢课的必要，结果我的主张竟得到大多数的支持，这是同济不和其他各校共同罢课的第一次。从我所得的印象来说，第一任学生联合会会长何葆仁为人热心，有能力，在他担任会长期内，学生联合会很受社会信任，并得各校同学爱戴，不知何故，他后来辞职不干了。继任者程天放，也是复旦学生，不如何葆仁远甚，因此，学生联合会精神渐渐涣散，已不复能发生领导作用，一幕轰轰烈烈的学生运动，至此已成了强弩之末，不久学生联合会也就无形取消了。

五四运动起因于对政治的不满，后来方向渐渐转移到文化方面，北京大学若干名教授如陈独秀、胡适等领导着这一运动，产生了许多刊物如《新青年》、《少年中国》及《新潮》等，都是那一时期最受人欢迎的刊物。现在我只讲和我有密切关系的少年中国学会。"少中"发起于北京，以"本科学的精神为社会的活动"，以创造"少年中国"为宗旨，由于会员标准相当严格，因此会员人数虽无多，但其分子可说包括了南北各大学的优秀青年，我因同学魏嗣銮（字时珍，四川人）及宗之櫆（字白华，江苏人）二君的介绍，于民八（一九一九）正式加入，由此结识了许多朋友，如王光祈（字若愚，四川人）、左舜生、恽震（字荫棠，江苏人）、王崇植（字受培，江苏人。恽、王加入较我稍后），都是这时候在上海认识的。民八冬，我第一次到北京，又认识了陈淯（字愚生，四川人），为人极诚恳，他的志愿是在商业，或金融界立根基，当时我们一群人都是青年学生，意气甚盛，相戒不谈政治，只愿从事社会活动，但是赤手空拳于事何补，愚生年事较长，已知道必须从经济方面着眼，这是他的见解过人之处，可惜不久他竟客死在北京，其人若在，一定可以做一番事业。民九（一九二〇）冬，我于毕业同济后再赴北京，居留时间较长，常与少中诸友聚首，其地点不是在当时为北大教授，后以信仰共产主义，被张作霖所杀的李大钊（守常）家里，就是在中央公园或郊外的陶然亭。民十（一九二一）亦即我出国这一年的夏天，少中在南京开了一次大会，到会员三十余人，开会地点在南京高等师范梅庵，大家同住在高师宿舍，这次遇到的人更多了，如恽代英、邓康（后名仲澥）、张闻天、方东美、陈启天、杨效春，都是这时候认识的。当时少中会员年龄均在二十左右，最大的亦不过三十来岁，由于其时环境的腐败，使得这一批青年对政治起了极大厌恶之心，只凭一种单纯的理想标榜，即所谓的社会活动，以自别于通常的政治活动，但是事实并不如此简单，因为无论如何坚壁清野，人总是无法与政治完全绝缘，同时各个会员的思想由于时代的激荡，莫不多多少少起了变化，因此民十六聚会时，即有人提出疑问，社会活动应该作何"界说"？当时各人看法已很不一致，嗣后会员个别的信仰愈来愈不相同，一部分会员如李大钊、恽代英、毛泽东、邓仲澥（邓中夏）、张闻天等都倾向共产主义。曾琦（慕韩）、左舜生、李璜（幼椿）、陈启天等则倾向国家主义。又有一部分则信仰三民主义，加入了国民党，于是学会遂无形瓦解，此不但会内的人，连社会上也有不少的人对此结果表示惋惜。少中前后一共只有一百多个会员，虽因思想信仰不同最后竟至分道扬镳，各行其是，但其中除极少数外，都能在学问或事业上卓然有所建树，在人格方面更皆坚韧不拔，俯仰无愧，这一点不能不归功于当时会员标准的严格，和会员平日间彼此相互以道义砥砺的结果，以这样一群富热情有志气的中国青年，倘能在同一信仰、同一目标之下共同努力，于国家社会不知要发生多大作用，不幸竟如彗星一现，毫无一点成就，这也可说是国家无可补偿的一种损失了。

留学考试落第

民九（一九二〇）五月我在同济（当时学校的名称还不是同济大学，而是同济医工专门学校）工科卒业之后，适逢本省（浙江）举行留学考试，我与同学叶鼎（刚久）同赴杭州应试，在杭州所考的是初试，都是些普通科目，如国文、算学、历史、地理之类。揭榜之日，解寿绍名列第一，我第二，叶鼎、胡廷安、厉家祥均系同榜。是年浙江共有五个留学名额，初试系加倍录取，复试在北京举行，所有各省初试及格学生均齐集北京一起考试，复试分笔试、口试。笔试科目有国文、外国语、数学（微积分）、物理、化学等，负责出题目的，据我所闻，外国语（德文）为顾孟余先生，数学为秦汾（景阳）先生，化学为朱炎之先生，其余不详。其时正值白话文风起云涌，但这场国文试题却为《文章足以觇国运论》，因题见志，可见那位考师必系守旧派。我于文言不能说有何根柢，但还能写几句，为求多得一点分数，未免揣摹心理，写了一些慨叹的话，结果听说，我那篇文章居然得了八十几分，但因其余各门成绩都很平平，故总平均分数才得七十有零，列第五名，原居被取之列，不知怎样教育部临时保送一人改取四名，如此我就落选。在此以前，我以最优等第一名卒业同济工科，接着以第二名在本省考取留学初试，晋京复试，声势浩大，自以为很有把握，亲友们也无不如此相期，哪知复试结果，竟是名落孙山，当时之懊恼可想！如今回想起来，我在中学时代游嬉心重，数理化基础没有打好，及至进入大学，虽然发愤用功，一帆风顺，偏偏遇着前后两场留学考试都只考些普通科目，由于以前所种的因，就注定了这时留学考试失败的果，可见天下的事决无丝毫偶然。

平心而论，那时的留学考试确也不无可议之处。第一、国别、科别毫无一些规定。第二、考试方法把考文学的和考自然科学的人放在一起，出榜则以分数多寡为取舍标准，这样考文科的人便大占便宜。即如复试浙江省取中的头二三名全是学文学和历史的，第四名哲学，第五名才轮到我这个学工程的人。三、事前公布录取的名额临时擅更，我之落第即由于此。此外还有使我更难堪的，即他省榜上录取之人，竟有分数不如我的，如以一起应考的同学来说，江西王智湛、安徽杨继曾，考分均和我相仿佛，但是他们都一一得中，陕西第一名的某君分数甚至比我还少。那时目睹他人一一考取，自己却如此惨败，不但心中难过，而且感觉到莫可名言的颓丧，我的老师史娄那先生闻此情形，便来信邀我回母校当助教，我因在京无事可做，遂怏怏南下。其时学校还在假期中，那几位一起赴京应试得中的同学均同住校内，各忙着治理出国行装。一日他们几个人前往外滩法国邮船公司定船票，我也不知怎的跟了同去，事有凑巧，他们所定的船舱中还空着一个舱位，定洋只需五十元，同学和教授们并不清楚我的经济状况，见我日常那种恍惚神情，又鉴于德国马克日落，都劝我何不自备资斧早日出去，经不得这些人的怂恿，未免为之心动。便立刻去和当时居家上海的敬琮姨母（我母的堂妹，我从小过寄于她，称寄母）商量，她答应我，可以借我这笔款子，于是我便胆子更壮，不加思索定下船票，立即写信给我大姊景英，信中说些什么已记不太清楚，但大意不外是："自回上海，才知道史老先生替我接洽并非助教，而是本校预科一个数学教习的位置，我因不愿自误误人，不想担任那事，而教师同学都对我说，现在去德国留学费用极省，适有同学出洋，我就一起定了一个舱位。"此信发出不久，便接大姊回信说：读了我的信，足足有一夜未睡，她和膺白姊丈均不赞成我此时出去，可是不让我去，又待怎样？大家商量好久，决定趁此时有伴，还是让我去罢，希望此去能上进读书，懂得做人道理，将来也好上报国家，下光门第云云。又说："二姊（性仁）也不赞成弟此时出去，但如不得不如此决定，则甚愿分担一部分费用，惟弟应知二姊丈（陶孟和）在北大教书，薪水时时积欠，加以新置小三条胡同房屋，债务未清，姊殊不忍使其为难姊丈，也说如此不懂事理，出洋回来，亦属徒然，但均因姊溺爱过甚，且皆爱弟过甚，故如此决定。"我读罢此信，惭感交并，泪如雨下，我真是太不懂道理了。当日便去船公司把船票退掉，接着便写信给大姊，表示决计将出洋之心暂时收起，并愿趁此时机多作准备，以图再试。这样一来，心中倒是大定，不像数月来的怔忡不宁了。关于此事，大姊给我的几封信俱是药石之言，我一直珍惜保藏，可惜八一三之役竟和许多书籍文件一起毁在上海市中心。

我自中止出洋，又未就母校教职，一日建筑学教授欧白莱先生（Erich Oberlin）向我说有人托他找一位翻译，译费每百字大洋一元，问我愿否担任，我正闲得无聊，次日便经他介绍往见主管人，即德国化学工程师齐美克（Zimek），制造玻璃专家，甫受南通委托拟好了一个玻璃制造厂计划，全稿用德文写成，译成中文，共一万六千余字，得译费一百六十元，此乃我有生以来第一次收入，拿到了手，觉得是好大一个数目。这时我寄住敬琮姨母家，便把大部分交给姨母代为保存，自己于其中取用了十几块钱到永安公司买了一双黄色长统皮鞋，这双皮鞋英国制，质地相当好，在今日回想起来都还清楚记得，那式样的漂亮和穿在脚上的舒适为生平从未有过。可是穿未多久，某日下电车时偶尔不慎，竟把鞋尖擦破小小一块皮，在当时真是说不出的扫兴。我在拿到钱的当天，买好皮鞋就踱到同学傅绪（壮民）处闲谈，那时他已毕业同济医科，正在宝隆医院实习，不觉天色已晚，他就留我吃饭。饭后又来了几位同学，大家说说笑笑，谈到深夜方散，及至回到姨母家，才知道她为我着急得不得了，她还以为莫非我第一天手中有了钱，跑到什么地方胡闹去了，假如这样，未免太没出息了。这是姨母当时心中的想法，后来知道我不过在同学家谈天谈晚了，才放心。

那时姨母家住上海山海关路，姨丈沈承瑜（字子美）毕业于同济医科，即在上海开业行医。这位姨丈为人很有趣味，他在校功课相当好，照说他的医道应当不坏，可是他天生性情喜欢无拘无束，他最喜种花、养鸟，后来见我玩摄影，引起了他的兴趣，大热天常和我躲在八仙桌下冲洗照片，四周用厚棉被密密围住，不透一点光，其中还点着一盏小小红灯，热到无可再热，但我们依然玩得很有味。

由于他性情如此，他最不喜那种每天刻板的诊所生活，他毫无大都市一般医生的积习，看起病来，很是认真，决不江湖、乱敲竹杠，相反的他常对病者说，只须照所开药方去吃几天，可以不必再来。他不想拖住病者，只想他们病好了，可以少来找他。但这样老老实实的医生，在社会上行起医来反而不受欢迎。照世俗的说法，姨丈一生自出了学校起，就从不曾得意过。

姨母敬琮乃外叔祖葛蔚南公第四女，与我母为嫡堂姊妹，在我未出世前就说定过寄与她，因此也是我的寄母。那时姨母还未出阁。姨母讲起自己每以有人称赞她的才干像我母一样为豪。姨母遇我甚厚，我在上海入学时，每逢星期假日无处可去，总是到姨母家逗留一二天，缘此时我早已无家可归，到姨母那里去就如同回到自己的家里，感觉到一种说不出的温暖。然而触景生情，那种孤儿无亲无家之感，看到人家骨肉融融之乐，自己亦未尝不暗暗神伤。

初次做事在南通

　　上文所述的化学工程师齐美克在他的玻璃厂计划书译竣以后，不久我便和他同去南通。南通位于扬子江北岸，当时是全国闻名的模范县。我们到了南通，次日清早便一道去濠阳小筑拜见张謇（季直）先生，南通人都称他为四先生，他的哥哥张詧则称三先生，濠阳小筑也就是四先生的寓所，在那里同时见到他的儿子孝若。我和孝若说起来还是同学，因为他也在青岛读过书，那时他用怡祖二字为学名。四先生当日看了齐美克面递玻璃厂的计划书，知道译文出自我手，又看了看字，便回头问我这计划书也是你自己抄的吗？我回答了一个"是"，我不知他此问用意何在，难道我写的字引起了他的注意？他是前清状元，写得一手好字，若说我的字能邀他欣赏，断无此理，大概也是随口问问而已。

　　这天，四先生和齐君的谈话都由我翻译，谈毕辞出，四先生一直送我们到大门口。濠阳小筑的客厅离大门颇远，据说他每次送客必至门口方止，还要深深的鞠躬，直至我们的汽车开走才进去。老一辈人讲究礼貌，由此可见。那时南通虽有汽车，但为数不多，我们坐的是南通医院院长夏德门博士（DR. Scheidemann）的车，由他亲自驾驶。这位博士还弹得一手好钢琴。那几日我和齐美克都在他家作客，其时第一次世界大战甫告终止，德国虽打了败仗，远东商业方面德人又纷纷开始活动。南通在当时受第一次世界大战之赐，经济颇为活跃，各式工厂一应运而生，说起来那时真是南通的黄金时代。季直先生也真有眼光，某日当我们的面说，中国要兴实业，必须利用外国技术，可是外国人不是随便可以请教的，这时候请德国人帮忙，最最妥当，至少现在他们不会有什么政治野心。四先生那时想办的工厂真多，请的工程师几乎全是德国人。

　　我去南通原是应齐美克之邀，为临时帮忙性质，因此数日后就回上海。南通、上海间的交通全凭轮船，船到了南通天生港，并不靠码头，即须换驳船上岸。由天生港入城则有马路，在那时居然已有公共汽车，也有出差汽车，后者单程须大洋三元，若是回上海，因为长江下水的轮船过南通每在半夜，因此傍晚即须赶到天生港，在小客栈内等着半夜船到，茶房自会将客人唤醒，这时候登驳船荡至江心，于一片漆黑中凭着一些火把爬上大船，人多时促，很是危险，这样短短一点路程交通着实有些周折。我第一次去南通，舟车来回，以致膳宿，一切都由齐美克招待，毋须自己费心，很是舒适。

回到上海以后，经人介绍进了德国人开的西门子洋行，工作性质为翻译说明书及各种文件，月薪大洋六十元，这是我入社会做事第一次的月薪数目，在当时虽不算太多，但也不算少。西门子洋行在上海河南路（又名棋盘街），我住在山海关路姨母家，每日中午休息时间不长，总在抛球场一带几家小馆子吃些点心当饭，特别是五芳斋，时常光顾，大概一客过桥面二三角钱即可饱啖一顿。

在西门子才工作了半个多月，忽接齐美克自南通来信问我愿否再去南通，这次并非他私人约我帮忙，而是南通当局想请一位德文翻译，大家便想到我。我拿了信往见西门子的德经理说明缘由，居然一说即准许我辞职，于是我由上海又来到南通，时为民九（一九二〇）秋天，已记不清哪一月，只记得天气相当寒冷。这次因是南通方面请我，到后便下榻淮海银行楼上，行长便是张孝若自己。楼下为银行办公所在，楼上大半空着，到了晚间整个大楼只剩我一个人。白天在楼上办公的还有一位孝若的私人秘书，已忘其姓氏，身体瘦长，年纪三四十光景，我和他时常在一起，颇谈得来。我到南通薪水和上海西门子一样，这本没有多大关系，而且在当时一个大学刚毕业的人，初出茅庐有六十元一月的薪水，已算不错。不过我到南通的第一天，就有一位在此工作多年的人和我说，在南通做事极少升迁，你初来时拿六十元一月，过十年恐怕也只有这点数目，因此开始时薪水如能定得高一些，日久不致吃亏太大。这人原是好意，但这样的话其实没有和一个初入世的青年说的必要，我当时听了他的话，心中也不免为之一动，次日见孝若，顺便谈起我的薪水问题，孝若便说这数目原是当时和介绍人说定的，我就不再作声，同时深悔听了他人之言，多此一问，但是此人说的却很有根据，确全是事实。南通一般薪水真是出人意外的低，表面上公家很省钱，实际暗中不知吃多少亏。就我所目击的来说，有某厂经理姓马，嘉兴人，忘其名，举止阔绰，自己有一辆很漂亮的汽车，这在今日固不足为奇，但在五十余年前，即使通商大埠如上海，亦属不寻常，何况在内地，而他的薪水据说每月只有五十元，少得令人几乎不能相信。一般批评，都说论精明，四先生要输给三先生，依我看来，四先生是一位有抱负，有理想的人，议论很多；三先生则讷讷寡言，令人莫测高深，南通的一切事业果然要靠四先生领导，但若没有三先生，未必能有当日的成绩，这也是真的。可是三先生也罢，四先生也罢，都不是真正办新式企业的人，他们并不懂得企业管理，完全以中国的旧方法来办理这些新事业，即在盛时，已有人为之担忧，四先生未尝见不及此，只想扶植孝若在社会上的地位，明明儿子的年龄、学问、阅历、为人，一切都还够不上，一味揠苗助长让他做省议会议长，劝办实业专使，以及智利公使等等，这一切还不是因为各方敷衍四先生面子的关系，及至四先生故世，什么都成了空。

民二十四年，我在上海还见过孝若，这时他已吃上了大烟，不久就被人暗杀，刺客是他家老仆，死得甚是蹊跷。说起孝若，实在是一个绝顶聪明的人，有这样好的根基，不知努力，反而如此结局，未免可惜。我在南通前后一共住了六个月，回想起来，那时真是南通的黄金时代。

应征北京交通部

民九（一九二〇）冬天，上海报纸刊出一则北京交通部征求专门人才的启事，这时大姊自天津来信将剪报寄来，劝我何妨应征，于是我立即依着启事的规定，将我的文凭证件等等寄了去，不久便接到路政司复信，约我于十年（一九二一）一月六日到部听候考询，但这封信寄到南通已过了期，我便去函声明，后又接来信嘱我于二月二十八日以前赴部报到，由总长接见考询，并附来津浦及京奉段头等免票二纸，我随向南通当局说明情由，立即取道上海搭车北上。某日下午由总长叶恭绰（字誉虎）在部约见，只是简单的问话，在同时约见者不下二十余人，皆为应征而来。其中有某君不知其姓氏，于问答时说了许多家累很重，请总长多多栽培的话，当时在旁听来，很不入耳，不知此人后来曾否录取。三月五日，忽得部令，本部征求人材案内所录取之某某等等，均即调部任用。我最初满心希望能有分发铁路机会，因此接到调部任用的公文，心中很是不快，但公事已下，不得不赴部报到。我和同学秦文蔚、蒋易均、胡树楫以及南洋公学出身的莫衡，均分派在路政司考工科服务。考工科科长孙文耀（字仲蔚），浙江嘉善人，留学比国。报到之日，三舅敬猷（字仲勋），教了我几句寒暄的话，如"自己年事尚轻，一切要请科长指教"之类。我在考工科的名义是办事员，月薪大洋一百元，这在当时已不算少。

当时交通部在北京西长安街，恰巧我的三舅家就在交部对门，因此我就寄住在舅家，和沈纬之君同住一室。沈君是舅家的家庭教师，嘉兴人，年龄较我略长，说起来彼此并不陌生。其时大姊和膺白姊丈到美国去了，二姊住在东城，每逢周末，我总是在二姊处过宿。西长安街在当时是北京最好的一条街道，自西四牌楼到西单牌楼这一带有好些大衙门，经过新华门——当时总统府的大门，中央公园，天安门，东单牌楼，一路到东四牌楼，又宽又直，配上道路两旁数行并列的马缨花树，格外显得壮丽悦目，所美中不足的，只是路上尘土多了一点，尤其市政公所的洒水夫，贪图省事，每从两旁阳沟里掏起污黑的水在路上泼洒，虽则手势纯熟，功夫老到，究竟有煞风景，且碍卫生。

那时北京的交通部暮气甚深，工作人员每天并不一定需要到部，去固可，不去亦无妨。考工科全体职员不下七八十人，而办公桌只有四十余张，平时办公室里总是冷清清的，逢着月底发薪才挤满了一屋子的人，若果大家一齐来办公，座位便真成问题，好在谁到谁不到完全各人自由，签到簿上自有书记会代填，部中通称签到曰"画到"，这"画"字颇有意思。我在当时自己立定主意，每天上下午都到科办公，并且不迟到，不早退，因此孙科长就指定了一张办公桌给我。初出学校不消说从来没有办过公事，幸而到部早几个月的同学秦文蔚君和我讲了一些公文程式，如同"等因""等由""等情""等语"四个字的区别在哪里，又说只要多调些旧卷来观摩一下并非难事。我依着他的话有空就看看档卷，果然明白了许多。我在科中名义只是个办事员，又系初出茅庐，公事不熟，科长也不放心把重要公事交给我去办，因此我每日很是空闲。这时孟和姊丈介绍我读一本德文社会史，著者米勒里尔。这是一部相当有名的著作，他劝我不妨把它译成中文，这样我在无事可做时，便在科中从事这本书的翻译。平均我每日只分到一件公事，并且内容都非常简单，不过科长不交办则已，交办时我无不随手办讫，从不搁压。有一次一件与日方交涉的公事，交我拟复，我一见是写给日本人的，不由触动因二十一条而激起的情绪，于是不问情由，大大发作一顿，写完了自觉十分痛快，岂知科长一直把那稿留中不发，想必后来已另换别的稿子用了。

除了译书办稿以外，我还依着膺白姊丈的指示，翻阅部内有关重要工程的案卷。他在民九（一九二〇）赴美出席华盛顿会议前，援临别赠言之意，给我一封信，大意说青年人方入世不要怪人家不知道你，或是社会埋没你，只要你自己肯努力，谁都不能阻止你的前进。他又劝我在部无事时，大可看看各种工程案卷，如同京奉、京汉、京张、津浦等铁路建筑的经过，这都是外间的人不容易有机会看到的。大姊来信也说天下没有一种努力是白费的。我那时刚进交通部，每天只是伏案办稿子，毫无半点技术工作，心中着实苦闷，姊丈和大姊这一番话对我很是受用。的确，我在当时看了不少档卷，如同川汉、粤汉的始末，京汉黄河铁桥几度计划重修而停顿的经过，凡属有关重要的事实，我都一一记录下来，同时我对公文程式也着实用心练习，后来为请求留学以及在国外时对部行文，都不必假手他人。及至民十五（一九二六）在汉口市工务局和民十六（一九二七）在上海做事，对于一切公文能看能改，未始非得力于此。

仲勋舅的家初在西长安街是租的房子，后迁宣武门象牙胡同自置的新屋，我在交通部工作的一段时期，一直都在舅家寄住，入夏日子较长，下午由部散值出来，还可到附近的中央公园走走，那时的生活真是优闲极了。如此无忧无虑的过了两个多月，正是民十（一九二一）五月初旬，北京政局忽然起了变化，叶誉虎先生下野，改由张志潭继任交通总长。命令发表这一日的清晨，我照常准时到部，那天司长比平日到得特别早，已经派人来找过我，及至我见他，他开口便问："你想不想到外国去留学？现在有一个留学机会，你如有意，可立即去备一折呈，写好就来找我，我如不在家，即在劝办实业专使公署，你快快去办，不要耽误！"我依着他的指示把折呈写好，果然当日下午在专使公署找到司长，同时叶前总长也在，司长在折呈上签了名，随手递给叶总长，他就提起笔来批"照准"二字，这时司长又命我带了原呈立刻回部，交给总务司刘景山司长，并且叮嘱他们这件公事务须在今晚以前办讫，因为第二日新总长就要上任。北洋政府时代当新旧交替时，常有一种陋习，即旧任于去职以前每每借此发表一大批人，俗称起身炮。这次叶总长的起身炮却如此这般于一日之内作成了我的留学，我自己真是连做梦也没有想到，这一下我便成了交通部派的半官费留学生，于仍支原薪以外，发给规定官费的半数，那时到英国留学的官费生每月领英金二十镑，美国则为美金八十元，德国二百马克，半官费生则为上述数目之一半。是年五月底部中已把川资、治装等费共九百元发下来，我便和科长说明即日南下，准备出国一切手续。

出洋留学已是不成问题，回想上年为留学考试受尽挫折，而如今不费一力，一下成功，连自己都有点迷糊起来。尤其令人费思索的，何以总长竟会垂青及我这个进部才几个月的小小职员？依我自己想法，可能出于他们作育青年的一番动机，和大姊丈去国时曾和叶提到过我上年考试失败的事，因此叶知道我有志未成，现在借他离部机会发表派我留学，这也是很自然的。我自己这样想着，可是人情练达的三舅，却不如此看法，他和我说这其中必然另有道理，果然不出数日，路政司考工科的一位副科长就来访问三舅，副科长与司长有亲，他此来乃是替司长女公子做媒，三舅因为做不得主，只是含糊答复。

一日，同事高君也是司长至亲，约我吃饭，席间只有两个人，即司长、高君和我，地点在司长家里。饭后司长吩咐高君陪着司长女公子和我一起游三贝子花园，即万牲园，我想不去，却又说不出口，只好在门口耐心等着，忽见远远来了一位年轻女子，长得倒也还漂亮，经高君介绍才知原来是司长的如夫人，随后司长的女公子也来了，我们便一起上汽车到万牲园，那时万牲园门口收票的长人还在，他手中所持一把收票用的剪刀，足足有一尺多长，我人不高，只听他把收去的票子在我们一群人的头上卡擦一声，就放我们进了园门，由于我以前到过此园，再则这日各人有各人的心事，提不起一点兴致。别人我不知道，若要问我呢，我这时一心只在盘算出洋，其他均非所计。游园时候大家一路默默走去，到了畅春楼，这是一座半中半西的建筑，听说西太后和光绪帝都在此住过，这时陈设却全换了样，楼上并挂着一张宋教仁先生的放大照片，不知是何用意。坐了一回，我们都预备要走，这时司长的汽车已打发回去，因此人人上了洋车，在分道时候，我就在车上向同游诸人脱了脱帽，请他们在司长面前代我致意。我此时一径回到三舅家，将一天经过原原本本说了，于是舅也把副科长来访种种告诉了我，果然不出三舅所料，司长是别有用意的。不久我便启程南下，临行时候到司长公馆辞行，司长还说那日介绍小女一同游园，无非让彼此认识认识，以后不妨通通信，我只是默默听着不作一语，司长随即又说，到外国后如部中所发的钱不够用，他个人可以帮忙，我忙说现在德国马克跌价，生活便宜，半官费已足够应用，一面又谢了他的好意，便就此辞出。我一路出门心中不断的想，这次我补上半官费可以出洋留学，当然要感谢司长好意作成，但是我用国家的钱则可，决不能接受司长私人一分一厘的钱以及和他发生有其他用意的关系，否则我成了什么样的人。

出洋留学

我为准备出国，便由北京到了上海，首先办护照，定船票，跟着做西装，买箱子。当时发护照的机关是上海交涉使公署，地点在静安寺路，船票是向外滩法国轮船公司定的，船名波铎（S.S. Porthos），三等票价大洋四百余元。我听了正在法国留学我的舅舅的话，只做了两套夏季西装，此外自己买了一些料子做了几件衬衫，又剪了几种中国绸缎做了几根领带。那时每逢七八月间，出国的学生很多，彼此交换治装经验，倒也很会作经济打算。

我于民十（一九二一）六月间到了上海，就与恽震（字荫棠）相遇，那时他正要到美国去，再前些日子王崇植（字受培）考得清华官费，先动身走了。恽、王二君出身南洋公学（后改名交大），和我并非同学，但因少中关系而相识，而成莫逆。这时荫棠新婚未久，他和我同年同月出世，只是不同日，算起来我还比他大几天。大概因为他自己结了婚，所以格外热心要替别人撮合，他有一位极相得的同学，这位同学的令妹，又和荫棠夫人翁之敏女士最最相好，他们就一心一意要为我介绍，我一再推托，但经不住荫棠的带劝带逼，尤其他笑我不像个时代青年，毫不开通，因他这一激，我终于同意和他们一道到苏州。

这时正是七月天气，我们一早搭火车很快就到了苏州，即在荫棠这位同学家吃中饭，席间摆满大鱼大肉，若在平时，必定要狼吞虎咽，但一则天气太热，二则毕竟客气，草草吃完饭，大家一起在堂前闲谈。后来荫棠发起逛留园，这是苏州的名胜之一，我们进了园门，转了几个弯之后，一座玲珑的假山顿呈眼前。假山前面乃是一个大荷花池，我们几个人就在池旁茶肆随意捡了一张桌子坐下，吃茶说说笑笑，已到了火车开行时刻，我便独自一人先回上海。说来奇怪，我那时对婚姻一事，确实丝毫无动于衷，朋友们不了解的，还以为我造作，实际我自有我的道理。我曾带笑和荫棠说，我好似一池春水，水波不兴（他则有如通江海的湖泊，随波起伏），情形和他不同，又何必定要我跟着掀风作浪（拖我下水）呢。他听了总不以为然，但亦无可奈何我。后来我到了德国，他在美国，还彼此时时为此事辩论。有一次我终于不得不把我的态度坚决的告诉他，我感谢他们夫妇和荫棠那位同学（后来也成了我极熟的朋友）的好意，祝福这位同学的令妹有美满的前途，同时希望他们了解我的意思，予以充分的原谅，自此以后这事才算告一段落。

民国十年(一九二一)八月十日，波铎号邮船由上海启碇，这日子我至今还记得很清楚。那天在江海关码头送行的有张岳军先生，他是膺白姊丈的至友，我自小就认识他，他还送我一本活页记事手册作为纪念。由小船送上大船的，只有荫棠夫妇。这日我一手挟油纸伞，一手提了一筐水果，穿了才上身没有几天的西装，头戴草帽，足登革履，神气至为可笑。那时节通行带硬领领，愈新愈难带，我的领带因此老是打不好、拉不正，无可奈何，索性把拉不回去的部分塞在一边，但稍不经心，就要掉出来，总之，以前从未穿过西装，这时不免要发生许多笑话。

　　这一次同船的中国人真是多极了，有到德国去的王传羲、胡树楫、郑肇经、朱昌岐、莫庸、周宗琦、单问枢、谢兆祥、刘茂寅、刘献捷等十余人；到法国去的有吴稚晖先生率领的里昂中法大学男女学生一百余人，他们坐的是四等舱，由上海到马赛船价才国币一百元，吴先生和他们一起住在一间大舱里，铺床扫地一切都是自己动手，我们看到吴先生这种精神，所有住在三等舱的几个同学都觉得惭愧而不自安起来。日子稍久，我们整天杂在他们中间，围绕着吴先生听他讲故事，谈天说笑，一路非常热闹。这是我第一次坐外洋轮船，这里的三等舱当然比以前到青岛的统舱不知要好多少倍，我和王传羲、胡树楫、刘茂寅四个人同住一房，吃饭时三等舱一样有红葡萄酒喝，不过菜的道数少些，没有太多变化，同船有嫌菜劣不能下咽的，我还劝他们此时切勿嫌菜不好，将来到了德国，怕连这种大菜还吃不到呢。此话确被我说对了。

波铎号邮船由上海启碇，经香港、西贡、新加坡、哥仑布等地，我们每到一处总是几个人合雇一辆汽车，先兜个圈子，然后找一家中国馆子吃顿中国饭。横渡印度洋那几天风浪很大，我患晕船，不能起床，船到吉布稍停，便入红海，天气意外凉爽，还下了雨。吴稚晖先生说，郭嵩焘出使日记上也说起红海遇雨，还怪别人告诉他红海怎样热的话不确。吴先生又带笑的说："其实红海地方平时真是再热没有，这次遇雨，不知我们同行中有哪一位像郭氏般的大人物在呢。"过苏彝士运河那天，正是八月中秋，旅中逢佳节，又因不久即可到达目的地，这时从上海出发起不知不觉的已走了一个来月，因此大家格外精神气爽，便有人发起举行同乐晚会，游艺节目中有梅花三弄，我吹箫，周宗琦吹笙，还有吹笛和奏胡琴的，很是热闹。在这种场合，理应合唱一支国歌，但当时北洋政府制定的《卿云歌》是否正式国歌，未见明文规定，而且唱起来那样缺少劲儿，在平时不一定会感到国歌有怎样的需要，但一出国门，情形就立刻不同。游艺会散已是半夜时分，明月当头，没有一点云彩，整个海面除茫茫一片海水外，不见其他船影，会散人静，我独自在甲板上散步，此情此景，自是别有风味。

波铎号一共走了三十五天才到法国马赛。当天我们就上了去巴黎的火车，吴稚晖先生等一行则在里昂和我们分手。去到巴黎，由于我们事先有电报给旅行社托定旅舍，故到达时总算毫无半点困难。这时我们最重要的就是办理赴德手续，因为护照上都还没有德国签证，我们一行中间没有一个通法语的人，在法国说英文不大通行，说德文更是不受欢迎，我就在想怎样能遇见我的舅父，那我们路生人不熟的困难便可解除。恰巧这日中午在一家姓萧开的中国饭馆吃饭，就在那里遇到了我的舅父。我们这一群人这几日来正在一筹莫展，因此识与不识，看到我找着了舅父，无不如获至宝，欢喜极了。从此日起，一直到离开巴黎为止，我们十余人每天都由我舅父带领，其间也曾闹出一些笑话。

我的舅父人极高大，走起路来脚步很快，又因带路关系，每到街上，他总是走在前面。一天，他带我们坐地道车，出了车站，须换电车，而巴黎的电车时常拥挤不堪，为免争先恐后，站上常有一种记数的票子挂着，先到先撕，待电车到来，即由售票员验明号数，依次上车，毫无争执，这办法实在再好没有。当时我舅父想着我们这么一大群人若不预先把记数票子取到，如何上得了车。他便不作一声的拿票子去了，就只因他不作一声，这时大家回头一看忽然不见了领队，都着了慌，大概这地方离歌剧院（Opera）不远，非常热闹，我们这几日在巴黎每日跟着舅父四处跑，大家落得省事，根本没有去认路，这一下以为舅父必定走得快跑向前面去了，我们中间更有人指着远处一个人说："这不就是舅舅吗？"于是十几个人连同小足的刘太太在内，一齐放开脚步拼命向前追，跑得也不算慢了，但是总追不着前面那个有些像舅父的人。愈是这样，大家的脚步也愈快了，后来还是舅父从后赶到，他埋怨我们何以这样狂奔，原来他取得票子回来，不见了我们，忽然发现我们这一群人向前直跑，而且跑得又那样快，好容易才给他追上。

我们那时初到国外，大多数都没有穿过西装，而当时国内做的西装裁剪远没有国外的入时，总是又短又小，紧紧裹着身子，再加由上海上船天气正热，戴的都是草帽，及至到了马赛已是暮秋，一时无呢帽可换，仍把草帽将就戴着，很是使人触目，有的索性去了帽子，则又都是怒发冲冠，当时的我们，大多数实在不懂得如何处理我们的头发，那付样子真够难看。以我自己而论，头发是乱蓬蓬的，戴的也是草帽，听了舅父的话不要在国内多做衣服，因此到得巴黎天气骤冷，已无衣服可穿，只有大姊丈送给我的一件淡灰色法兰绒的旧洋服，可是只有上身，在上海时和裁缝商量结果，配了一条黑色条子礼服裤，那裁缝说得好，有了这样一条裤子，上身什么衣服都可以配了，因此我到了巴黎穿的就是这样一套上浅下深的洋服。又见同行的人夸赞橡皮硬领好，出了汗，或是弄脏了，只须用湿手巾一抹就行，这种办法，其实最要不得，但在当时听了，却很以为然，于是我也买了一条橡皮领子戴着，相当得意。

在巴黎住了一星期，德国回电已到，我们便取得签证坐上火车，才一夜功夫，就到了柏林，在动物园站下车，有若干同学来招呼我们，记得内中有丁文渊。我在柏林住不多久，就转到德兰诗顿（Dresden）去了。我何以径就去德兰诗顿呢，原因有二：其一、去国时听史娄那先生说不要在大城市如柏林之类读书，因为地方太繁华，容易使人分心，而且大城市的学校学生太多，教授与学生之间很少接近机会。其二、谭翊（伯羽）、庄权（異行）、李邦翰（蕃侯）几个同学都在德兰诗顿入学，史娄那先生更是再三介绍那里的工科大学很是有名，他自己就是这个学校的学生。因以上种种原因，故到柏林就不多耽搁，迳去德兰诗顿。

在德国德兰诗顿四年

德兰诗顿工大校舍分二处，老校舍在Bismarkplatz，乃是一座十分古老的建筑。其一切普通课程若数学、物理等教室及整个建筑系均在此，新校舍在Georg Baehrstrasse，包括土木、测量、机械、电机、化学等系。二者之间颇有一段距离，急行约需十分钟始达，往往上一课在老校舍，下一课在新校舍，就得在此十五分钟的休息时间内来回奔波。这时候满街熙熙攘攘，所见无非都是头戴五颜六色小帽的学生，他们都是大学一年级生，甫从管理很严的中学毕业出来，一旦进入绝对自由的大学，大多数都加入一种学生组织，种类极多，但内容大同小异，三日两头聚会，聚会时不外吵吵闹闹，甚至比赛击剑，以面部有伤痕为荣。及至班次渐高，功课日紧，就不可能再来这一套玩意，届时听课便集中于某一系，来回奔走的机会也就不大有了。

我于民十（一九二一）九月到达德兰诗顿，初到暂住伯羽处，他的房东乃一寡孀，年事已老，虽非贵族出身，但最最羡慕那一套作风，因此家中空气很欠自然，后来始知不少德人家庭都是如此。伯羽的房东有二女，长女未嫁，次女嫁一医生，庄巽行即住其家。德国老太太还有一种怪癖，喜欢认人做干儿子。伯羽在他家住久了，便和房东母子称呼，样子很是亲热，我在他家只住了几天便搬到一家公寓，在Muenchnerstrasse 13一楼。不久权伯也来了，便和我住在一起，后来权伯搬去和蕃侯同住，我则一人移住Nuernbergerstrasse 45四楼，房间极小，但房租伙食都很便宜。那时德国住宅房子很少有升降梯，因此论地位二楼最好，一、三次之，四楼最差。十年冬，膺白姊丈、大姊到德兰诗顿旅行，我正住在这地方。

　　我初到德兰诗顿时，中国同学除谭（伯羽）、庄（权）、李（邦翰）三君外，尚有沈（觐宜）、何（逸）、刘（崇铭）及陈某，未几权伯来了，连我一共九人，内中沈（觐宜）、刘（崇铭）、李（邦翰）、郑（肇经）和我都是同济工科卒业，同济在国内算是一所知名的大学，但在德国却并不承认，而且当年德人创办该校的宗旨，只在造就一批洋行人才，并无远大计划，因此学校德文名称只是Deutsche Medizin-und Ingenieurschule，译成中文，则为德国医工学校，同济二字，可能为Deutsch的象音，因此又称同济医工专门学校，及至收归国有以后，才正式改称同济医工大学。当时德国方面对于同济的程度隔膜，不承认它和德国大学有同等程度，还有可说，但对于预科（中学）或正科（大学）毕业学生也不分青红皂白，一律作大学第一年级生看待，则实在没有道理。按当时情形，在同济工科多读了四年书，到了德国，从入学资格方面来说，和预科卒业的毫无分别，我个人如何打破这难关，下文将另有叙述。

曾经到过中国并在同济当过教授的伊斯兰博士（Dr.Ing. Otto Israel），此时正在德兰诗顿工大担任测量系助教，他对于我们入学虽很帮忙，但学校当局表示，除非我们不想做正式学生及不应毕业考试则已，否则必须从第一年读起，我在这时候真不知如何决定才好。忽然间，我心血来潮，想改学建筑，因为反正都是从第一年级起，而且我对建筑也有过相当兴趣，这样我便选听了许多建筑系的功课，居然也参加图案画、人体写生，并随众时时出入博物院听讲建筑史，此外对于土木系的功课仍同样报名，每星期听课及实习时间不下五十余小时，真是忙得不可开交。

德国大学听课办法很是特别，开学以前学校印发一种课程目录，内载各系教授们准备开讲的是哪些课程，以及每周授课时间，这好比一张菜单，每个学生就可自己挑选，排出一张合乎每个人自己需要的功课表来。每一学生都由学校发给一本小册子，把自己预备听的课一一记上，然后持此向秘书处注册缴费。学费多寡就按每周听课钟点计算，再加上些图书、医药等杂费。钟点收费，视教授及课目而异，并不一律。每逢开学期近，学校公告牌上就陆续贴出各式小纸条，不是教授们亲笔所书，即是助授代写，内容无非公布这位教授这学期讲什么课，以及定于何时开始，虽无以广招徕的意思，但那形式却有几分相像。

　　这时正值民十冬天，我才上了一个来月的课，膺白姊丈和大姊已由美经英、法来到德国，在他们未到柏林前数日，我就由德兰诗顿坐火车去柏林，知道姊丈他们住的房子已租定在Augsburgerstrasse，距Kurfürstendamm不远，房东是位商人，夫妇二人有一个三岁多的男孩，家中只用一名女仆，一切均须自己动手。我到柏林后即接膺白姊丈来电说，某日由巴黎启程，将于柏林某站下车，这确怪不得外来的人，因为柏林环城都是铁路，如果不写明某站下车，叫人如何去接，环城火车原是柏林市交通工具的一种，朝夕不停的在那里兜圈子，由外城来的火车一到柏林，也加入这环城火车的队里跟着绕圈子，在别的城市必然有个总车站，而在柏林只要火车进了城，在任何一个站都可下车，一方面是再方便没有，一方面对于初到柏林的人却是一件不能想像的事。为大姊他们，最好是在动物园站（Bahnhof Zoo）下车，可是电报上写的是Schlesischer Bahnhof，这是距离柏林市中心极远的一个车站，没奈何只有到那边去等，谁知陪着姊丈、大姊由巴黎同来的我们的一位舅父，在火车中听人说不该去那车站，中途改变方针，在动物园站下了车，这样我就没有接着，在他们则初到一个陌生地方，没有一个接的人不免有许多不便，幸而有新舅同行，居然雇得了一乘冰橇，这时正值严冬，柏林遍地皆雪，雪后不及融化，复变成冰，于是便有冰橇在街头出现，仍旧用马拉，也可说是马车的一种，他们那天坐的便是这种交通工具，及至我赶回，他们已先到了，海外相见自有说不尽的欢喜。转瞬已是冬假，我没有再回德兰诗顿的必要，就在柏林住下，权充一名临时翻译，更因每日午晚二餐均吃中国饭，都由大姊自己动手，我则在旁帮忙，如买菜洗碗等事。写至此使我不免要想起母亲在世时，常常在厨下做菜，特别是父亲喜欢吃的几样，总由母亲自己动手，我那时年纪小，常喜欢在旁观看，母亲必说："阿志！你给我出去！"母亲的意思男子不应进厨房，应当留心男子们所做的事。嗣后我每逢这种场合，总要想起母亲的话。此时情形特殊，由于大姊一人料理这许多人的饭食，这种帮忙是必要的，所谓许多人者，除了姊丈、大姊和我三人外，更常常有不速之客来，常作座上客的有章行严，及有时也有伯樵夫妇。

每年冬末春初，德国来比锡（Leipzig）经常有工业展览，很能哄动一般商人和游客。某日姊丈和秦国镛及我一同出发往游，秦曾当过南苑航空学校校长，官衔是少将，姊丈则为中将，假如在德国，这已是很高的军职，他们深怕招摇，到了来比锡都自称商人。这种工业展览的特点，凡有新出的机器无不在此陈列，于是定货的人都趁展览时大做交易，它们不像一般博览会有种种考究的建筑，也没有形形色色的娱乐，因为它的目的只是做机器交易，所以看惯了一般博览会的人，见到这种满屋子机器的展览，会觉得枯燥的。我们几个人在会场中出现，展览厂商看了这些东方面孔，以为主顾到了，招呼很是殷勤。会场内还有飞机可坐，绕场一周每人票价为十马克。那时航空旅行还没有今天这样普及，大家觉得很新鲜，便挤上去买票，那天不知何故，忽然宣布停飞，只得作罢。在今日飞机载客已是极平常之事。我还记得某年我还在同济读书时，上海来了一位女飞行家美国史天逊女士，在江湾跑马厅作飞行表演，把整个上海都哄动了。表演那天，淞沪铁路开着专车，真是人山人海，我和几个同学都挤在货车的车厢里去的，现在回想起来，那次表演远没有今日空军的日常表演来得精彩，真所谓此一时，彼一时了。

姊丈在柏林应酬极少，不大出门，我偶尔陪他去看看博物馆或逛逛附近名胜。这时朱家骅（骝先）正在柏林大学读地质，这还是民元政府派一批参加革命的青年学生到欧洲留学，这事还是姐丈经手办的。朱君便是其中学生之一，他知道姊丈到了柏林，托人致意，希望姊丈先去看他，如此便好来拜访。我在当时听到这种造作，很感觉奇怪。这时候中国驻德公使是魏宸组（注东），湖北人，在民元曾任外交次长；使馆参赞张元恺（字季才）是一位好好先生，对学生很和气，每星期六总要招待一批学生在家喝啤酒吃中国饭。他有一位太太，一位姨太太，同住在一起，和他往来的德国人，都无法了解这位姨太太在他们家庭中的地位，甚至连他的德国仆人也莫名其妙。这位张参赞听说后来加入了伪满做事。公使馆一共有三位秘书，即胡世泽、蒋志楷及金某（Dr. King）。胡君这时年纪还轻，他是外交界老前辈胡维德的公子，说得好几国的语言，跳舞尤其擅长。魏公使对此最最得意，他说起当他留学时，每逢阅兵典礼，其余国家的外交使节被邀参加时都一一骑马去的，独有中国公使总是拱拱手，敬谢不敏。他其时正做学生，看了很不自然，同样情形在公众舞会中亦然。中国人老是坐着下不了场的，魏公使何以如此赏识胡？因为自从柏林中国使馆有了他，由于他的舞术高明，深受各方欢迎，替中国人扬眉吐气不少，几乎没有一次舞会缺得了他。蒋秘书娶的一位德国太太，生了一个孩子，相貌很英俊，那时才八九岁，大家都说这个孩子有几分像拿破仑。金秘书不会说中国话，外表完全像个西洋人。此外还有一个德国司阍，年纪已是不小，在使馆当差少说已有二三十年，荫昌、孙宝琦、颜惠庆，都是他伺候过的人。这人做事很勤恳，门房以外，兼司打字，内外应对，都是他，常和学生讲老话，大家都很喜欢他。

大姊在天津北洋女子师范读书时曾经学过德文，就是我的第一课德文还是她教的，当时北洋女师的德文教授贝女士（Fraeulein Bernhardi）正在柏林郊外住家，一日来信邀大姊去吃茶，姊丈自己不预备去，因此就决定由我陪着一道去，由于地方相当远，须坐火车前往，一早就须出门，临行时姊丈有意无意的问了我一句："这事办得了吗？"我也脱口说："那有什么办不了。"这样我和大姊二人就出门到了车站，已记不清哪一个车站，只记得那是一个规模极大的车站。欧洲各国大车站的规模确非国内可比，以前我们自以为上海北站不算小了，但某次听同济一位德国教员说，这在德国至多只能算一个三等车站，我当时听了很不以为然，及至来到欧洲，才知道他说的完全是事实。以当年德国最大的来比锡车站而论，共有二十四条轨道，各有月台，换言之，二十四列火车可以同时进站。就是那日我们到郊外去的车站，也就不小，我们进了站，买好了车票，问明了开车时间和月台号数，依着指示走上月台，只见一列一列的火车不断来往，大概每隔一二分钟必有一列车经过，但是时间已到，不见我们要搭的那列车到来，未免有些奇怪，赶忙去问站上职员，他说搭那列车在另一个月台，并且这时恰巧已开走了，下一班车须在数小时以后，因为贝女士住的是乡下，地方很偏僻，许多列车并不停留，如果我们愿意在前一站下车，再换Taxi前往，则可搭的车便多了。我计算一下时间，若搭下一班车，则当天就无法回来，这时正巧有一列火车进站，那站员便说如果你们不怕多走些路，这便是他所说的那列车，记住在某站下车便是，大姊于此毫无主张，商量之下则提议索性改变方针，去万寿湖（Wannsee）玩它半天，贝女士那里留待下次再去，我则不顾一切尽催着上车，一下就到了那站员所说的地方，车站也是很小，居然站门首有一辆马车停着，据马夫说，到贝女士住的乡间须穿过一个极大的森林，来往的人不多，须要双倍车钱才肯去，我说不打紧，我们还是要去的。于是我们就上了马车，足足走了两个钟头才到贝女士家，贝女士姊妹三人年纪都不小，全没有出嫁。那日准备了茶点，只因火车抵站不见我们到来，以为不能来了，哪知我们仍然赶到，很是高兴。吃过茶点，谈了一阵，已到火车开行时间，大家一齐走上车站，在天色还不很晚的时候，便回到了柏林。这时大姊一五一十把整日的经过告诉姊丈，并且说今天我的态度很奇怪，好像非把她送到目的地不可，她从没有见过我有这样坚决的态度。我到了这时，才说出门时姐丈问我是否办得了，而我回答办得了，因此非办到给他们看不可。同时我又讲那段划船的故事（见第二章《我的童年》），他们听罢都点头笑了。

过了这年冬天，姊丈和大姊准备离开柏林到中欧各国去旅行，这一路德文可以通用，就约定我同行。我们由柏林先到德兰诗顿停留二日，除逛名胜外，也到了我的住处，然后经捷克的Prag而匈牙利的Budapest而到奥国的维也纳。经过Prag时，为买车票定卧铺，着时费一番周章，所幸一一办得很妥贴，全靠一位捷克站员热心帮忙。我这次随着姊丈、大姊旅行，初出茅庐，姊丈语我旅行时小钱不宜省，因此学得了给小账的本事。当时奥匈诸国适在战后，人民穷苦，随处给点小账最受欢迎。独有这日，那位捷克站员我因他帮了不少的忙，于是随手拿了几张钞票按在他手里，他却脱一脱帽，向我笑嘻嘻的说："谢谢先生，我是捷克的官吏，不能要这个。"我不免一怔，只好将钱收回。心中暗想，毕竟捷克是个新兴国家，有些新气象。到了匈京，我们住的旅舍位于多瑙河中央的一个岛上，岛名Magareteninsel，颇是幽静。次日一早在岛上散步，遇见许多农民都是脸黄发黑，十足蒙古血统，对我们无不笑脸相迎，非常和气，这种人在市内不大多见，定是匈奴后裔无疑了。奥匈帝国战后完全瓦解，所有工业区大都划入捷克版图，大部分的农业区则在匈牙利，剩下一个奥国，全无半点出产，简直不够立国条件，这情形实在太惨了。可是奥国的京城维也纳，却真好一座充满音乐艺术气氛的都市，再说奥国人民也真够味道，对人老是那样和气，说话老是那样噜苏。当时旅居奥国的中国人并不多，但依战前旧制还派有一位公使驻在维也纳。我们一到就去拜访，这位公使姓黄，名荣良，身材高大，人很忠厚，但对中外一般情形好像都很隔膜，他在使馆会客室接见我们，急忙掏出一枚钥匙来开香烟盒子，口中还说："现今奥国人心不古，连香烟都要偷，没有法子只得把它锁着。"

　　在维也纳住不多日，姊丈他们就去意大利，新舅已先期在那里等候，我伴游的任务便到此为止。姊丈离维也纳那天，黄公使特地到车站送行，他和姊丈谈起北大及蔡子民先生，黄公使口口声声把"子"字念作"丫"头的"丫"字，这似乎不应有的错误，未免好笑。我自和姊丈、大姊分手以后，便搭车回德兰诗顿，这时已近春季，第二个学期已将开始了。

到德后，第一个学期等于不曾好好读书，这下子可不能再蹉跎了，我这时已决心放弃考学位的念头，决定从土木科第三学年读起，改习建筑的计划也根本放弃。工大内部显然有一种风气，对学建筑的人多少有点藐视，好像他们总是数理根基不行，才学这门功课。我之决心放弃学建筑，一半由于我本来学的是土木，中途改行未免可惜；一半也是由于这种环境影响，和我一起听课，同时作此决定的还有郑肇经（权伯），我们并且商定，尽管放弃考学位，但应做的功课决不有半点含糊。如是者年复一年，所有土木系的几个教授对我们都有了认识，其时特别和我们亲热的就是那位驰名欧洲大陆的水利界泰斗恩格思教授（Prof. Engels）。恩氏虽从未到过我国，但由于美国费礼门（John R. Freeman）的关系，对于我国黄河问题兴趣日浓一日。费氏曾到我国多次，目睹黄河问题的重要，常是把自己关于这方面的著作寄给恩氏，并且因为恩氏乃河工试验的鼻祖，更提出了一个他自己想像中的"丁坝"托恩氏试验，恩氏看见我和郑君上他的课，很是高兴，课外时常为我们讲水利在今后中国的重要性，由于有这样重大的一个黄河问题，急待解决，他认为凡是到外国留学的中国学生，应当多多学水利，他更认定我和郑君必然是为学水利才来德国的。在这时候他正忙着为费礼门举行丁坝试验，他从不约别的学生，却专邀我们二人去看他的试验。某日他为指示水流情形，抓了一把炭屑，撒在模型河槽里给我们看，口中笑着说："这不是黄河而是黑水了。"

他写了一篇"Die Regelung des Hwangho"，由我译成中文名曰：《治河刍议》，寄登当时的《申报》副刊，我和郑君经不得他这样朝夕薰陶，不知不觉对水利渐渐有了兴趣。转瞬已是民十二（一九二三）冬天，所有同级同学一个一个领论文题目准备毕业考，这时一般教授总是喜欢问学生考哪一门，愿否向他领论文题目，我和郑君也在被问之列，这时我们便说，过去几次三番的请求免去初试（Vorprüfung），均未成功，因此，我们没有资格参加毕业考试，所有教授听到这番话，都说此事太说不过去，照我们的学历以及在校的成绩，都应当准许我们参加毕业考试。恩格思和福诗德（Prof. Marx Foerster）两位教授特别表示同情，指示我们上书教务会议，请求准予参加考试，当蒙教务会议一致通过，行文萨克逊邦教育部转请照准。以前对我们学历表示怀疑，反对免去初试的是教务会议，这次主持公道，代为呼吁的也就是这个教务会议，此事得到了教务会议的赞助，十之八九已无问题，因此恩格思先生便吩咐我们不妨就领题目准备应考。果然过了不久，教育部批准的公事也就到了，笔试以外有口试。我在德兰诗顿工大毕业的日子是民十三（一九二四）三月三日，成绩gut bestanden（有如我国之优等），按德国学制工大毕业称Diplom-Ingenieur，以往有人译作特许工程师，以示与非大学毕业的工程师有别。德国人对头衔十分重视，在社会上普通工程师与特许工程师确有不同的地位。若论同济工科毕业生在德国工大不经初试而直接参加毕业考试的，要以我与权伯二人开其端。自此以后，全德各地工大渐渐都取消了以前的禁例。日后考得特许工程师学位的中国同学愈来愈多，我和权伯为打破这一关足足费了二年以上的时间，而其经过则如上述。

考完毕业以后，不但我和郑君很是高兴，许多同学都为我们突破这道难关而庆幸。其时权伯接到父病家报，急急忙忙离德回国，而我正因留学期限尚未满期，不如何以为计，适是年恩格思先生年届七十，例须退休，他自问精力尚健，一再向我们表示假如中国政府有意邀请，他乐于为治黄问题来华一行。他在工大讲授最后一课（Schlussvorlesung），即以黄河为题，是日听讲的人不限本级同学，恩夫人亦扶杖出席，这样恩先生就不再在学校授课，而我与权伯恰成了他所教最后一班的学生。

权伯回国以后，首先在江苏省长公署任职，当时江苏督军是齐燮元，省长是韩国钧（紫石），由于韩老先生的热心，竟然把齐督军说动，因此聘请恩先生来华之议一时甚嚣尘上，无如就在这时，齐燮元忽和浙江督军卢永祥打起仗来，这便是世所称齐卢之战。恩格思先生毕竟是外国人，他无法了解中国政治，特别是军阀支配下的中国政治，在他想来，黄河时常泛滥决口，每次要冲毁多少地方，伤坏多少人畜，如果在西方国家还有不把它当作第一等大事？他以为中国政府必然也和他们的政府一样，所差只是中国科学落后，技术不如人，恩先生自以为像他这样世界知名的治河权威，只要他自己不怕年老，不怕道远，中国政府还有不欢迎之理！因此他在我考完毕业以后就和我说："如果中国政府决定聘他，希望我陪他一起来华。"他在那时当真想来我国看看黄河，且经过医生的检查，证明，他的健康还经得起远行，恩夫人知道我可同行，更表示放心。我既须留在德国等待而又没有他事可做，为利用时间，这才想到何不以"中国河工"为题写一篇博士论文，当以此意商诸恩先生，他听了满口赞成，竭力鼓励我这样做，我于是一面着手论文结构，一面搜集资料，多蒙同学赵世暹（敦甫）热诚帮助，寄了一批历年他自己收藏的中国水利书籍给我。凭借这许多资料，于是才渐渐把论文写出个头绪来。民十四（一九二五）春末夏初，已将《中国之河工》（Der Fluβbann in China）全稿写成，内容计分十章：（一）引言，（二）禹之治水，（三）治河理论，（四）堤工，（五）埽工，（六）坝工，（七）塞决，（八）中国之雨量，（九）黄河问题，（十）结论附录有河决统计，都四百余则。

于此有一点必须讲一讲，即萨克逊邦教育部当日批准我参加毕业考试时，公事上还带着一句"此乃特准案，不得援此应工学博士考试"等语，当时我并无此想，就没有多理会它。到了此时，我不得不坦白告知恩先生，他听了尽说"岂有此理"，土木科主任福诗德教授也摇头批评教育部办事不通，焉有已考得特许工程师而不准考工学博士之理！主考哈柴教授（Prof. H. Heiser）则指示我一面办呈请手续，一面即可将论文缴上去。事先我将论文稿子送请恩先生核阅，他深致赞许，使我放心不少。由于诸位教授之一再仗义执言，教育部不久便有批回，公事上还是说"这是特准，他人不得援例"的一套官话。可是无论如何我已突破了第二道难关，穿起燕尾服在土木科主任福诗德教授主考，哈柴教授及副主考葛拉浮流司教授（Prof. H. Gravelius）会同监考之下，完成口试，这是民十四（一九二五）七月十五日，对我深有纪念价值的一个日子。

在德兰诗顿四年结识了一位史坦德曼博士（Dr. Heinrich Stadelmann），是一位从未到过中国，而对我国文化有高度崇拜的学者，他不但是一位有名的精神病医生，而且著作等身，有多方面兴趣的文学家。他最初和沈来秋、何君超、李蓍侯相识，后来他们先后转学他城，遂将史氏介绍给我，那时史氏年近六十，和我这个年才二十余的人非常莫逆，可以说得是真正忘年之交。我们二人每星期六必然聚会一次，时间恒在晚饭以后，地点大半在史氏家里。偶尔在我寓所，总是一壶茶，点心数碟，谈到深夜，不是一小杯Likör，就是一杯Moka。史氏与他的夫人早于数年前离婚，儿子去了美国，女儿弹得一手好钢琴，并不住在家里。史氏有一捷克女友Fraulein Tanglova，替他管家，这位捷克女士擅长文学，有时也参加我们的谈话，至于我们日常谈话的范围，真可以说古今中外，无所不包。我们有时谈《红楼梦》、谈《聊斋》、谈戏剧、风俗、新文化运动，有时把一星期见到、听到、读到的事物，一一搬将出来，成为我们间谈话的资料，凡是涉及中国的，史氏都有兴趣，因此每次我谈话的机会，总是多过于他。由于这样不知不觉中我的德文渐渐进步，至少会话一项，进步得很快，史氏又时常鼓励我投稿，文字方面他表示可以替我润饰。某次，我写了一篇《东方与西方》（Morgenland und Abendland），竟在德国首屈一指的《柏林日报》特刊（Berliner Tagesblatt）发表，这样使我投稿的兴趣大为增加，我前后写了不少为我国宣传的文字登在当地的报纸上，每篇稿费由三十至五六十马克不等。稍久，史氏就提议我们两人何不合作写一本关于中国问题的书，印刷发行都有人负责，绝无问题。这时候我正从事写作博士论文，大半白天写论文，晚间则以写书为消遣，不到三个月功夫，居然写成了一部稿子，取名为China und sein Wachtprogramm，民十四（一九二五）由Verlag Gutewort, Dresden发行。出版之日，适上海发生五卅惨案，因此这书很受人注意，全德著名报纸都纷纷有书评，除一家天主教报纸对此书尽量攻击以外，其余均有好评。这也难怪，因为我在书内敷叙许多事实，说明帝国主义如何利用宗教做侵略工具，以及五四时期的反宗教运动等等，这在教会看来，一定是很不乐意的。全书共分十余章，除第一章绪言，和末两章由史氏执笔外，其余各章都是我的稿子，而由史氏作文法上的修正。这样我的德文写作也大大的有了进步。我的德文虽不怎样出色，但一般说来，也可说在水平线以上，我不敢因此自诩，但这点进步都应归功于这位史博士的奖掖。除此以外，我还极爱好听话剧，这对我的帮助可说也极大。德兰诗顿是一座有名的文化城，无论音乐、戏剧，都很出名，城内有国立歌剧院及国立剧场各一家，后者所演皆为话剧，一般说法，这是最标准的会话出产的发源处。

我考完博士考试，作自我的慰劳，去买了一张飞机票独自飞到柏林。这是我第一次坐飞机，那时的客机还很小，只有四个座位，和汽车内部相仿佛。我在考试以前自己早就打算好，一等考完，便坐飞机去柏林玩一趟，其实心中毫无目的，只是去看看朋友，吃吃中国饭，借此松散一下。德国容克式的飞机自开航以来从未失过事，竟在我动身的前几天在柏林与德兰诗顿这条线上出了一次事，摔死了好几个人，而且都是很有名望的商界领袖，肇事的原因很简单，其实飞机已到达德兰诗顿机场，不知怎样碰了一棵树，就这样翻了身。我的女房东听说我要坐飞机到柏林去，她竭力的劝阻我，而我呢，一则好奇，而且已经决定了要做的事，不想临时改变，二则我心中的想法，惟其出事之后，驾驶的人愈会小心，倒不必因此害怕，所以我那日决计仍搭飞机赴柏林。到了机场，照规定签好了字，而且须填假如出了事，应当通知何人等等，一切手续办好后，便兴致盎然的上了飞机。

这日机厢中除了我以外，就没有第二个乘客，我犹如坐了一架包机，心想难道德国人都这样胆小吗？这样看来，我的胆量可算得超人一等。这时一种莫名其妙的自尊自大的感觉油然而起，虽自己觉得这种想法很无意识，但亦因为在外国激于一种民族的自尊心。这种情形，我曾经历过好几次。第一次是在初次乘法国邮船由上海到马赛，在船上日子很久，头发长了许多，在众多的洋人之中，我认为整容也很重要，我便在船上的理发室理发，那理发师是个法国人，理完后，我心中已早在打算，小账必须打发得十分大方。果然这个洋理发师接了我的小账连声道谢不已，我心里感觉很舒服，因为这是外国人第一次替我当差。回想平日在国内，洋大人是何等威风，现在我也可以吐气扬眉一下。我自己明知这种心理很是幼稚，但是抑制不住我的高傲的神情。

第二次是在柏林，我和膺白姊丈一起在马路上拍照，忽然来了一个德国人，身上掏出一张全家照片，向我伸手讨钱，我心想外国人向我讨钱，这是以前所没有遇见过的事，我便欣然的从钱包里取了一点零钱给他，但我内心的反应坦白的说并不是一种同情，而是自大。这次出行，像这种的事不晓得遇过到多少次，过后我自己检讨，乃都是一直因受在那里的反感的爆发。即以这次一个人坐飞机到柏林去，也还不是暗暗在自大的表演，如今想来，都是幼稚得可笑。更可笑的，从德兰诗顿飞柏林不到一小时，可是由机场到柏林市中心却走了一个半小时，和德兰诗顿市中心到机场有同样的情形，由此可见，飞行虽快，在来去机场的时间也费去不少，这样也不见得比火车快多少。

到了柏林当然见到不少同学，特别是那和我由国内同船来的几位，他们知道我考试顺利，大家都暗暗流露着一种十分羡慕的神情。我在德兰诗顿和史达德曼先生约好在柏林等他，至时他果然坐了火车来柏林，我介绍他和我所有的中国来的同学见面。史老先生对中国人特别有好感，个个都一见如故，每次在我们中国同学互相宴请中餐的叙会中，史达德曼先生必为我们的座上之宾。这样的觥筹交错宾主尽欢的几天以后，我这在德国的四年光阴总算不曾虚度，得以圆满的告一结束，启程归国。

首次访问新大陆

交通部拨准给我留德四年的半官费，即从民国十年（一九二一）秋季起，到民国十四年（一九二五）秋季止，恰好足够我读完博士学位，然而我心犹未足，遂借此以转学赴美为名，再请求继续延期一年，这时适叶恭绰（誉虎）先生重又接任交通总长，膺白姊丈适为其前任，近水楼台，他就为我做了先容，故就很顺利的便批准了。于是我便开始作去美的准备，把当时马克贬值时期所买进的大批书籍，一共装了四大木箱，连同不用的杂物，又去买了若干将来回国后可以送赠亲友的纪念品，一起先行运回国去，这样随身行李就十分轻松了。

按照美国移民法，短期游历甚是方便，但若想多住或甚至还想在美实习，那便大大有问题了。我在德国已整整的过了四年讲堂生活，去美目的志在参观实习，并不打算再进学校。此外还有一点小小用意，前节我已讲过，我的考博士的造成，乃由于等候恩格思先生去中国，盖以闲着无事，免得空费光阴，然而不了解我的人，必以为我是醉心博士头衔，借此镀金镀得格外道地些。我始终以为留学是一件不得已之事，尤其不是一件体面的事，好在别人不会来穷根问底，为什么你们不在国内读书，甚至你们已在自己的国内大学毕业，还要远涉重洋的跑来进他们的大学，到底你们的高等教育是怎么回事？幸而无人提出此一问题，否则真使人无颜回答。想得深刻一点，何尝不就是国家当前的一种耻辱。果然，在学术上，不应提倡狭义的民族主义，但我们不以为耻犹可，而相反的竟以此为荣，就大大的不该。我早就有这种想法，但转念一想，如果我不曾留学，就没有资格作此批评，至少话就难以说得响，人家必将会说："你不曾出洋，你是在嫉妒。"同样我若没有考博士，而想告诉人，考博士并不稀奇，人家听了，一定会说："你没有本领考，才说这些话。"这样一来，岂不所有想说的话一下都给堵住了口。其次，我平素最厌恶留学回来的人，爱分留东、留西，再进一步，还要分留美、留法、留德……。留学已无所谓光荣，现在这批人回到国内，还要分门别户，以留学这国或那国骄其国人，岂非更恬不知耻？假如我只到过德国，作此说法，人家又要说："你留德，把留美的人看不上眼。"我如今得了留德、留美两重资格，我的话便有得说了。这是我早先就有这一番意思，并非事后才如此说。

我去美并不想再进学校，因为认识这是留学界一个通病，把宝贵光阴一齐放在讲堂生活里，实在可惜。但我这次为护照签证，为取得入境许可，非和美国的大学接洽入学手续不可，于是我首先致函麻省理工学院（Massachusetts Institute of Technology Cambridge Mass［M. I. T.］）和加省理工学院——（C.I.T.），二者均有回信表示欢迎，凭这样的信美国领事馆才肯签证，凭签证，轮船公司才让你定船票。因此我特地去柏林一趟，那是民国十四年（一九二五）七月四日，我何以还能记得如此清楚，因为这日正为美国国庆日，美领馆停止办公，扑了一个空，直到第二天才办妥手续。到美国去还有一点很要紧的，须没有砂眼病，及一切证件全部办妥，才可到北德轮船公司（Nordentsche Lloyd）定船票。当时的美国人势利得很，尤其看不起东方人，因此到美国去坐船非坐头等舱不可，否则到埠之际，移民局便会有无穷的留难，如坐头等就可以方便不少。我定的是S. S. Duetschland头等舱，一人单独一间房，这票价在头等舱中乃是最便宜的，因为这房间在过道与邻室的中央，无窗，不能眺望海景，也可以说这是一间不见天日的房间，白天也得开灯。

这时在美国留学的几个朋友，如王崇植、恽震、方东美，和由德国去的杨公兆都已先后回国，在所有熟人中就只剩了陈章（字俊时）一人。我就致函俊时，请他在我到达纽约这日务必来码头一接。

这样我就在民十四（一九二五）十月间离开住了四年

的德兰诗顿。临行时Dr. Stadelmann、Fraulien Tanglava（Stadelmann之女伴）、Herr Gustav Tochache（我的男房东）以及我的几个中国同学，其中连伍东白也在内，都到车站来送我，经过柏林并未多作停留，即换车直到汉堡，等候上船。

到了汉堡，才晓得我的证明文件中还缺少一张出境许可证，证明我去过德国不曾犯法，绝没有什么不清不楚的事，而这一证明文件必须由德兰诗顿警局发给，无此即不能出德境，不能换正式船票。我不防还有这么一着，也可以说轮船公司的职员该负责，但他从不曾加我以注意。其时距开船已不到两天，真是使人着急，幸好和汉堡警局商得变通办法，由汉堡警局电询德兰诗顿警局，如无问题即授权汉堡警局出具出口许可证，来回电报费用则均归我负担。第二日即有回电到来，这样才算取到了船票，匆匆上船。我是全船搭客之中最迟上船的一个，其仓惶可想!

如前所述，我若不得美国大学的入学许可，即无法取得美国的签证，又若不取得居留地警局出境许可证，即离开不了德国，凡此已足够说明人家办事的周密。但在过去，外人出入我国，可谓极自由之能事，尤其由上海入境，更是自由自在，并无一般检查护照等手续。

自民国十六年，上海市政府成立以后，公安局外事科注意到这一问题。于是从民国二十年起，开始办理外人入境检查，这件事在不曾到过中国的人，无不认为当然。我还记得，当其实行未久时，有以前到过中国的某外国人正作再度来华之行，有领事某君原是出于好意，告诉他把护照送来替他办签证，不意这洋人过分以"老中国"自居，非但不加理会，还对这位领事说："到中国去还要签证吗？我走过的次数太多了！"这位领事一想此人可恶，索性拍了一个电报回国，告诉上海查检护照的机关，特别注意这个没有签证的洋人。果然在到了吴淞口，就有公安局的外事警察上船检查，这班外事警察都是些大学生，衣冠整齐，应付得体，查到这洋人，不必说，当然拿不出签证来。于是就告诉他，现在到中国来不能再像以前没有签证，但因他初犯，可以补办手续，故有意宽大，没有太严格的去为难他。后来这人回国，又遇到我们驻德的这位领事，他再三的表示抱歉。这位领事当然很是得意，借此机会总算教育了一个自诩为"老中国"的外国人。

在 S S Duetschland 快进纽约港以前，船上开始将酒吧间封闭，停止出售一切酒类，因为那时美国正厉行禁酒。实际上，他们的禁酒一事从来就不曾办得彻底，听说有许多人还特地坐了小轮出海饮酒取乐。

轮船傍岸时，我一心在注意俊时的出现，但总看不到他，只是人丛中看到一位东方人，大声的向我打招呼，通言之下，才知道他是俊时的朋友，姓蔡，名承新，盖俊时适有远行，托他代为来招呼我的。说也好笑，我在汉堡上船是最后一人，这时在纽约下船又是最后一人，原因是凡东方旅客入境，俱归移民局另一部分办理，东方旅客以由中国方面来的最多，一般都在旧金山上岸，每次移民局都派人专候，由欧洲来的东方人向来很少，必须船到后通知他们，因此所有旅客都已下船，而我犹在等候移民局的人，因此害得蔡君在码头上等了约有二小时之久，移民局的人才来。我出示学校函件及所带汇票等等，一切都合乎手续，便即放行。蔡君是在纽约哥伦比亚大学专攻商科，他把宿舍中自己的房间让给我住，他的种种招呼之周到，使我感激之余，更感不安。

我的英语实在不兴，虽在离德兰诗顿前，在Berlitz School补习了一个时期的英文，但时间甚短，缺乏练习，故一点也不能派用处。这次我踏上新大陆这一天，真可说连最普通的会话都不会说一句。蔡君终日陪我，不使我有一些不便，即或偶尔一人在外吃饭，好在美国有这种简易饭店"Cafeteria"，食品都是一一陈列着，只须将手一指，自会有人把你要的食物替你放在盘里，你只须托着盘到付钱的柜台上，有人看过你的盘子，自会给你一张单据。你从进门拿菜、食毕、付账、出门，不必说一句话。这种餐店，取菜搬菜都由自理，价钱既公道，且可以有不必说话的方便，我每逢须独自一人去吃饭时，总是去光顾这种地方。

在纽约我住了九天，便去华盛顿。杨光浤君这时在驻美公使馆办事，和他通消息后，他驾车来接我，当日就见到施肇基公使，他问我怎样来的美国和作何打算，我把来意一一说明，并言我只因不得入境，无可奈何与学校有所接洽。现已来美，颇想请教他用何种步骤方可获致我的实习计划。施公使当即要我注意，认为既已与学校接洽，万万不能失信，而且日久移民局必然会发觉，因以前曾经有过这样的事，发生了许多麻烦。他认为这时若要实习做工，一时间不但毫无门路，就是我的英文也太差，而且天气不久交冬，旅行参观，亦不相宜。我听了施公使这番话以后，决定不如去Boston向M. I. T.报到，同时加紧补习英语。因为旅行前有许多事要准备，我便辞别施公使，即回纽约，这时还带了一封我的老师Engels给Mr. John R Freeman, Providence R. I. 一封介绍信。

我的老师Engels不但在他国内水利界人人闻名，甚至欧洲其他各国的水利专家也都认为他是河工试验的鼻祖。美国的Freeman也是该国水利界数一数二的人物，曾为美国土木工程师学会会长，他们二人的交情是完全由于研究黄河问题作成的，其时费礼门先生已到过我国好几次。那时他来我国完全为北运河及导淮，但一下子就把兴趣转到黄河上面。他曾说笑话的讲："我很想做一次中国皇帝，为的可以把黄河治好。"费氏这话虽是戏言，但意义很含蓄的，显然的觉得我们自己对这样一个重大问题实在太不注意了。

他的《治淮计划书》开宗明义即说"著者始终以拯救中国大患之黄河为胸次唯一之事"。费氏回国之后，在美国土木工程师学会的会刊中，发表一篇极有价值的论文，题为《中国洪水问题》（Flood Problems in China, Am, Soc. C. E. Proceedings 48, page 1113-1167, May 1922），其中论黄河特详，并提出他自己对治黄之基本主张。

在这种地方，便可看出西洋人的治学精神。费、恩二氏原非素识，徒以恩氏在当时是德国河工界首屈一指权威，举世闻名，为水工试验的鼻祖，费氏因将他的论文寄给恩氏，请其批评，从此二人便不断往返作学术讨论，恩氏对黄河的开始注意，完全由此而起，论时当在一九二二年。

我第一次和费氏会面，地点是在纽约美国土木工程学会会所大厦，时间是一九二五年十月间某一清晨。那时因我的英语全不能达意，相对几无一言，我只是大约告诉他已准备到Boston去，在M. I. T.旁听一时，同时补习英文。

次年春天，过了寒季，我即开始旅行。蔡承新兄把我送上火车，由纽约到Boston不过数小时。那边中国学生很多，我的表弟立孙（沈昌，我一向叫他昌弟），他正由Cornell毕业转学到M. I. T.，此外一下子就认识了许多人如浦薛凤、丁嗣贤、卢祖诒、许应期、徐宗涑、郭殿邦等等。很快我就找到了房子，在Bigilow Street Cambridge，距学校不太远，步行可达，亦可坐电车。我到学校报到，缴费算作一名special listener，我也选了几门课，如Dr.Karl Terzaghi的Soil Mechanics之类。我当时的主要目的还是在补习英文，因此首先在当地的YMCA夜校听课，共有两班英文补习班，一班为初学的，一班是为

advanced。我也不问情由两班都报了名，而且我另外又请了一位女教师，这一女士是Radchiffe Women's College的学生，学校同在Cambridge。每次我去上课，都在她学校的会客室里。此外又有一位Mr.Steward，是M. I. T.电机科的学生，是一位虔诚的基督徒，他知道我急于要想速成，我讲英语的能力，他愿意义务帮我练习英文，并借给我读一本Pupin的自传。Pupin幼年由欧到美，专注所学，奋斗不遗余力，终于后来成为当代电机工程学专家之一，MR. Steward要我自己读这本书，读后每天须讲给他听。我天天晚上总到他那里去上课，地点在M. I. T.的学生宿舍，往来很是方便。

Boston冬天相当冷，下起雪来每次积得有二三呎厚，雪后立即有许多扫雪车辆出动，否则电车不能开，路上交通都会成问题，连行人往来亦在在无法通行。

记得有一天正在下雪，许应期跑来约我一起去跑路，但一下子雪愈下愈大，路上看不到行人，车辆几乎绝迹，这时我们两人只得翻起大衣领子，脖子裹得紧紧的，冲着风雪赶路似的向前走，偶尔遇到一辆汽车，车中人必然会把车子停下来问你一声可要搭车，这是一般美国人必然而然的人情味，这在我们中国是很少遇得到的。

留美中国同学的课外活动很多，学生会时常在开会。我初到Boston的这天，当晚就有集会，会长张君为我介绍，要我说话，但临时一无准备，而不说又觉不客气，只能乱抓的说了一阵，说些甚么，连自己都记不得了，只觉说得很不满意。

第二次，读土木工程的同学们要我讲中国水利问题，我便稍稍介绍了一点中国河工理论，大家听得都很起劲，会后立孙对我说，这次讲得比上次好多了。

这时立孙的二姊骊英正在Wellsley College读书，离Boston不算太远。一天我和立孙一起去访问，同时见到了谢冰心女士，我觉她的样子很有些像我的二姊，后来回国后我和二姊说，她大不以为然，并且很不高兴。我二姊很喜欢文学，有时也写写小说，冰心女士在赴美留学前已小有文名，二姊不愿意和她比较，想必就是因这个缘故。

我对中西音乐也很有兴趣，在德国时，逢到假日，我常独自去欣赏。我会吹箫，但并不高明，然而由上海赴德以及由德去美，这支箫总是携之与俱。有一次去Boston某教堂做礼拜，他们要我去演奏，以五分至十分钟为限，我就吹了一曲《梅花三弄》，博得了照例的一番掌声。可惜我的英文实在不兴，尽管我拼命补习，会话还是十分吃力，否则我一定会像在德国时一样，自告奋勇的作许多演讲，这在美国这种机会将更是多了。

美国的大学盛行Fraternity组织，中文称之谓"兄弟会"，入会手续稍有点神秘色彩，大概是一个学生时代吃喝取乐的组织。中国学生也流行这种组织，可是有点结党的意味，回国后彼此未免在社会上略有相互招呼的意味，这一来，可走了样了。我在未去美前已略有风闻，假如动机果真是这样，我倒必须加以注意。果然住不多时，便有个名"仁社"者来拉拢我。主持人程经远君来信欢迎我入社，而且还给我一张名单作参考。杨公兆即是来美后加入者之一，我便委婉的向之辞谢，因为我这个人甚是拘谨，不善活动，在这类之事是难有表现的。

一九二六年春，天气渐渐转暖，正好是旅行的时节，恰巧这时有Niagara Falls游览专车，来回每人只需美金五元。走过大瀑布前的铁桥，对面即是加拿大。当晚看各色五彩灯光射在瀑布上，蔚为奇观。来回均在车中过夜，但没有卧车，只有正襟危坐的挨到天亮，故费用很是经济。我准备开始作美国各大流域旅行，如Mississippi，Sacramento，Rio Grande，Missouri都是我参观的对象。这时Mr.John R.Freeman在Rhode Island，Providence，我和他约定时间，前去访问，去时预备好一套问题当面请教，谈得十分痛快。

费礼门先生听我的英文已能上口，已不像上次见面时那样一言不发，颇加赞赏，并替我定了一个旅行计划，且介绍我往见两个人，一为在纽约的Mr. Seabury，乃是全美土木工程师学会总干事，一为在华盛顿的General Tayler，U.S.War Dept.，费先生口说了还不算，临行还答应以书面复我的备忘录，并亲笔题字送我一本关于防火建筑的书，但很奇怪，他没有水利的著作送我，颇使我有些费解。我回到旅馆后不久，他给我的这封备忘录也就送来了。

费先生给我的印象很是深刻，在我往访之前，我满以为有关黄河的问题,都可以向他提出,并且他对任何问题都会给我答复。哪知他的态度甚是深沉,他听了我所提出的问题以后,他的回答总是以很客气的语气,不是说"这问题我毫无研究",就是说"我对这问题尚须仔细研究,现在还不能答复你",他那种虚怀若谷,知之为知之,不知为不知的态度,真是使人敬服。我某次投稿新中国建设学会主编的《复兴月刊》,还提起这段事。

那日我辞别了费先生,就到华盛顿的War Department见General Tarlor,承他通知St. Louis的Mississippi River Commission,给我以种种参观上的便利,我便依照费先生给我定的旅行计划,开始旅行。这时大概是一九二六年二月底,气候已不太寒冷。我首先到Raleigh, North Carolina参观Countor Plowing,虽然我国西南各省从来不曾提倡过Countor Plowing,但老百姓已自动这样垦殖,由来已久。故我看了,并不觉得新奇,虽则我那时还未到过我国西南部。

由Raleigh就到St. Louis,这都是坐火车的。到了St. Louis就去Mississippi River Commission接洽。这时Mississippi的总工程师是Col. Potter。由此我便换坐Mississippi Commission的船,沿Mississippi顺流而下,每经一地都小有停留,就在他们工程处趸船上过宿。在St. Louis还特地到Missouri河上兜一个圈子,我只记得那天工程处为我这个既无来头,只是揣着个学生招牌的人特别开了一条船,俨然似在招待一位人物。这条船绝不小于上海黄浦江或香港九龙的渡船，甚且还专为我预备了很好的午餐，而主任工程师又亲自陪我一路参观，这样招待的气派，真有使我有受宠若惊之慨。

这样我便由St. Louis一路坐船到了New Orleans。我对这个城的印象很好，尤其离开Boston的时候，那里犹是春寒料峭的天气，但一到New Orleans却已是风和日暖，生气盎然，使人精神为之一振。我临行时费先生特别提醒我，他说你是浙江人，浙江的海塘是有名的工程，但你不妨到Galvestone去看看美国的塘工，这样我又到了Galvestone，由此再坐火车经Yuma，El Paso到Pasadena，Los Angeles。我只记得Yuma已是美国与墨西哥的交界，我总算已曾到过极北，即美国与加拿大交界处的Niagara Falls，现在又到了极南。一般的经验，横贯新大陆的行程，总不外由纽约经Chicago到San Francisco，而我则偏偏作这样一个不平凡的zigzag旅行。

El Paso街道，不但是一律盘式，而且是二三块棋盘硬生生的拼在一起。我后来写的一本《市政工程概论》（商务印书馆出版）还采用了El Paso一张地图，以为美国棋盘式城市的代表。Pasadena近郊有一座山，可以坐火车去，由山上俯瞰全城，景物颇美。Los Angles的城区广大，未免有散漫之感。尤其Hollywood完全像一个住宅区，导游者一一指点给我们看：这是某明星的家，那又是某明星的住宅。我颇想参观拍电影的地方，惜未得其门而入，颇引为憾事。

San Francisco自不愧为一个大城，China Town尤为首屈一指，只是讲到城市设计，这来自欧洲读书的我，实在不敢恭维。我总觉美国城市的应用棋盘式，未免发挥得过火了。本来棋盘式的城市，未始没有它的长处，但最最重要的，须是一块平地，若地形高低起伏，而采用棋盘式的，则未有不失败的。旧金山就是最好的一个例子。有一些路，在地图上看，是一条直线而实际上因地势关系，须用阶级来连贯，车子到了这种路上，则就相当麻烦了。我真不懂，美国人何以竟计不及此。

我这次的旅行，虽则我的英语程度有限，但勉强已可应付，尤其学生时代经济不充裕，一切都须依照预定计划，所幸我到处有熟人招待参观，一共走了足足有两个月，所经城市不计其数，看遍了美国最大的几条河流如Mississippi, Missouri, Sacramento, Rio Grande，在开船前二日，如期到达San Francisco，可以说既准确又经济，自己觉得十分成功。一路总不是在船上便是在火车上过夜，我把时间总是有意的这样支配，与其住旅馆，不如坐夜车，既省了旅馆钱，又赶了路程，除非极不得已，才到旅馆下榻。

我所旅行的地方，大半在美国南部，那些地方对种族特别歧视，火车都分White与Colour，我每次当然都跨进White车厢，但对坐在Colour车厢的黑人，未免十分同情。有人事前语我，美国南部许多旅馆的风气甚坏，茶房常来勾搭旅客。果然有一次，我在某旅馆刚开好房间，就有茶房来问我："先生，可需要什么吗？"这原是一个普通的问话，但我已懂得其中的含意，故我立刻回答："绝不需要什么。"而且我表示的语气十分严肃，对方当然很能了解。说来可笑，有一次，那时我还在Dresden，我的老师恩格思先生突来问："你可有女友吗？"我立即作色的回答："Herr Geheemer Rat. 我是绝对没有的。"我的老师听了，不觉哈哈的笑着说："就是有，也何妨呢。"我猜想他还是将信将疑。西洋人对于这种事，好似很无所谓的。

到达San Francisco，我住在青年会宿舍，每日房金只需美金一元。我的行李如果坐火车每到一站，我总是寄放在车站里，因为如果拿了行李在手，行动就不方便，而且还得坐Taxi，这样费用便很大了。假如在这种地方住多了几天，需要替换衣服和需要之物，只须去车站取出所需，存入所不需，依旧存放在那里，很是方便妥当。我每到一地，还有一个习惯，首先买一张地图，把电车、公共汽车的路线大概有个研究，其次到书摊上看看明信片，把那些街道和公共建筑物大致有个认识，跟着就任意跳上一辆电车或公共汽车，好在车费不论远近，几乎一律，坐到尽头，再坐原车回来，这样坐过几路以后，沿途景物和明信片对照一番，所有全城的街道的布置，公共建筑的座落，都已得其大概，因此到一个陌生地方，只需一二日便到处可以去得，而且坐的总是电车和公共汽车，无往而不可去，既经济又十分方便。这是我从到处游历由自我的经验中，所获致的一种最经济的旅行办法。我把这几种办法告诉了这里所有的朋友，他们听后如法照行，试验之下，都觉得非常受用，于是便给了我一个雅号，称我为旅行专家。

我原想在三藩市（San Francisco）多逛几天，一则为了经济打算，二则以开船日期所限，而更有无以自解的下意识中，未免有点归心似箭之意。当船身在慢慢离埠之时，转念一想，家在何处？自己也不禁为之黯然。

回　国

美国的三藩市，在未曾去过的人，都以为是一个大有可观的地方，而在我看来，却并不觉得有如何特别吸引人之处，所以我毫无有所留恋，倒是和几个朋友们相聚了一段时期，登船话别之时，却不能自已的有些黯然魂销的意味！

这次我坐的船仍是Dollar Line的President Wilson，而且坐的仍是头等舱。美国移民局做事真是够精密敏锐，他们在检查乘客的时候，见到我的名字便对我点头笑笑，意思仿佛是你倒当真是搭这条船离开美国。我暗暗的在想，假如他们不见我在船上，保证会大索而特索的搜寻，其实我在美国亦未始不想多住一时，一面实习，一面又可以多学点英文，无如移民局条例甚严，若想住下去，只有继续在学校挂个名的办法，实习是不许的，无可奈何，自是只有提早回国了。

照说回国是如何使人兴奋的一件事，但我绝没有一般人那种兴致飞扬的情绪，我想设若我二亲在堂，我的意兴必将大大不同了。在船上我看了许多回国的学生，个个都是兴高采烈，越发使我增加了无穷感触。其中有一个姓潘的学生和我说话最多，他在英国留学，去了才五六年，中国话竟已有点说不上口，我问他何至于此，他说大概因为平时绝对不说的原故。无意中谈起，此人每年竟要用大洋一万元，他就回问我的费用，我就告诉他从出洋起，留德四年有半，又在美国住上半年以至于回国，所有治装，留学费用，以及来回川资一起在内，恰好一万元光景，他诧以为不可信。他的父兄在上海怡和洋行做买办已历有年，家中相当富有，但他在英国究竟学的甚么，我始终不曾问过他，因为一般富家子弟的留学目的大抵都是如此而已！

　　船由三藩市启程，第三天便到了Honolulu，这地方虽是在太平洋中的一列孤岛，但花草悦目，景物宜人，在我脑际总是留着一幅极美的画面。我在船上无所事事，写了几段旅德和旅美的印象，以备回国后可以和人作谈话的资料。船走得很快，过了Honolulu不久就到神户。我打算略略逛逛日本，便就在神户上岸，坐火车到西京（即京都）、东京，再到横滨坐上原船。地震后的东京都市曾经改造，我对它并不发生兴趣。我在Imperial Hotel吃了一顿午饭，道地的西餐，毫无意思。在东京曾游明治神宫，前有洗心池。神宫建筑气派殊不能与我国北京宫殿相比，只是一切都很整洁。继又参观乃木大将故宅。乃木是明治时代人物，晚年看不惯后起者的为人行事，与他的妻子同时切腹自杀，哄动日本全国，连全世界都为之震惊。

在西京可惜天气不佳，参观了几处庙宇，均须脱鞋洗足而入，对外来之人，甚是不惯。我对西京虽无太深的印象，只是觉得这地方很美，大概去国较久，凡具有东方色彩意味的事事物物总是有一种情感的兴趣，例如在日本两天，只觉他们的庭园及少女之美，无以复加。庭园的布置，气派虽不大，但多少有一种和中国相仿的风味，至于讲到少女，其实一般的极少有清丽隽秀者，其脂粉之浓厚，宛似我国的无锡泥人，不知何故，在那时我因好久没看到中国女子，只觉得他们非常好看。这一种突然的眼触是很难理解的。

船达横滨，我和这位潘君一起去一家馆子吃饭，遇见那位日本饭馆的老板，完全西装服式，操一口英语，年事不大，去过我国多年，也稍能说几句中国话，他知道我们是甫将回国去的留学生，竟大大的发表了番议论，倒是很有见地。他说今日中国的当局，不少是以前的留学生，可惜他们一朝权势在手，已毫无当年的爱国精神，贪污腐化，无所不为，中国的不能有希望，其关键即在此。这人说来倒是头头是道，对我将入国门的人，真是一帖清凉药，我至今还是记得他的这几句话。

当船进吴淞口，此时已是五月光景，环顾景物，依然如故。船将傍岸的时候，我毫不曾想到，我的老教授Dr. Slotnarin和同学郑君权伯会特地坐舢板船来接我，当晚权伯还设宴为我接风，情意可感。

初到上海，我就在南京路大东旅社住了一夜，整晚为喧声所扰不能安眠。次日见到同学傅壮民，他此时已开设了一所壮民医院，邀我去住，我以实在不惯旅馆生活，便搬到他那里去了。一面我尽快打听船期，在上海住不到十日，便坐船到天津。我坐的是官舱，船上老鼠甚多，同舱的人毫不知公共卫生为何事，一个初回国的我看了实在不习惯！船到天津，大姊亲到码头来接我，她以为我刚由国外回来，必是坐的大菜间，但瞭望了半天，不见我的影踪，后来在官舱甲板上才看见我，这是很出她意外。

我在天津住了一时，就去北京交通部报到，那时国民革命军正兴师北伐，北洋政府已成摇摇欲坠之势。当时代理交通部部务的是劳之常次长，考工科科长还是当年的孙文耀（仲蔚）先生。科中同事还是以前的几位。我回交通部报到，原以为这是我应守的规矩，哪知在部中看来实是多此一举，因为由此反而添部中许多麻烦。表面上他们还是叫我回部办事，薪水由每月一百元加到一百二十元，其时部中实是无公可办。二姊的家是在北城小三条胡同，和方家胡同只隔数步，那边有个京师图书馆，藏着不少旧书，特别难得的是那部四库全书。我在德国无意中起草博士论文时，编了一篇黄河决溢统计，后来在美遇到费礼门先生，他向我力述研究黄河历史的重要，那时我正闲着无事可做，便打动了我开始搜集有关黄河史料的念头。于是我便去和孙科长商量，率直的对他说，我想做这样一个工作，但这样我便不能天天到部，他听了以后，倒是满口答应，于是我便开始看我所要看的中国水利旧书中的各种重要的水利资料。这种滋味好比一个老饕跑进了一家百看杂陈的餐馆中，什么都想吃，什么都是滋味无穷，只是自己的胃纳太小，一下装不了这么多。我在这家图书馆前后消磨了三四个月，看的书确是不少，颇有一些经过可以略为叙述。

那时北京的机关，十之八九都欠上半年一年的薪水，机关办事的精神全无，方家胡同的京师图书馆馆长谭志贤先生，说起来和我父亲曾颇有交往。照规章，每日上午九时开馆，我每天总是按时前往循例购券，券资极有限，倒是小事，问题就在耽搁时间太多。例如进入阅览室以后，还得说明要借的书，每次须过许多时间，才得到手。迨读不了多时，十二点未到，已摇铃停阅，于是即须还书出馆。到得下午，照样须经过购券、借书这一连串的手续。我是一个每天都去的读者，久而久之，彼此都弄熟了，何况馆长又是同乡前辈，因此他们向我建议，不如给我一个名义作为图书馆一名名誉职员，这样不但可以省掉许多手续，还可替我在书库适当的地方放一张书桌，并且每天未看完的书尽可留着，不必老是借借还还。如此办法，对我实是方便极了。

我自做了名誉职员以后，便选了四库全书的书库为我的读书所在，就在靠窗放一张四方桌子，由我自己取书还书。当时京师图书馆虽有个书目，但完全是旧式编目方法，经、史、子、集四项大类，不知包围着多少的书籍。我在未开始阅读以前，第一步工作先读书目，有疑问的，即调阅原书，这样自己就编集了一份表，把要看的书一一开列其中，然后一部换一部的看去，从书中又可发现书，渐渐所有有关系的书，都给我弄清楚了。举个例来说，包世臣写有一本有关水利的书，书名《中衢一勺》，书目把他归入史类，单就书名来看，也决看不出是一部水利的书，老式图书馆也断断不会做一番索引功夫，因此如若想看书，就非自己暗中摸索不可。我一面自己编书目，一面我的读书本有个黄河做对象，于是首先读二十四史中的每一朝代的河渠志和五行志。我国一向把水灾当做天灾，因此五行志内，也有不少水灾材料，这一点我最初并不曾注意，都是后来左右逢源，随时发见的。

读完二十四史，便开始读黄河流域各省通志，再进一步读沿河各县县志。历代黄河河道屡有变迁，因此河南、山东二省的县志固须读，连直隶、江苏、安徽也须一县一县的读。这些书读完，材料已是十之八九，于是把我国水利方面的两部巨著，即清雍正时傅泽洪所编的《行水金鉴》和黎世序编的《续行水金鉴》从头细细翻阅一遍，发现这二书的材料来源和我用的方法，大致相同，但论参考书籍之多，好像我还胜过一筹。根据他们的书校对我所得的资料，互有订正，得益实是不浅。这些大部的书一一看过后，再看各家所写的水利著作，如潘季驯《河防一览》也有一章专论历代河患，胡渭的《禹贡锥指》虽是一篇论文，但字里行间也有不少河患的记录。我每看完一部书，一无所得有之，仅仅得着一二条记录有之，大有所获亦有之。我自问我这次在图书馆读书，采的是一种很有系统的方法。

连带我应当一叙资料的处理。我在开始读书前，先在王府井大街一家西式文具店买了一只盛放卡片的木盒，定印了数千张卡片。有了这点工具，我才放手翻书。于是凡见到有一点一滴对于黄河有关的材料，不论决口、泛滥、修防，或其他种种，无不一一抄录下来，并注明出处，每条只限一张卡片。随手把年代翻成公元，便于顺序安放。我每日一清早出门，总是带着许多空白卡片，到了夜晚归来，起码总有数十条抄回来，一一分类归入卡片盒中，日积月累，久而久之，材料愈来愈多，我读书的兴趣也愈来愈浓。其时二姊丈正在北大教社会学，当时和陈独秀、胡适齐名，为北大三位名教授。他们日常往来的朋友，全都是教育界中人，以北大教授居多，由此我也认识了不少的人，如胡适之、蒋梦麟、颜任光、彭浩徐、王雪艇、周鲠生、徐志摩、杨振声诸先生，都是从那时候相熟起来的。李大钊则原是少中会友，但蔡孑民先生在那时并不熟，乃是后来在上海才渐渐接近起来。这时北大的一群教授都是新文化运动的健将。初办《新青年》，那是月刊，继办《现代评论》。这时二姊丈常常写文章，他也劝我投稿，于是我便连写了好几篇关于黄河的文章，后曾印成单印本，称名《黄河问题》。

我之以研究黄河问题小小为人所知，盖始于此。自觉若过于专门性的理论文字，仿佛不是太相宜，因此有一次我写了一篇《小说家与治河》。在此以前我曾在《东方杂志》写过《治理黄河之讨论》，内容为（一）与费礼门先生论治河书，（二）费礼门氏论治河复书，（三）恩格思先生论治河书，这是民国十五年（一九二六）的事。五年后（一九三一）《治理黄河之讨论续编》，发表在中国工程师学会的会刊上，介绍（1）方修斯治河主张，（2）恩格思致方氏论治河书，（3）方氏复书等等。

这里我需要插写一段我大姊和二姊对我不同的期望。我这样一边读书，一边写文，颇为怡然自得，二姊看我朝着这方向走，很引为同调，十分欣赏。但在天津的大姊，不免暗地着急，她最怕我变成一个书呆子，而我的性情又近于此，因此我每逢到天津去，她总表示不赞成我钻在图书馆成天读书的生活，而大姊丈也有类似的表示。他们俩都主张学以致用，希望我转入实用的路上去。

这时国民革命军已攻下武汉，收回租界，成立汉口市政府，市长刘文岛到任不久，即带信到北京要我去帮忙。因为我在德兰诗顿工大时，也听过一些关于市政工程的课程，不免有些心动，加以好多人从旁敦劝，我便在民十五年（一九二六）冬天到了上海，搭长江轮去武汉。这样黄河史料的工作不得不暂告停止，一停十年，直到南京三元巷国防设计委员会（即资源委员会前身）成立。

我的同学赵世暹（敦甫）工作于此，他收藏我国水利旧书甚多，对黄河史材探讨尤勤，我就把所有搜集的几盒卡片，一齐交了给他。由于他的努力，我多少年来在期待的志愿，居然以《黄河年表》之名，由资源委员会刊印问世。书首有黄河年表一序，阐明成书之由来，斯序为内子应懿凝女士所书，录如下：

黄河年表序

中华民国十年秋，余负笈游德，就学于德兰诗顿之工业大学，时恩格思教授方执教于是，诲勉勤勤，有逾常师，余之涉猎水利，盖自此始。既而先生有受聘来华之说，余于是时已卒业工大，相约同行，无如国内干戈叠起，祸乱不已，东行之议，悬不能决，此民国十三年间事也。余以坐待无益，徒耗岁月，乃草德文《中国之河工》一书，即余当年之博士论文。内论黄河之治理，并附河决统计，都四百余则。自以为去详尽尚远，但发表以后，读者咸为咋舌，盖彼邦人士曾不知黄河之为患于吾中国，若是之甚。十四年秋渡新大陆，谒水利宿学费礼门先生，问以治黄问题。先生曰："黄之为患，盖有从来，穷本溯源，黄河之历史不可不研究。"又云："兹事体大，责在君曹，非我等外人所得而代庖。"余闻言不禁大为感动，因蓄志欲继《中国之河工》后，编一《黄河年表》。翌年归国，闲居北平，乃思编表之事，此其时乎？于是日在方家胡同前京师图书馆搜集资料。每晨怀纸笔而往，见有与黄河有关者，细大不捐，尽为摘录,晚而归家,就灯下整理。兀兀五月,未尝稍辍,颇自引为乐也。十六年秋于役沪上,案牍鞅掌,卒卒少闲,编纂之事,因而中辍。二十二年,吾友赵君敦甫,来自北平,以此事中止之可惜,毅然为之增补辑注,又承郑君道隆绘图说明。书成,既庆十年素志,一旦得偿,复感良友之辅助,卒底于成。爰弁数语,以明此年表编纂之由来。

中华民国二十四年一月　沈　怡　序于上海

北伐时期在武汉

民十五年冬，我由北京南下过天津小留，膺白姊丈叫我带了一些口信给张岳军先生，这时张正预备去南昌看蒋总司令。膺白姊丈、蒋总司令、岳军先生他们都是民元沪军二十三师的同事，膺白姊丈是当时的师长，蒋、张两先生是先后任的团长，他们相互间的关系极为密切，尤其膺白姊丈、蒋和去世的沪军都督陈英士先生。膺白姊丈当时还兼着都督府的参谋长，他们三人结有金兰之契，陈先生年最长，膺白姊丈次之，蒋先生最幼。英士先生的两位侄儿果夫、立夫两兄弟，早年无论见面，或写信，都称膺白姊丈为二叔，不忘通家世谊。

陈、蒋两先生与膺白姊丈三人的结义在上海打铁滨某处，十三年，中山先生北上，蒋先生由广州拍给膺白姊丈一电，电文中有"打铁之约"一语，此电收入《民国十五年前之蒋介石先生》一书中，许多人看了都不懂，盖其出典即如上述。

我到汉口即加入当时的汉口市工务局，该局共设四科，总务即黄伯樵局长的太太，夫妇二人同在一起做事，在当时算是时髦人物的表演。设计科长由我担任，建筑科为喻君，取缔科为曹君，这二人的名字我一时记不得。局设在黄坡路三合里，一座三层楼的房屋，这房子为一北洋军阀所有，在当时称为逆产。楼下及二楼一部分作办公用，其余作为宿舍。其时国共合作，共产党异常活跃，苏联顾问鲍罗廷大权独揽，炙手可热，国民革命军攻下武汉以后，收回汉口租界，更是做得有声有色。其时的蒋先生，身膺总司令之要职，年方四十，英姿焕发。我第一次见到他是在一个游艺会场合，那时苏联来了一个Duncan舞蹈团，全是一批年青少女，作种种舞蹈的表演，深受欢迎，领队的是一位中年女子，艺术尤精，据说她是一位世界知名的舞蹈明星。

　　国民革命军北伐期间，有两件事最为流行：一是那首"国民革命成功齐欢唱……"的歌，几乎妇孺人人会唱，二是总理遗嘱人人都得背熟，不然的话，临时要拉你开会当主席，总理遗嘱是必须要背得出来。

　　当时汉口市市长刘文岛（尘苏）先生是留法出身，和黄伯樵颇有私交，刘夫人廖女士短发军服，和刘市长同为武汉重要人物，以前只知道她一向在南洋写有关于南洋考察的书籍等等，想不到她会在这时候一跃而进入这个政治圈子里来。

　　这时的武汉确是人心浮动到了极点，真有如开了闸似的样子，浮浅的革命气氛，迷漫社会，连公园都改称"血花"。"打倒知识阶级"的标语，据说确一度见于市内，甚至还有人传说，徐谦的太太领导作裸体游行，但这已是在我离开武汉以后的事。总而言之，社会经过此一番大动乱以后，行尸走肉，人欲横流，大家心理上好像一切都没有了拘束，可以为所欲为，这种情况，确都是事实。

我在汉口市工务局担任工程师兼设计科长，全科一起才五六人，多数公文都由我自己动手。技术方面不久来了一位帮手许贯三先生，才从美国回来，以前并不相识，但相处得很好。后来我的留德同学谭文庆也来参加，我这一科就充实多了。

当时汉口的俄、德租界已早收回，但各成立一管理局，虽是市政府的一部分，但有点半独立性质。革命军到了武汉以后，又收回了英租界，和原有的华界并在一起，都归市政府自己管辖，日、法两租界则并未有所行动。我在汉口工务局仅做了短短两个月，为汉口旧市区起草了一个道路整理计划，翻修了后城一条马路，测量绘图，俱是我亲自动手，在这一短期间总算略略做了一点事。

说来很是耐味，当时市政府无论府与各局的人，彼此时常习于酒会联欢，成为风气，在这种场合中，倒因此认识了不少人。市政府共有财政、教育、工务、公安、统计等局，我只记得当时的公安局长张笃伦在抗战时期曾一度做过重庆市市长，胜利后又担任过湖北省主席，其所属单位，统计为殷公武，财政陶冶公，教育某君已记不起他的姓名，但知其为党部中极活跃的人物，刘市长不知以何因缘担任此席。他与唐生智有同学之雅，可能因此关系之由来。那个时期人与人之间的所谓"关系"都是极微妙的。

刘市长是蒋百里先生的高足，法国留学，中西学都有相当根底，写得一手康有为体的字，在当时真可算得时髦人物。后来他出使德国，也传闻韵事。民国三十六年（一九四七）在南京见到时，他正在热心于立委选举，好于公众地方发表宏论，时间只隔二十年，已完全变成另一付样子。当我初到汉口，颇震惊于他的外表，又在公众集会时，听到他的高论，以为他至少是个前进分子，但和他个人间谈起来，并不是那回事，使我感觉好生诧异。

民十五（一九二六）年尾，膺白姊丈和大姊都由北方到了汉口，刘市长临时腾出自己的房间来招待他们，但住不多时，党部就起了注意。某晚刘市长带一个消息回来，说某某些人对膺白姊丈有不利的图谋，恰巧这晚姊丈和大姊各有应酬，大姊故作镇定，做出毫不在乎的样子，饭后他们就连夜登轮离开汉口。我在大姊等离汉后一个多月光景，也就束装东驶，离汉来到上海。

这个时候，上海还是有租界，华界虽犹在孙传芳的淞沪商埠督办公署统辖之下，然早已摇摇欲坠，朝不保夕，同时白崇禧（健生）将军率领的国民革命军的前锋已抵嘉善，距上海不过一小时的路程。这时恰巧有一封为传达重要命令的信，膺白姊丈认为需要我到嘉善去走一趟。于是我就由上海坐轮船到宁波，换公共汽车到绍兴，又换江船到杭州拱宸桥，在杭州见到了陈其采（字蔼士）先生和潘伯坚先生。那时沪杭火车只开到嘉兴为止，由嘉兴换调兵车，这样就到了嘉善，足足走了三天。同行有徐君，乃徐士镳之弟。在嘉善第一次遇到国民革命军前敌总指挥白崇禧将军，把信交到，我的任务已完，遂即仍循原路回上海。

过不多久，白氏也就到了上海。事后想来，那时蒋总司令必已定下收复上海的计划，军事原为白负责，后来他就担任了淞沪警备司令，外交由郭泰祺（复初）负责，他就是国民革命军到达上海之第一任外交特派员，地方政治则委之于膺白姊丈，上海特别市市长的任务就是这样落到姊丈的仔肩上了。那一时期我适住在姊丈家，凡译电及传递重要文件等事，均交由我任之，我和郭氏相熟，盖由此始。

当孙传芳以联军总司令自居之时，同时他又自己兼任了淞沪商埠督办，就原有沪北工巡捐局的底子改为督办公署，所有署内之事，他居然请到了大名鼎鼎以地质学名闻于时的丁文江（字在君）先生做他的会办。白崇禧军队到了上海，又回复了沪北工巡捐局旧制，派王和为局长，其时南市则标榜地方自治，设上海市公所，市公所的前身一度称沪南工巡捐局，市公所的总董，由地方人士推出，当时为李钟珏（字平书）先生，颇孚人望，这样上海总算在这一短时期中组成这样一个初步的局面。

上海市工务局

当年留学在国外的时候，游子心情，总是对国内任何一点新发展都感到兴奋而关切。有一时期，从读物中传来的报导，仿佛社会上对全国道路建设正在热烈地提倡，不禁使我联想到，果真一旦公路四通八达之后，岂不把许多城市的门户顿时都给打开了。这样，必然会发现它们是何等的古老落后，除了少数通商大埠以外，恐怕没有一个城市不需要彻底改造。因想，假如有人注意及此，对城市设计这门学问有所研究，必然很有用处。我就在留学的最后一年，一面赶写博士论文，一面在学校里选听了这一课，借此以作消遣。这和水利工程绝对是两回事，但我倒读得相当有兴趣。这种知识上偶然检得的一些小小旁门补充，竟没料到会使我于回国后，搁置了我的主修科目，而从事市政工作先后共十二年以上。这一机缘凑合的事，岂非太是偶然了！

我所担任的市政工作，前后计有：

汉口市工务局工程师兼科长（十五年十月至十二月）；

上海市工务局长（十六年七月至二十六年十月）；

大连市长（三十四年十月发表任命，并未到任）；

南京市长（三十五年十一月至三十七年十二月）。

此处只讲为时达十年以上的上海市工务局，自觉这是一件极具建设性而兼有政治意义的工作，也自觉这是我在市政方面略有贡献的一段经过，更自觉这是一个年轻人初入社会勇气百倍的一番尝试。

民国十六年七月七日上海特别市政府成立，下设十局一处。当时市政府各局处办公地点并不集中。秘书处设沪西，因为市长在此办公，一般都称之曰市政府，地临日晖港，北岸就是法租界，所有法租界的几条马路都筑到河边为止。日晖港上有少数几条桥，其中之一名枫林桥，过桥便是枫林路。枫林原作丰林，与北洋军阀时代的上海镇守使何丰林有关；枫林二字是国民革命军到了上海以后才改的。那时枫林路上只有寥寥几所建筑物，上海外交特派员公署以外就是上海市政府了；那是两座半中半西的红色洋房，以前原是道尹公署，规模都不太大。市政府成立这一天，国民革命军蒋总司令特由南京赶来观礼，中央党部派古应芬，国民政府派郑毓秀代表监誓。地方人士到的，有虞洽卿、冯少山、李平书等。市政府没有礼堂，所有的房间都很小，容不了这样多人，因此市长就职典礼就在外面院子里举行。蒋总司令、监誓代表和就职的市长黄膺白（郛）先生都站立在走廊下，所有来宾则在院子里立着，一切虽是因陋就简，却也另有一番气象。

膺白先生的演说，一向以有条理、有内容著称。他的国语略带杭州口音，但十分清楚，并且抑扬顿挫，处处扣人心弦。那天他的就职词，内容以说明用人标准和市政建设为主；对用人标准，他说：

> 凡事非人不举，然欲求真才，必先除私见。此次市政府组织，用人标准纯以专门学识与办事经验为衡，而因上海环境之恶劣，同时尤不得不注重于德性。故高级职员之选择，有多年深知者，亦有素未谋面者。但求合乎上述之标准，决不敢稍挟成见于其间。

膺白先生就职后第一件事，就是发表秘书长和各局局长，名单如下：

秘书长	吴荣鬯（震修）
财政局长	徐鼎年（青甫）
教育局长	朱经农
公安局长	沈谱琴
土地局长	朱　炎（炎之）
工务局长	沈　怡

农 工 商 局 长　　　潘 公 展

卫 生 局 长　　　　胡 鸿 基

公 用 局 长　　　　黄 伯 樵

公 益 局 长　　　　黄 涵 之

港 务 局 长　　　　李　　协（仪祉）

以上名单，诚如就职词所言，有多年深知者，如秘书长吴震修是膺白先生二十三师的同事，财政局长徐青甫原是他的总角之交，同乡而兼同学，以上两人都和膺白先生有不寻常的交情。朱经农、潘公展、李仪祉、胡鸿基、黄涵之则可以归纳在素未谋面的一类。黄伯樵追随黄克强先生有年，与膺白先生虽早就相识，但关系不深。伯樵刚做过汉口市工务局长，他对工务局长一席原是十分有意，但不知怎的先去答应了杭州市邵市长的邀请。他才答应了那边，岂知这边由膺白先生出任上海市长的消息也证实了。伯樵当向膺白先生表示仍愿留在上海，惟因人事都已决定，遂请他担任公用局长。我其时回国不久，年纪很轻，自知毫无做事经验，一下子就担当方面之事，于我未必相宜，曾以此意一再向膺白先生陈述，他却说一切都已决定，不必再有变更，这样我才急急忙忙的着手筹备起来。先说组织：

上海市工务局的组织，最初完全以广州市工务局为蓝本，所不同的，不以总务、设计、工程、取缔等字样名科，而改用数目字。共分四科，各科职掌如下：

第一科掌理文书、会计、招标、发照及其他不属于各科事

项;

第二科掌理道路、沟渠、桥梁、码头等工程之设计事项;

第三科掌理以上工程之施工事项;

第四科掌理审查建筑图样及取缔等事项。

次讲人事:

第一科科长我约了郑权伯(肇经),他在同济后我一年毕业,同去德国留学,早我一年回国。回国后他先在南京河海工程学校教书,后在淞沪商埠督办公署任事。第二科科长初邀麦蕴瑜,不能来,改约许贯三。他原是我在汉口市工务局的同事,其时许已在杭州市政府工作,为了应我之邀,舍杭就沪,害得邵市长向胥白先生大兴问罪之师。第三科科长李耘孙(昌祚),原系权伯在淞沪商埠督办公署的同事,年近四十,为人轩昂持重,是科长中年事最长的一位。我和其他各科长都自知年龄太轻,同事中必须有位老成者,方可将局面平衡得住,尤其应付一班包工,特别有此需要。第四科科长薛次莘,以前并不相识,是伯樵转介绍给我的,但知其为人很是干练。以上四位科长都是土木工程专门,留美二,留德、留比各一。

各局局长与市长均于同日接事。我接事后第一件事,就是和财政局长徐青甫先生,一道去拜会沪北工巡捐局王和局长及南市市公所总董李平书(钟珏)先生,商洽接收事宜。工程方面,原有工巡捐局和市公所的人大部分都留用了。市公所在南市毛家弄的办公房屋,归工务与农工商二局分别使用,农工商局用正中二三两层，工务局用左侧一二三层全部。

接收方告一段落，不料接二连三地出了三件意外事情。第一件事是闸北苏州河上一条木桥，本地人称作舢板厂新桥的，忽然坍了下来。幸而事先已禁止行人车马通行，不曾伤人，只是工务局技士周正德正在桥上检查，人和桥一起掉在水里，不幸折断一腿。肇事后不到一个月，新桥即告完成，仍是木质结构，因一头衔接闸北恒丰路，遂改名恒丰桥。这第一件事的发生是在我正式接事后的整整七天。

哪知不到一个月，第二件事又接着来临，那就是南市唐家湾的小菜场突然倒塌。菜场虽只一层，但正值清晨开市，因此颇有死伤。喘息未定，隔不多久，第三件事接踵而至，闸北一家茶馆又告坍塌。茶馆一共三层，楼板从三楼一直堕到平地，把二楼一楼所有的人都压在中间，三楼的人在上面虽没有被压，但也大半震死。我赶往视察时，只见死者遍地，真是惨不忍睹。那茶馆原是一座旧式建筑，平时登楼的人不多。偏偏那一时工潮蜂起，有许多丝厂女工借三楼开会，人数既多，还要鼓掌顿足，楼板腐旧，经不起震动，遂肇此惨祸。

这样层出不穷的肇事，虽足以说明华界一切建筑物的年久失修，也好似对我这个年轻人来一个下马威的考验。为了保障公众安全起见，所以工务局的初期工作，不得不把全副精神都放在检查一切公私建筑这件事上。我们首先把市内所有桥梁、菜场、茶馆、戏院都郑重检查殆遍，次之，对年代久远可能发生危险的私人建筑，一并逐街逐巷作了有系统的调查。闸北、南市这两个旧市区，老房子特别多，不少都已到了翻造年龄，然为顾到社会经济能力，即使有实在危险不堪的，也只是采取劝告办法，力避强制执行。上海市工务局处理这一类事情，显然和其他城市不同，但同样达到了目的，只是办法上大有差别。我们何以采取如此温和步骤，一则以上海华洋杂处，环境不同，二则也未始非由经验得来。这里我略略说一说这一经验得来的经过：

原来南市一向有一个声名狼藉的劣绅，一般人都称他为童举人，据说因为他的行为不端，这举人头衔在前清早已被革掉。此人专喜包揽词讼，惹是生非，地方上个个都惧惮他三分。恰巧他家在城里有几间老屋，还不知是哪一个年代造的，那所房子沿街的门窗，少说亦有六七十度的倾斜，假如没有左右二邻房屋的夹持，这房子早已倒塌无疑。在这样的房子里，不仅照常住的有人，而且还停着一口棺木。工务局会同了卫生局不止一次的通知拆迁，这位童举人一直置之不理，于是我们这几个初出茅庐勇于任事的年轻人，最后竟不顾一切的派工代为执行。这一举动，大大的激怒了这位童举人，他一下子告到南京国民政府，那状子写得十分有煽动性，把我们简直说得无法无天。我为诉诸舆论起见，把他攻击我们的文件和工务局的答辩书，连同执行前所拍那所房屋的照片，全部在《申报》附刊的《市政周刊》上披露。因为事实俱在，童氏这一场诉愿，自难得胜。在他说来，这可能是他一生第一次受到的打击。我还记得这件事正闹得满城风雨的时候，我偶然遇到了李平书先生，他说："你怎么真的去惹他？这人岂是好惹的！"原来这是市公所移交下来的一件悬案，平书先生想不到我真会把他来开刀。

由于掀起了这场轩然大波，我们对危险建筑物的取缔，便着实研究了一下。自此以后，遇到必须强制执行的案件，所采取的步骤总是首先用书面通知业主："此屋危险，宜早翻造。"如为出租的房屋，则同时通知住户："为安全计，以另迁他屋为宜。"业主接到通知，以置诸不理的居多，则隔一时再发通知，少则二三次，多至四五次。如房子愈来愈危险，而其中还是住着人，则最后一次的通知就不得不警告业主："如再不自动翻造，工务局就要代为拆除"了。有的接到这样通知就照办了，至于那依旧不理的，少不得要强制执行。到那种时候，也不是真的剑拔弩张的派工去代拆，只是替那所危险房屋围一道竹篱。假如这是一排朝街的房子，最初把每家的出入口都还留着，然后每过十天或半月，封闭若干口子；愈到后来，出入口愈少，住在里面的人都会渐渐感觉不便，也就自动的搬走了。到那个时候，业主即使不想翻造亦不可得了。还有工务局在派工围筑篱笆的时候，必在四周张贴许多通告，上面写"此屋危险，须速翻造"几个类似广告的大字，白底红字，相当醒目，让任何行路的人看了都可判断这所房子是不是一个危险建筑？是不是应该翻造？犹忆当时在其他都市里，为执行此类事件，甚至市长自己率领了救火队员带头去拆。假如这样做，不论房子如何危险，在第三者看来，总是会同情那些被拆的人，弄得执行的人既吃力不讨好，而同时还要招来一片物议。

这里有一件事，我总觉是一个长驻的遗憾，盖事隔若干年以后，为拆迁一座牌坊，又引起小小是非。就牌坊本身言，原很寻常，谈不到有任何艺术价值，只因为纪念明代徐文定公（光启），意义便是不同。这座牌坊四周房屋，一再遭火灾，翻造日多，道路放宽，使得它孤另另地立在通衢中，不仅危险，而且妨碍交通。因想起徐家汇有徐文定公墓，何不将牌坊拆卸，移置墓上，工务局作了这个主张，并表示愿负责代迁代建，不幸为徐氏族人所拒绝；而他们迁移时，由于拆卸的人不够小心，竟未能再建立起来，实为无比疚憾之事。若干年后，偶然读到一本教会出版的法文刊物，提起此事，责备工务局毁灭古迹，诚是有口莫辩。在牌坊拆迁之后，我们还将该路改名"光启路"，永垂纪念。

尽管南市、闸北以前都有工程机构，但我们在接收时，只接收到一些案卷，几乎没有什么图样，其中尤以南市市公所为甚。这在工程机关说来，实在是一件不能想像之事。譬如某路规定放宽若干公尺，案卷中所可找到的资料；只是一纸布告。遇到有人造屋时，想要知道门前应让进多少公尺，就不知以前派去钉桩的人究竟根据的是什么？似此情形，流弊就很大了。我在接事之初，决心要来一个基本解决，这一下，可把同事们忙得无以复加。外界的人很难想像得出，我们为这一工作所费的时间与精力。首先要组织许多测量队，先从闸北、南市两处市区入手，然后分区计划道路系统，比例尺规定为二千五百分之一。道路系统设计完成以后，均经提请市政会议通过，并由市政府以命令公布。公布以后，随即把图印出来，让大家可以看到，需要的人，都可以购得一份。

自从工务局将道路系统图公开发售，它的神秘性顿时就消失了。接着我们再逐路逐段的测量，把规定的宽度一一用红线画在图上，如此，不论路左路右，让多让少，都是一目了然。此种逐路逐段的地形图，比例尺为五百分之一，同样提交市政会议通过，成为定案。这种地形图因为张数浩繁，虽未能一一付印，但任何人都可以到工务局去查看，并且规定只须缴一元的手续费，就可得到一个复印本，这在过去是绝对不可能的事。

我在工务局成立之初，对于内部应当如何组织，实在毫无经验，因此只晓得一味抄袭广州市的成规。我也不能怪当时帮我起草各科职掌的人，因为我国传统观念，总是偏向于互相牵制，几乎已成了天经地义的原则。这种出发于"防弊重于做事"的旧时代管理方法，从好的方面来说，彼此监督，少出毛病；从坏的方面来说，责任不专，效率减退。一年下来，我就发现它的种种不合理，毅然决然实行改组。结果把工务局由四科改成五科，并将每一科的职掌规定得格外分明。改组后各科的职掌如下：

第一科仍掌总务，包括文书、会计、庶务等，但将过去钳制其他各科的事项都取消了；

第二科主管桥梁、码头、驳岸、河道、塘工等所有设计、施工及保养等事项；

第三科主管道路、下水道等所有设计、施工及保养等事项；

第四科主管审查建筑图样，包括发照、取缔危险建筑及公共建筑之设计、施工等事项；

第五科新增，主管测量，及旧市区道路系统与新市区之规划等事项。

从上面不难看出新制与旧制的不同之处。旧制，设计的人不施工，施工的人不设计，责任不专。新制，改成一条鞭，由设计、施工，以至于完工以后的养护，自始至终，归一个部门负责，责任既专，遇事无可推诿，无形之中，大大提高了办事效率。我对国民政府成立初期的那股朝气，很是感觉兴奋，做事也没有后来那么多的牵掣。譬如以上所说工务局由四科变成五科，以及把各科职掌彻底变更，只须一纸呈文，就得到市长很快的批准。

十六年七月上海特别市政府成立，不到一个月功夫，蒋总司令忽然下野，黄市长随之去职。在此动荡期间，市政府各局居然若无其事，各就本位照常工作。上海市政府的组织，奠基础于膺白先生，固不待言，但有了这个好的开始，倘无人"萧规曹随"的继续下去,则一切还是要落空,因此第二任张伯璇(定璠)市长不能不说是其中的关键人物。当时市政府几个局长和伯璇市长原无一面之缘,伯璇先生继任市长的消息发表以后,我们照例呈请辞职,但大多数都被慰留了。他只换了秘书长和财政、公安两局长;秘书处内部可是大部分换了新人。起初一段时间,由于彼此缺少认识,府局之间难免有点隔阂。尤以我所担任的工务局,表面上好似把以前的闸北工巡捐局和南市市公所合并而成,而这两个机关,旧观念的社会向来称之为肥缺,闸北一年有多少好处,南市一年有多少出息,几乎屈指可数,以前这些机关的腐败情形,于此可见。自上海市政府成立以后,以前的"巡"与"捐"分由公安、财政两局掌管了去,工务局只掌管"工"的部分,可是一般人对此并不十分明了。因之,当膺白先生向政府荐请任命我为工务局长时,还有人以为毕竟存有私心,把最好的差使给了自己的至亲,后来明白了工务局只是一个技术机关,大家这才恍然。而且我的做法尤其要根除一切弊端,我们集中全力,首先完成那些道路系统,一一予以公布,其目的无非为此。可是张市长初到任时,秘书处的一些新人还不免要想入非非。他们最最怀疑的有两点:其一,工务局收入中有罚款一项,数目并不太小,当时一般机关的惯例,罚款向不归公,有人疑心工务局亦必如此;其二,工务局主管工程,大大小小,一年中进出的款项数目着实可观,不说别的,单就这笔银行存款利息来说,已是不小,而过去习惯,利息往往并不入账，因有此种种疑惑。一天，市政府的秘书不经通知，突然带了一批人来到工务局查账，我真是从衷心的欢迎他们有此一举。因为那时我很得意的做到了两件十分平淡而多数机关所做不到的事：一是档案图书馆化，另一是会计银行化。档案自经过整理，存放均有固定位置，而每一案卷制成分类卡片，寻找容易，一如图书馆内的书籍。会计方面则根据了市政府规定的会计规程，一切账目，每天都登记得清清楚楚，宛如银行。每天上午，我总可以看到上一天的日报表，所有收支情形，银行存款，及现金数目等等，无不详细载明，一目了然。我做事虽不存"五日京兆"之心，但如果一声去职，几乎当天就可办理交代。这次秘书处的突击抽查，发现工务局的财务管理有条不紊，没有一点可以指摘的地方，尤其出乎他们意料之外的，就是所有罚款及利息收入全部涓滴归公。

腾白先生对上海市的施政方针，首先要维持秩序，安定人心，然后进而谋建设，从他的就职词中可以明白看出。他说：

> 上海市民经多次兵事之余，人人心目中均暗悬有一秩序维持问题，此为不可掩之征象，不知中央政府对此已早有筹划。……今后市政府成立……鄙人亦必上体中央意旨，竭全力以注意此一点，故秩序维持一事，敢请市民可十分安心。回忆辛亥之役，随先都督陈公英士之后，勉参戎机，兼领师干，前后一年有半。鄙人所属各部，沪人士能举

出一例,有一兵一卒骚扰地方否?在座不少当年共患难之同志,谅能证实其不虚。

鄙人于地方行政事务,素少经验,而所可硁硁自信者,凡事必以躬亲为原则,财政尤以共喻为旨归。军阀时代假施政之名,行敛财之实,不满人意,理所固然。但在国民政府之下,铲除贪官污吏,建设廉洁政府,著为标语。鄙人不才,从政十余年,对于操守一层,差堪自信,凡所延揽各同事,亦必能共谅此怀,构成一体廉洁之政府,并可保证此后地方之所出,必悉应地方之所需。而同时希望市民,于正当租税,均应踊跃输将,助成其美。盖欲造成繁盛之都会,优美之环境,不能仅仅责善于政府,而最健全与稳固之进步,仍在全市民之自致其力也。

膺白先生在任只一个月零五天,他在市政建设方面有两件想做而不曾有时间来着手的事。一是筑一条环绕租界的道路,以防止租界的再扩充;另一是吴淞筑港,并在吴淞与租界之间开辟一新市区,以削弱租界的重要性。这都是他亲自和我讲,并且好像也和他的后任伯璇市长谈起过的。

自民国初年到革命军占领上海,公共租界和法租界都一直存在,每逢国内局势不靖,租界工部局总是利用机会,扩充地盘。最显著的,就是在沪西一带偷偷的筑了许多路,地方上称为"越界筑路"。有了路,就有人造房子,有了房子,工部局就设警保护，征收捐税；这样虽无租界之名，已有租界之实。膺白先生就任市长之初，即和我说，彼既可筑路以推广租界，我何尝不可筑路以限制其扩充。类似意见，当时社会上也有人同样主张过，但大都偏向于沿租界原有界线，甚至沿越界筑路的范围来造一条包围的道路。我自得到膺白先生这一指示以后，就和同事们从事研究，并实地勘察，结果作成了以下几点决定：

第一，环绕租界的道路并不严格的沿着租界线，因为若照租界界线，则将造成一条极不整齐的路，弯曲得不成样子。我们所测定的路线，乃是一条使闸北与龙华得以联贯，穿过所有的越界筑路，将原有把越界筑路一带扩充为租界的企图，彻底的予以击破。

第二，规定在越界筑路区域内建造房屋，均与其他市区一样，须向工务局请领执照。固然有些地方，市政府的行政权力还行使不到，但至少表示市政府不放弃这种管理权，而不遵照办理的，便成了一件违法的事件。

第三，继闸北、南市道路系统之后，公布了沪西道路系统，把所有越界筑路一齐包括在内，又扩充闸北道路系统范围，包括虹口一带最早的几条越界筑路。从市政工程的立场说来，这一切都是十分必要而且合理。自此以后，工务局与租界工部局之间，为争着管理这一类的事，便愈来愈白热化了。

当时公共租界有一个和工务局性质相同的机构，即工部局的工务处（Public works Department, Shanghai Municipal

Council），处长Mr. Harpur，英国人。我接事后曾去看他，他当下和我说，他任此职已二十余年，见过中国方面负责办理市政工程的人已不知凡几。言下之意，颇有不知你将做多久，哪知我在上海市工务局一做便是十年，我还参加钱别，欢送他回国。

伯璇市长过去和膺白先生素无渊源，但对前任想做而未做的事，无一不认真推动，实在是非常可敬佩的。他就任不久，就叫我积极筹备建筑中山路，即环绕租界的那条大路。十六年冬正式开工，并蒙淞沪警备司令熊天翼（式辉）先生派兵工协助。这条路自龙华开始，由南而北，穿过许多越界筑路，与闸北相接通，由此更接上军工路，而直达吴淞。全路长十七公里，除苏州河上有一座较大的桥梁以外，一般说来，工程甚是寻常。在施工时，凡是遇到与越界筑路交叉的地方，暂时停止，等到全路完成，就在一夜之间，把所有几个交叉口一下子便接通。我们初以为租界工部局可能会有任何举动，居然一无阻挠，平静过去。

上海市政府在成立之初，即向中央建议省市划界。市政府拟的方案是就淞沪商埠所定界限，包括公共租界、法租界及租界以南一部分地区，一齐划入上海市的范围；这样就牵涉到江苏省若干县份，如上海、宝山、青浦等县。膺白先生对于划界曾指示过一个原则，就是市区不妨划得大些，免得将来计划时受到限制，影响发展。江苏省政府为此事派了一位划界委员，姓严名师愈，字友潮，市政府派的就是我。严委员一到，我就陪他先去各区视察，几乎把上海四周所有重要乡镇都走遍了。这位严委员人极爽直，我们一同视察了好几天，我和他谈大上海建设计划，谈得很是投机。末了我便说，划了这么多江苏省的地方到上海市来，并非好大喜功，完全是为了事实需要，省与市都是属于中华民国，彼此应为国家百年大计着想，我希望他要把这些意思向当地人士解释，免得发生枝节。果然，我们每到一处，他就竭力说明这一点。他后来对市政府所提出的市区草图，竟是毫无保留地完全同意，就回省复命。他这种态度实在难得。但令人不能不感到遗憾的，听说他回省以后，当局认为他丧权辱省，就此被撤职。若干年后，我又遇到他，谈起此事，我表示十分抱歉，他倒坦然置之，还说他去职的原因不一定为此事，多半因他为人过于刚直，当局借故去之。这可能是事实，但他的襟怀与修养，我更不能不在此表示钦佩。

划界事告一段落以后，我便建议伯璇市长率领全体局长逐区巡视，由此既可增加对地方的认识，同时亦可对未来新市区的位置有个选择。伯璇市长欣然同意，秘书长周静斋（雍能）兄更是起劲，接着就排定日程，一区挨一区的视察，不到两个月功夫，把全市十一个区全部走遍无遗。这十一个区是：沪南、闸北、吴淞、江湾、大场、殷行、真如、七宝、高桥、杨思、洋泾（后三区均在浦东）。从这一次的大规模实地视察，我们每日从渡轮、民船、公共汽车、小火车起，直到牛角车（即独轮车），可以说，各种交通工具都经尝试过。大家一面欣赏大自然，一面交换对于建设大上海的意见，好几天下来，不知不觉对新市区的位置，有了一个初步的结论。

民国十七年二月十二日我和懿凝在上海结婚，这也是我个人在工务局十年中的一件大事。这年婚后，一直忙着陪同张市长巡视各区和勘定新市区的位置，及至有了初步决定后，我便更进一步的来着手新市区的全盘计划。在那段时期，我每日总是挟着一大卷图出出进进。回家以后，就把它铺在客厅地板上，不是对着出神，就是用红蓝铅笔在上面涂划，懿凝在旁也忙着为我按纸检笔。我用笔划来划去的时候，便对她说，这些纵横的线条将来都是一条条的马路，而大半个市区是被一条公园似的绿带包围着，有流水，有草地，两岸更是桃柳相间，她听了也为之十分神往。

伯璇市长在任一年有半，其间因撞了一次车，健康颇受影响，不久即倦勤去职，由张岳军（群）先生继任。岳军先生就任市长是在十八年四月，地点仍在枫林桥市政府旧址。典礼过后，立即召集全体局长谈话，宣布人事一概照旧，只预备换一位教育局长。张市长说这话时，教育局长韦悫也在座，我不知张市长是有意？抑或忘了他也在座？这种情形之下，韦就立即辞职。韦为广东人，留美习教育，外表很像个恂恂儒者，和他的继任者气味完全不同。韦辞职后，上海从此就不再见到他，不久就有传说他到陕北去了。三十八年共军占领上海，他忽以副市长身份出现，这个传说便证实了。

岳军市长到任以后，改任袁文钦（良）为秘书长，不久袁又调任公安局长。袁局长浙江杭县人，留学日本，早年颇有一段传奇性的经历。其时适值日俄战争，他以见习生资格参加日本军队作战，未几为当时东三省总督赵尔巽所发现、所赏识、战争过后，便大大被重用起来。因此他在前清就已当过巡警道，依他自己说法，他在当时的东北，简直红得发紫，这是我得诸他的口述，当属可信。

自从袁文钦改任公安局长以后，市政府有一个时期，秘书长不设专人，而由各局局长轮流担任。每月一人，首轮潘公展，次月黄伯樵，都是以局长身份兼任过秘书长。经过两个月的试验，发觉这个办法并不理想，便不再继续，而由当时的参事俞鸿钧代理秘书长职务，一直到岳军市长去职为止。

伯璇市长在任之际，不及把新市区的建设计划提出，便已去职。到了十八年七月岳军市长任内，才正式划定黄浦江以西，淞沪路以东之间，北至闸殷路，南至预定路线，西至淞沪路，为市中心区域。以上决议，一面公布，一面呈报中央。同时设立了两个机构，一为上海市建设讨论委员会，一为上海市中心区域建设委员会。前者系咨询机构，由市长兼任主席，后者系计划机构，以工务局为基干，而由我兼任主席，并附设了一个建筑师办事处，聘董大酉主其事。市中心区域建设委员会成立以后，工作很积极，不到一年功夫，全市交通系统，全市分区计划，和市中心区域道路系统，都一一先后脱稿。

国民政府定都南京之后，各地纷纷设市，但直属于中央的只有南京和上海两市。南京是首都，从政治意义方面来讲，更显得重要，国府为此设了一个首都建设委员会，请了若干外国专家，担任设计，事在上海市中心计划之先。照理首都设计应是南京市政府的事，但首都设计委员会好像和南京市政府没有能打成一片，于是市政府又另来一套。美国籍专家Goodrich和Murphey是当时首都设计委员会的顾问，德国籍的Schoobart则是南京市政府的顾问，论能力各有千秋，可惜各做各的，力量分散，以致毫无结果。首都设计委员会后来出了一本报告，名曰《首都建设》，很有内容，南京市政府似乎并没有理会，而市政府想做的，自己又没有经费，中央亦不曾好好支持。虽曰连年纷扰，无暇建设，但国府定都南京这许多年，连一个都市计划都不曾决定下来，无论如何，总是一件遗憾的事。

上海市中心计划的产生就顺利多了。上海不像南京那样政出多门，南京上级机关多，人多口杂，事权不一。上海只有一个市政府，非常单纯，前面所说的市中心计划由我一手设计，经过市中心建设委员会讨论，提出市政会议议决通过，然后呈准中央公布，手续就完成了，跟着要做的事就开始了。当时最重要的一个措施，莫过于公布市中心区域范围，这一天，同时停止该区内地产的买卖过户，全部土地归市政府给价收购。这一举动，使得土地投机无由发生，不像南京造中山路时，两旁土地多数为有力者所得，影响了后来的发展。国父孙中山先生对土地政策最最重视，当时在大陆上，不但"耕者有其田"的主张未能实行，连都市土地因市政建设而过分受益这一点，也不曾有防止的对策。上海市则不然，一开始就注意到这个问题。尤其难得的，市政府自市长以次，没有一个人为自己的利益打算，没有一个人利用这机会在市中心区域内有尺寸之土。停止买卖过户，一声令下，舆论翕然，行所无事。这一着乃当时市中心计划成败所系，能做到这样弊绝风清，实在可以欣幸。如今回想起来，政策方面可以说完全符合了国父的理想，所可遗憾的，由于市政府的财政困难，只能随用随付地价，而未能一次将全部地价付清，这是美中不足之事。

当上海市政府宣布市中心建设计划时，租界上一家有势力的英文《字林西报》（North China Daily），用《梦想的城市》（A Dream City）作标题来挖苦我们。的确，如果这计划得不到两个重大因素的配合，第一是吴淞开港，第二是把上海总站北移，并将铁路和商港连接起来，则市中心发展的结果，充其量只不过做到一个政治区和住宅区而已。假如这样，则我们心目中"取租界而代之"的理想，也就是国父孙中山先生大上海计划的主要目的，无疑是没有实现的希望。以上这两件事都不归地方政府主管，而必须获得中央的同意和支持。

其时铁道部长是顾孟余先生，为迁移铁路及吴淞开港二事，曾通知市政府派员赴南京说明，市政府派的是我和公用局长黄伯樵。这一天,顾先生亲自出席主持这个谈话会,铁道部所有高级人员几乎全体参加。一开始就有人质询,说话的人是谁,我已不复记忆,只是很清楚的记得,他说得很是振振有词。他说:"你们的市中心计划,有时也自称大上海计划,但究其内容,哪有半点和总理的大上海计划相符?这究竟是从哪里说起呢?"这一问的来势确是极凶,伯樵推我答复,我沉着地想了一想,便说:"在说明之前,请容许我把总理为什么要提出那样一个大上海计划先来作一检讨。我想,我们可以肯定的说,总理的大上海计划,它的主要用意,在使租界地位衰落,以求实现收回租界的目的,而其手段则为开新黄浦江和建设东方大港。即以开新黄浦江一端而论,从《实业计划》中可以很清楚的看出,完全是基于政治上的理由,因为如此才可使原有的黄浦滩(Bund)失去它的重要作用。这样说来,倘如我们所用的手段同样可以达到收回租界的目的,我相信这就不能算违背总理的意旨。何况《实业计划》自序也说,这计划只是个轮廓,详细的方案当付诸一般专门人士去研究,可见总理的态度是非常开明的。我们看准了租界先天上的许多弱点,知道一旦吴淞实行开港,租界地位势必一落千丈。建设上海市中心乃是大上海计划的一部分,而大上海计划必须包括商港与铁路建设,更是势所必需,理所当然。"

我在说以上这一段话时,顾先生频频点首,随后略有一些细节方面的讨论,谈话会即告结束。散会后,我和伯樵当夜就坐车回沪复命。此行结果，可以说获得了中央主管部的了解，和后来的种种支持，颇是难能可贵。

岳军市长在任两年八个月，市中心的市府大厦是他亲手奠的基。正在这个时候，上海突然发生学潮，起因于一个学生的失踪。学生方面疑心是上海市党部委员某君和上海市公安局长所搞出来的，舆论集矢于此二人。有一天下午，成百成千的学生，浩浩荡荡，从南市一路游行到枫林桥，把市政府团团围住，岳军市长就这样被困在里面。起初市政府对外尚有电话可通，到了后来，包围愈来愈紧，连电话线也被割断了。在这样僵持的局面下，市政府就整整被包围了一夜。次日早晨，我陪了膺白先生由祁齐路徒步到市政府门首，站立了好一会，还是人头簇簇，毫无解散迹象。当时学生们的要求，不外释放那个失踪的学生，而且一定要看到他的出现，才肯罢休。后来，失踪的学生由俞秘书长陪同回来了，这消息一经宣布，学生们也就纷纷散了。经此一场风波，岳军市长意兴索然，就此辞职。

岳军先生临去告诉大家，中央已决定吴铁城先生继任市长，叫我们安心工作。吴市长于二十一年一月七日就职，那时市政府还是在枫林桥。这一次人事更少调动，秘书长即由俞鸿钧真除，只有公安局长换了温应星。温为广东人，美国西点军校出身，资格很好。财政局长由徐圣禅（桴）继续担任了一个时期，才换蔡增基，其余一概未动。

吴市长就职不到一月，"一二八"事变就发生了。市政府各局在这时期内已无日常公事可办，但临时紧急待理的事却是不少。吴市长遂决定设立了一个联合办事处，把工作分成内勤、外勤两大部分。为掩护起见，对外称"联社"，办事人员系就秘书处及各局抽调组成，人数极其有限，其余人员大部分均留家待命。调联社办公的人和待命人员，一律发生活费每月大洋五十元。我是被派负责内勤部分，每天都须到联社办公。如此分工结果，办起事来，反而有很高的效率。尤其这样可让吴市长以全付精神应付最重要的事，而俞秘书长则可以全力周旋外交，策动宣传。联社每天都举行记者招待会，每次时间不长，资料准备得恰到好处。俞秘书长原是记者出身，中西文根底都好，此时他又约了一位张廷荣君帮忙。张君做事勤快，富有处理新闻经验，十分得力。依各方批评，"一二八"事变期间，我国这一段对外宣传工作，确是做得非常出色，国际舆论自始至终都于我有利。俞秘书长的才智及应付有方，深为各方所称道。

吴市长下车伊始，就遇到"一二八"这样一件大事，这一沉重仔肩自可想像。当时市政府的人，多数都没有和他共过事，经过这场重大事变之后，对他增加了许多认识。他不但心地豪爽，尤其能接受他人意见，让人放手做事。在吴市长说来，上海市这段经历，应是他一生中最辉煌的一页，而其原因，全在他善于运用市政府已经上了轨道的制度。

原来上海市政府的人事和制度，经过黄、张、张三位市长，到了吴市长手里，无形中一切都已有了轨道可循。依着规定做,市长是整个市政府中权力最大的人,但如违反了这原则,则市长的命令竟可以无法行得通。这道理,在一般旧脑筋的人看来,很难以了解和接受。上海市政府的上轨道也就在此。我可以举一个和工务局有关的现成例子来作说明:

前已说过,在越界筑路两旁起造房屋,业主均须向工务局请领建筑执照,这办法渐渐也行通了。不料就在"一二八"事变前一年光景,在虹口北四川路和公园靶子路交接地方,日本海军陆战队开始造一座钢骨水泥营房,规模异常庞大,虽无从知其内容,但一看就知道那座建筑物必具有军事作用。以当时日本人的气焰,他们的平民都不会把中国机关放在眼里,何况军部?他们当然不来请照,就毫无顾忌地径自开工起来。工务局职掌所在,不能不把这情形报告市政府,市政府也不得不转报中央,但谁都知道,这是一件无法处理的事。我们当时甚至还想过,假如日本驻军果真照章来请照,将更是难办。但无照兴工,从法理上说,工务局是应当出而干涉的,因此第一步是通知停工,他们当然置之不理。我们认为日本人诚然可恶,但建筑需要工人,除非那包工是日本人,我们就拿他无可奈何,如果是中国人,那就未免为虎作伥,理应有一点惩处。依照规定,凡在市内以营造为业的人,均须向工务局登记,经过工务局审查合格,发给执照,方可营业。因此我们就吊销那个替日本驻军建筑营房的中国包工的登记,所谓惩处,无非如此而已。工务局报告了市政府,就如此办了。

那座屹立在虹口北四川路底的日本营房完工不久，便发生"一二八"事变。战争期间，证实了这一建筑物所具的堡垒作用，因为国军几度猛烈进攻，牺牲了不少忠勇将士，不曾冲得进去。

"一二八"事变才过去，一日，吴市长忽来电话叫我到市政府去，他以命令的口吻说："方才有人（指杜月笙）来过，那人说，工务局吊销了一家营造商的登记，害得人走投无路，特地来向我求情，我已答应恢复他的登记了。"我便问那营造商的店号名称，岂知吴市长说出来，就是那个替日本驻军建造营房的包工。我就说："像这样甘心做敌人走狗的奸商，论理，吊销登记已是最轻的处分，我们怎好再恢复他的登记？"吴市长倒也爽快，他说："现在我也懂得，可惜当时未先问个明白，听了一面之词，如今我已答应了人家，叫我怎么办？你不拘怎样想个办法，替我应付过去就是了。"我知道吴市长投鼠忌器，无非为的是那说客的关系，于是勉强想个办法和吴市长说："恢复那个包工的登记是万万做不到的，假如他换个店号的名字来登记，我们不咎既往，也就够宽大了。"铁老听了连声说："好！就这么办！"说实话，商业上的习惯，招牌愈老愈有价值，这个包工的目的，无非要恢复原有店号的登记，由于计不得逞，后来就没有再来登记。

以上不过举例而已，做市长的明白了这个道理，遇事便不会轻诺。于是社会上就起了一种说法，认为上海市政府的局长很跋扈，连市长的话都不听。其实说来说去，只是一个守法问题，而我们的社会一向只晓得讲人情，不讲人情就是不给面子。最初大家以为市长是一市最高主管，只要求求他，什么事都可以办得到，哪知偏偏遇着这一群划一不二的人。久而久之，社会上又多了一种说法，说道是各局的科长比局长的权还要大，我自己就直接间接听到过这一类的话。乍听之下，好像很是骇人听闻，实际上完全是不同的观念问题。相反的，正足以说明上海市政府的制度上了轨道，真正起了作用。我试以一件极小的事来支持这个见解：

我在工务局曾规定，进退工友这个权须完全交给庶务，从我自己做起，任何人不得介绍工友。倘有人单从表面上观察此事，一定以为这又何必，甚至还有人觉得局长的权连庶务都不如了。但是我们应当明白，如果不这样规定，叫办庶务的人如何去管理这一批工友。我国不少机关，门房、工友都有来头，弄得一团糟，犯的就是这个毛病。现在我们虽把进退工友之权交给了庶务，但如庶务不称职，他的进退，权在科长，科长的进退，则权在局长。进一步言，局长的进退，权在市长，这样说来，最大的权还是操在市长手里。不明白这一道理的人，自以为什么事都管得着，才显得他的权大，这完全是一种误解，违反了管理的基本原则。充此一念，即使有很多有能力的人帮着他做事，也将发生不出作用来。我自问还懂得此理，尤其不怕我的同事才力胜过我。我常想，我能得到有能力的人帮我把事情办好，尚复何求？何况依我经验，过去所有我的同事，处事个个都很有分际。在他们职掌以内，无不勇于负责，不必推而后动，遇到重大事件，总是和我商量而后行。我对这样的同事，如果误信"道听途说"之言，惑于"大权旁落"之说，不让他们尽量发挥，我相信十年的上海市工务局不可能有这点成绩！

我在上海市服务的时候，自知年纪轻，经验浅，唯恐有负膺白先生对我的期待，因此总是战战兢兢，硁硁自守。就职时宣誓的几句话，我自信确是谨记在心，勉力以赴。一方面最使我高兴的，就是前前后后，我有这么多的同心协力的好帮手，如薛次莘、莫衡、裘燮钧、李昌祚、郑肇经、萧庆云、许贯三、谭文庆、胡树楫、蒋易均、邵禹襄、郑耀西，和年轻一点的，如沈昌、吴必治、张丹如、李崇德、吴又新、宋学勤、周书涛、吴之瀚、江鸿、徐琳、吴敦、戴尔竞、宋家治、周念先、武良诚诸君。以上不过就一时想得起的略举其名。我可以说，许多当年工务局的同事，都有很好的品格与表现，特别在抗战时，几乎百分之九十都到了后方。因此，北自西北公路，中经西南公路，南至滇缅公路，在当时后方这一条交通大动脉上，没有一处没有工务局的人散布在各个岗位上。我好几次由重庆经贵阳到昆明，又由兰州经天水到重庆，不仅遇到许多同事，甚至有时还遇到对面开来的卡车，卡车中人看见了我，兴奋地跳下车来，叫我"局长"。那种亲切，不仅仅是"他乡遇故"的情味，原来开卡车的也就是从前上海市工务局的司机们。犹忆当年，我每每利用纪念周的机会，和大家切磋相勉，希望将工务局看成一个学校，努力在社会上树立信誉，庶几一旦离开以后，把上海市工务局这几个字，写在履历上很有光彩，能得到人的重视，好比从一个有名气的学校毕业出来的学生，特别受到人们的重视一样。后来，我的许多同事来告诉我，我这一期许果然在抗战时期的大后方发挥出辉煌的力量。上海市工务局这一支技术劲旅，几乎到处争相延揽，而四大科长之名，也曾传诵一时，不胫而走。那四位科长就是在大后方担任西南公路局局长的薛次莘，西南公路联运处处长的莫衡，全国经济委员会水利处处长的郑肇经，和全国公路总局局长的萧庆云。

如今我回想起来，只觉得当年工务局的许多同事实在太可爱。在此我姑讲一点事实，以概其他。当时我自己年纪轻，总是喜欢邀请年轻同事，每年上海各大学有土木工科的毕业生，近水楼台，几位最优秀的每次总被我得到了。这些刚出学校的青年，天真无邪，有热血，有干劲，做起事来，自然而然的有一种蓬勃的朝气。他们进了工务局，在各部分都有历练的机会，但大多数总是先从查勘房屋建筑做起。工务局有个规定，在业主把房屋开工以后，每到一个阶段，即须派人去查勘，如果工程都照着核准的图样进行，则无问题，但偏偏其中常有存心偷工减料的。他们在习惯上，以为花点小费就可解决，岂知我们这批青年同事，人人都以人格自重，绝不买账。但这些人还是不死心，把红包送到家里，放下就跑，同事们遇有此类情形，只得拿了到局中来报告。后来我们想出了一个怪有意思的办法，就是用那个送红包者本人的名义，替他把钱捐给了华洋义赈会、新普育堂那一类的慈善机关，取得收据，然后通知本人来局，一面告诉他，那笔钱已替他做了好事，把收据也给了他，一面警诫他，偷工减料可以使建筑发生危险，如果不照图样做，我们还是要执行取缔的。于是工务局拒贿之风，顿时传遍了包工界。

我对各位科长无不推心置腹，而历任市长对我们做局长的人，可说也是同样信任有加。我和伯璇市长共事一个时期以后，就此对我不再有半点怀疑。不过现在回想起来，前后两位张市长，要数岳军市长更多一层精细。我们向他报告公事，遇到有经费出入之处，他的注意力较之任何人都来得周密。你说的每一个数字，他都会细细记住，设若前后不符，或故弄玄虚，他立即会辨别出来。总之，岳军市长是一位极其仔细的人。相反的，继他任的铁城市长，三句话听不到两句，不等你说完，就会说："好！就照着你所说的去办！"他从不问长问短，连办得怎样也从不过问，但因他如此信任我们，倒是谁也不敢对事情稍有疏忽。

说到我们这位吴市长真是有趣，他对一般公事，决没有像对宴会交际更来得有兴趣。鸿钧兄有一次和我说："你知道吴市长每天到市政府以后，第一个见的是什么人？"我说："那当然是你秘书长了！"鸿钧说："哪有此事！他第一个见的总是市政府的交际秘书，其次才轮到我。"吴市长于请客一道，尤其宴请外宾，可谓深得此中三昧，一国又一国，一界又一界的轮流设宴，从不冷落任何一方。每次请的客人，总不多不少，配合的恰到好处，而且中菜西吃，样数不多，十分合洋人口味。当时的上海市长，虽没有一座官邸，但吴市长那所坐落海格路取名"望庐"的私邸，是一座外表有点像中国庙宇，而内部却非常精致的洋房。在这一切条件配合之下，无怪吴市长的宴会，在当时上海的中西社会里，要受到一般人的大大称赏了。

自从市政府由枫林桥迁入市中心大厦后，上海尽管有的是极考究的房屋，但如此宏伟庄严的中国建筑物，还找不出第二个。我们若从大厦正面石阶拾级而上，走进那个大礼堂，真可说是美轮美奂，气象万千。吴市长所提倡的集团结婚以及大规模酒会，都是在此举行，一切布置均经吴市长亲自指导，总是有条不紊，秩序井然。上海华洋杂处，为全国第一通商大埠，吴市长这一作风，在上海真是再合适没有。渐渐租界工部局的声势已盖不过市政府，而上海市长才真是当地的主人翁，已无人得以否认，反客为主的时代就此成为过去。这一切当然不能不归功于历任市长的苦心孤诣，而到了吴市长任内才集其大成。

"一二八"事变发生时，市中心的市政府大厦才造了一半，经过这一战乱，那座钢骨水泥的架子，并不曾受到半点损坏。工务局是负责市中心一切建设的，这对我尤感到快慰。我们为造这座大厦，曾悬奖征求图案，但最后的图样，是由市中心区域建设委员会的建筑师办事处所设计。我国一切公共建筑，直到如今还是充满宫殿色彩，这一现象完全是由一位外国建筑师所造成，这人便是美国的茂菲氏（Mr. Murphey）。他对提倡中国建筑确有不少贡献。北平的燕京大学，南京的金陵女子文理学院，都是他的设计。他是把中国宫殿式样运用到新式建筑的第一人，也是最成功的一人。不仅如此，他还影响了当时所有中国几个留美读建筑的学生，如设计南京中山陵的吕彦直，和设计上海市府大厦的董大酉，就是两个最好的例子。吕、董二君留学时代，都在茂菲建筑师的事务所里做过事，受过他的薰陶。我想茂氏本人也未必会料到，由于他自己对中国建筑的一点兴趣，竟会对近五十年来的中国建筑界，发生了这样一个决定性的影响。

市政府为建设市中心，首先发行了一批市政公债，接着招标进行建筑市政府大厦工程，结果朱森记以五十四万七千余元的最低价得标。开工不久，即发生"一二八"事变，但战事一停，立即复工。到了二十二年十月十日，市府大厦及各局临时房屋全部完成，市政府就在这一天举行庆祝，有阅兵和招待外宾等节目，真是盛况空前。这时我们多年的理想已是一步一步的接近实现，也不再有人讥笑我们在做梦了。可是到今日回想起来，还是和做了个梦一样。但世事何一非梦，这是一个美妙的梦！一个兴奋的梦！而对我更是一个永远不会忘记的梦！

市中心的建设并不因"一二八"而受到挫折，相反的在吴市长任内，更是积极的从事推动，市博物馆、市图书馆、市运动场、市体育馆、市医院、市公园等等,都是在同一时期中建设起来的。因为有了前后两批的放领土地,一部分道路和下水道的经费有了着落,因此公共设备如电灯、自来水、电话,也跟着建设起来。还有一些公共团体,如中国工程师学会、新中国建设学会、德奥瑞同学会等,都在市中心购地造了会所。上海市银行的兴业信托社、新华银行、上海银行也都投资造了一些住宅,分期付款出售。市中心的运动场规模更是伟大,可容纳将近十万的观众,落成不久,就举行了一次全国运动会。为了运动会,两路局特地由北站铺了一条铁路支线到市中心。在举行运动会这一段时期,参观的人,人山人海,顿时把一个冷清清的市中心变得热闹非常。

上海市银行附属的兴业信托社在市中心造的一批住宅,第一批共三十六所,分甲、乙、丙、丁四种。甲种最大最贵,连土地售价二万元。丁种最小最廉,只须七千五百元。订有分期付款办法,购屋时先付三分之一,其余按月拨付,分三年或五年还清。我定了一所丁种的,面积只七分五厘,在市中心民府路,楼下有客厅、饭厅各一间,楼上有卧室二间,还有浴室、厨房、汽车间等,倒也大致够用。屋前一片小小草地,虽面积不广,但和租界的弄堂房子比较起来,不仅空气好,环境清静,地方到底宽敞多了。房子刚完工,我家就由法租界搬了过去,当时整个市中心,搬去住家的,我家是第一家。这片广大的新建筑物,虽是高楼朱瓦,栉比连亘,可是日常寂静得连鸡犬之声都听不到一点。但是到了晚上，光景迥异，这些纵纵横横的马路，灯火通明，照耀得好似每一条街上都有着游人如鲫的那种意味。最初的一时，每天晚上我和懿凝总是喜欢抱着两个小儿女，靠在窗畔，远眺着这些远远近近的路灯，要欣赏上半天，觉得很是快意。有时我还情不自禁地指着这些马路对懿凝说：“你看这不就是我当时用红蓝铅笔划的一条条的线条呀！”

兴业信托社在市中心造的第一批住宅，不久全部售完，住满了人，渐渐附近也有了个小小的市面。市政府前后一共放领了三次土地，以第一次放领的成绩最好，不到一天功夫，就把地全部放领完了。依照规定，领地的人须在一定的时间内动工建筑，这一下，市中心的房子便渐渐地一天一天的增多起来了，新市区的经营至此才有了一点规模，论时间已是将近十年。

从上海特别市政府成立之日起，直到抗日战事发生全市沦陷之日为止，自始至终，我没有一天离开过工务局长的岗位。我一直和同事们努力埋头地工作着，念兹在兹，无非在期待我们共同所抱的那个大目标得到完整的实现。这十余年中，尽管不是没有同样可以引起我兴趣的工作来向我游说，但只要我的主管“不”不要我，我从不见异思迁，我的同事也是和我一样。这完全因为我们都为着一个同一的目标而工作，也就是为工作而工作。这也许是由于这一批人不懂政治，不惑于名利，十十足足是一群道地的工程师，才会有这样一股子傻劲。

然而在我服务市政府第六个年头中，我却毅然的辞过一次职。我不是搞政治的人，我的辞职也决不是闹意气，但我良心上不能做的事，一点也不能迁就。所以论公，我不得不如此，但论私，我至今还觉得对铁老有无限的歉疚，和不尽的知己之感。同时经过了这一事件后，我对铁老有更深刻的认识，认识了他的伟大，他的天真，以及他对人的诚恳。

事情发生在二十三年春，那时正值"一二八"事变之后，市政府才搬到市中心，地方疮痍未复，市财政相当困难，而市中心的建设在在待举，一次再一次的发行市公债，这已是财政上"竭泽而渔"出于极不得已的一种举动。在我看来，我们必须十分谨慎，过于大刀阔斧，乱花钱，这是万万使不得的。岂知就在这时候，来了一个专在我国做军火生意的法国犹太掮客，他花言巧语的向吴市长建议，在黄浦江上可以造一条铁桥。这笔造桥的钱需要几百万美金，在当时很是一个不小的数目，但他有方法赊料借款，把这笔钱弄到手。吴市长听了很兴奋，先问财政局长蔡增基，蔡满口赞成。及至问到我时，我第一个触念，直觉这是不急之务。于是我就坦直的表示，我说："照理有钱做工程，做工务局长的人只有欢迎，没有反对的道理，但我对此事却另有意见：第一，为市政府着想，借大笔外债，将使市财政愈来愈困难，不可不郑重考虑；第二，财政之事原无需我来'杞人忧天'，但建设这样一件大工程，不可不有通盘计划。造桥以后，对岸的浦东，地价必然暴涨，市政府有无良好的对策？否则徒使他人从中得利；第三，浦东一切落后，不能单造桥而不顾其他一切公共建设。这笔经费决不是个小数目，我们是否已有此准备？最后，市中心的建设在在急待进行，此时又去另辟一个巨大投资的方向，徒使力量分散，殊非得计。因此，如果不作通盘打算，而单单借款造桥，我是反对的。"吴市长听了不作一声，过了几天，就把这个借款案子提出市政会议讨论。蔡局长首先表示赞成，附和的也有人，其余都是无可无不可，我则照样陈述我的意见。表决结果，多数赞成，反对的大概只我一人。我出了市政府，在路上尽是反复的想，觉得这一举动大有如玩火的行径，心所谓危，既已尽言，不听，亦无可奈何。我回到工务局，立即备具辞呈。在通过此案的前几天，我已一再对此事以书面陈述利害，因此我辞呈的内容极为简单。但这份辞呈我郑重的亲自送到市政府，并到市长办公室面报铁老，造桥案既有决定，我自应服从多数意见，但此事日后将由工务局执行，而我是反对本案的人，我未便违背了自己的主张来做此事，因此迫不得已，只有出于辞职一途。我说完这话，就向铁老辞别退出。我自上辞呈后，即关照局中准备办理移交，自己就不再去办公。

事后鸿钧兄告我，那天当晚，铁老就叫人去南京把呈请中央关于借款造桥的公事追了回来。后来又亲自到我家来慰留，但我那几天一早就出门，到晚才回家，因此铁老来了几次，都没有遇到。有一次，内子懿凝在家，铁老恳切的对她说："我吴某人可以不做市长，但沈君怡不能辞职。他担任工务局长以来，换了多少个市长，现在在我吴某人手里要辞职，这不是明明叫人猜疑我吴某人的不堪！我们相处得这样好，他怎忍心来毁我？挽回这件事，只有完全拜托你了！"借款造桥一事就这样急转直下，未成事实，我本无以辞职来要挟铁老之意，但铁老从善如流，如此推诚相与，我也就立即复职。这件事当时报纸上未见只字，只有市政府少数人知道。我今追述于此，心头不觉又勾起情感上的一种疚歉，而对铁老更有无法自已的怀念。

于此还想说一说，就是在此十年之内，我们一面建设新市区，一面对旧市区也着实做了一番整理工作。首先我们做了两件试验性的工程：一是东门路的拓宽，另一是和平路的开辟。南市小东门，又名十六铺，其地贴近法租界。原有集水、方浜两条小街，狭隘非常，和法租界相形之下，特别显得华界路政的落后。我于是提出了一个合并集水、方浜两路的计划，完成以后，定名曰东门路。这条路不长，就工程本身言，极其平常，但我当时的目的，是想把Adickes的方法介绍到我国来，先就此路作一试验。这个方法的要点，一方面在使受损者得到补偿，一方面要使受益者有所负担。我在读了一些参考书籍以后，便起草了一个上海市筑路征费章程，提出市政会议，很顺利的获得通过，并呈报中央备了案。这个章程包括以下几项原则：

（一）因筑路致丧失其全部土地者，依照未筑路以前之地价全部补偿；

（二）土地未受损失者，按其地价（未筑路以前）之三成征收受益费；

（三）损失土地三成者，不予补偿，亦不征收受益费；

（四）损失土地不及三成或超过三成者，比例增减其征费或补偿之数目。

东门路全长三百余公尺，因放宽而收用的土地约共五亩。该处地价在未筑路以前，每亩约值五万元，因此市政府若须按值收购，仅土地一项，即须二十五万元，这在当时不是一个小数目。今依照上述章程办理，补偿项下付出了五万余元，受益项下收入了四万三千余元，收支相抵，市政府为拓宽此路收用土地本来要支出二十五万元的，结果只用了七千余元，连同道路、沟渠等一切工程费用，全部支出还不到六万元。这次的试验可以说是十分成功，有下列事实为证：

原来东门路路成以后，市面焕然一新，这一带的土地，每亩地价立即由五万元涨到十万元。倘有某甲假定在未筑路前有地一亩，今因筑路收用三成，依照章程，不补偿，亦不征收受益费，但路成以后，此剩余之七成土地已涨到七万元，某甲虽减少三分地土，反获利二万元。另有某乙假定亦有地一亩，但丝毫未被收用，照章须征收受益费一万五千元，路成后地价涨至十万元，除去所缴受益费外，尚获利三万五千元。至于土地全部丧失者，则全部得到补偿，亦无损失可言。

我在当时放宽东门路，为改良市容在次，试验这个受益征费办法才是我真正的主要目的。后来我因公到南京，曾去拜访刘纪文市长，把这办法详细说给他听。我说："现在各地市政府大都一样地穷，而改造旧市区，少不得要放宽道路，放宽道路动辄要收用土地。偏偏旧市区的地价，愈是人烟稠密，愈是昂贵，令人无法下手。过去广州市筑路收用土地，不但不补偿，还要征收费用，这由于只就原路平均放宽，路成后土地涨价，地主显然得到好处，所以才行得通。但遇到土地大部分或全部被收用的，如果对地价不予补偿，则人民吃亏很大，执行起来就会发生障碍。现在上海东门路所采办法，无非把从受益者手里收来的钱转到受损者手里，这实在是再公平没有的事。"我感觉和刘市长谈这段话时，似乎并没有太引起他的兴趣，因为当时各地拆屋，不予补偿，好像已成了天经地义的事。

东门路改造成功，过了不久，我又作第二个试验，就是计划打通和平路，地点在老西门。那地方是本来无路，从许多民房中穿过，拆出一条路来，接上法租界的辣斐德路。和平路的开辟，不仅在改进市区交通上很有价值，更重要的，则是试验"都市土地重划"。在重划时，尽可能使该处每一业主仍能保有一部分土地，倘如实在无法做到，则用金钱来补偿损失。当时和平路这一试验，做得更成功，不但筑路用地以及道路、沟渠工程费用，由所有业主全部分担了去，市政府未花分文，而每一业主仍各分得一块形状整齐的土地，面临新路，土地全涨了价，结果皆大欢喜。

由于旧市区道路测量工作都已全部完成，以及有了东门路、和平路这两个试验之后，我便向市政府提出设立"筑路基金"的建议，假定总额为五十万元。我保证有了这样一笔基金以后，就不再需要其他任何经费，而可以把旧市区全部道路逐步改造完成。筑路基金只是作周转之用，需要周转金的理由，无非由于筑路而受益的土地，在路未筑成亦即受益的效果未显以前，未必就能收费，而已被收用的土地，地价必须立即付清，这样事情就格外容易办得通。我这建议，可惜不曾得到市政府以及有关方面的支持，原因是"一二八"事变以后，人心不安，市面萧条。若在平时，我相信一定可以顺利实现。继东门路和平路之后，我还用上述办法拓宽了一大段的里马路（路名），也很成功。

综结起来：为整理东门路，市库负担了约六万元；打通和平路，市库未有分文支出；拓宽里马路，更是收支相抵，稍有剩余。以上这些事，不但局外人不会知道，连市政府内部恐怕也未必有人注意到工务局对整理旧市区，已有这样一个成功的开始。

十年不是一个短时期，有说不完的事情，也不可能在此一一叙述。但自《淞沪停战协定》签字以后，到全面抗战发生前的一年半之间，正是上海最最多事之秋。在结束本文之前，有两件事情还是值得一提：其一为扩充虹桥飞机场，其二为建筑四郊掩体。

上海原有两个飞机场，一在龙华，一在虹桥。一日，市政府忽奉到命令，要把虹桥飞机场扩大，这件事中央完全责成市政府办理，经费亦归地方自筹。未几，航空委员会即派有人来，他的地位不是协助，而是监督。后来我们才弄清楚，中央那个命令原来就是航空委员会出的主意。

在此我先讲一个故事，这故事发生在内地某省某地，时值"剿共"正殷，各处纷纷建飞机场。就在这个地方，早已为此征用了一大片民地，而且连地也已平好了。但忽有人从外国考察归来说，新式机场已不是长方形的，而是扇子形的，要建机场，须得那种式样，才合乎现代标准。大家很轻松的都主张重新来过，倒是当局还说了一句："重做岂不又要收用许多土地？拆迁许多村落？"经办的人立即回答："不多，不多。"实则不知多少的村户因此又遭了殃。收用土地发的是官价，而且不知何时才领得到手；青苗虽有少许补偿，也是若有若无。一切为的是国防，这么大的题目，谁敢说半个"不"字！数月之后，最新式的飞机场落成了，做得既快而又省钱，大家齐声说经办的工程师能干有办法，可是谁也不会想到，有多少老百姓因此生计断绝，家破人亡。

这段故事我得自他人口述，容有若干出入，但大体可靠。我的意思，工程师必须了解：建设固然重要，人民财产权益同样应当受到尊重，何况这并不是不能兼顾的事。我平日很不以那种做法为然，现在事情轮到自己头上，我不能不提出我的办法来。

上海市工务局　　**175**

对于扩充虹桥飞机场我有一个基本意见，就是收用土地必须补偿，而所给的补偿必须接近实际。上海不比内地，即在四郊，地价也相当贵，尤其是这件事有军事关系，必须办得迅速、利落，否则难免枝节横生。因此而一面收用土地，一面即须发给地价，为工程得以顺利进行，我认为这是一个很重要的关键。

关于飞机场的扩充计划，依照中央命令，系由每边三百公尺放长至一千公尺，设计的人就地形再三研究结果，发现有一边如能减少数十公尺，就有一个很大的村庄（地名吴家村）可以避掉。我很赞成这个意思，但航空委员会的代表却不表示同意。他说："命令说的是一千公尺，你怎可以擅自更改？"又说："你保留了这个村庄，万一将来飞机上下发生事故，你是否能负全部责任？"我驳他的理由是："飞机场每边须长一千公尺，这是书本上的标准，不是绝对的。换言之，在一定的范围以内稍有出入，不是不可以的。再则书本上尽管如此规定，应用时须斟酌实际环境，贵乎活用，不能如此泥而不化。"我说这话，完全是根据一般工程常识。双方相持不决，结果还是由吴市长向蒋委员长电报请示，很快就得到回电批准。此外吴市长不但认为地价必须照发，而且叮嘱手续要特别便捷。吴市长为此命令土地、财政二局，会同工务局，一道在飞机场扩建工程处就地办理这件事，免得老百姓来回奔走，人人称便。

说到老百姓，只要你不欺骗他们，政府的命令与办法一经公布，真是再合作也没有。我们在使用土地的时候，他们纷纷拆的拆，迁的迁，没有一点麻烦。独独遇到一块某要人的土地，便发生了问题。这位要人姑隐其名，他首先找吴市长说话，没有理会，他就打电报给中央，我们还是照样开工，那块地上本无一物，一下子就把土平好了。其时出人意外的，却是中央又来一电，大意说，机场如尚未动工，可以暂缓进行，出尔反尔，令人啼笑皆非。飞机场大部分是土方工程，做起来很快，再加我催得又紧，所以在接到中央这个电报的时候，已无法中途停止，只有不顾一切，往前做去。这位要人的地，就和其他老百姓的地，一样的被使用了。

我在虹桥扩建工程完成以后，还和同事们就那次施工的经过，作了一番检讨。我们觉得，以后如再有此类工程，应当更进一步，为被拆迁的老百姓解决居住的问题。这一理想，后来在扩建龙华机场时居然应用上了。当时在扩充机场以外，还择地造了一些适合于农民居住用的房子，任由他们自由选择，愿意要房子抑现金。农民在领了房子以后，多余的钱，还可以在别处买进土地，作耕种之用。这一办法，含有保持他们原有职业的用意，做得也很成功。

我们以上这种做法，毫无一点沽名钓誉之心，只是时时为政府想到，千万做不得失人心的事，一面建设，一面应当尽可能减少老百姓不必要的损失。只要主持建设的人多动点脑筋，稍费点事，就不难把二者兼顾。可是当时一般的批评，总以为我们这些人太书生气，才有这么多的想法；不以为然的，难免要批评我们没有革命精神，做事毫不大刀阔斧。我也细细想过，还是觉得这样的做法是对的。我时时想起国父"建设之首要在民生"这句名言，假如建设而不以民生为重，还成什么建设！

现在再说一点抗战前夕在上海所做的军事工程。二十五年秋天，中央已有指示，所有上海四郊掩体工事，均归淞沪警备总司令部会同上海市政府负责办理。我为此事，还特地去南京观摩一次。我在南京市内看到的工事，全有伪装，做得极好。譬如一进中山门，就有两座房屋，路左是一所精致的小洋房，路右则是一宅中国式的民房，下有地道可通。路中央是一个六角式的中国亭子，亦可作警亭用。这几个建筑物，在外表上，和环境配合得很自然，联成一体，实际是防守这个地点的重要工事。

上海市四郊的掩体工事，市政府自奉到命令以后，不久就开工。第一期造了二十个掩体，全部经过伪装。在通真如的公路上，利用原有的小场庙，添了一间房子，外表和原来的庙宇一模一样，其中却是一座小炮掩体。在越界筑路一带，则造的是立体式小洋房，在农村中则造的都是民房，总之，力求与四周环境配合。这工作做得很机密，包工都是历年在工务局承办工程深知有素的，因而一直到"八一三"事变发作，没有走露半点消息。

由许多掩体连接起来，自然而然的成为一道防线，这道防线自龙华起，穿过越界筑路、闸北、大场、庙行，直到吴淞，成一个包围形势，构想是很好的。可惜当时经费全要靠市政府自筹，数目有限，不能多做，以致掩体间的距离相当大，彼此不能呼应，无法织成一个火网。但在作战时，我确知若干掩体仍是发生了很大的作用。

我在上海一共经手了三期军事工程。第一期就如以上所说，是抗战前一年做的。及至战事一起，接着就做第二期，地点在苏州河南岸。那时战事已发生，掩体数目多至三四十个，限期只半个月，因已毋需伪装，故工程做起来要简单得多，不消十天功夫就完工了。当时市政府中有一位局长，初则传达中央意旨，狐假虎威，声色俱厉，及至完工，他又抢先去电报报功，获得嘉奖，我和俞市长看到他这种行径，虽不无愤愤，但转念一想，国难严重至此，谁还有心情为此种事情去计较，两人倒都心安理得，相与一笑而罢。

第二期工程才做罢，我军防线已后撤至南市日晖港，接着就得赶做第三期工事，限期更加迫促，但我们居然也都做成了。我在那时候还没有想到上海的战事结束得会如此快，眼看市财政愈来愈不济，并且即使有经费，材料来源也大有问题，于是就去和当时上海市建筑协会的陶桂林（馥）先生商量，因为陶君曾和我说过，有任何需要建筑业做的事尽管告诉他。他还和我说，他们已组织了几个工作队，参加的分子都是些年轻伙计。他甚至说，这些人血气方刚，爱国情殷，连前线都可以去得，后来事实证明陶君这话一点也不假。

那时淞沪战事才开始不久，一日，忽接前线电话，问能否派几个技工去闸北，因为那里的军队实在受不了敌机的轰炸，他们已找到了一大批钢板，只是尺寸太大，锯小了就可以盖在壕沟上面；派用处。我立即把这件事告知陶君，一下子就有人派去，很快就办妥了。再过几天，来了一个更为难的题目，就是要把已经做好的几个小炮掩体，特别是在庙行方面的，把发射方向改变一下。原因是敌人在浏河登陆，和战争未起前军事方面所作的估计完全相反。这些掩体在施工时，唯恐不够坚固，在一公尺厚的混凝土墙壁中间，有四道纵的大钢条，横的小钢条更是不计其数。谁料到现在要在这些墙壁上重新开孔，并且敌人就在面前，工作地点完全被枪林弹雨所笼罩。我自得通知，还不敢贸然答应，讵知和陶君商量以后，他竟认为事有可能，因为他们的组织中有一支敢死队，他相信他们担当得了这个任务。靠这批青年的见义勇为，居然在短短数天内圆满达成。这件事多少年来一直在我心上，我尝想，政府的胜利勋章要颁给这些人才对。所可惜的，还都以后，所有中央官员只要在三十四年的职员录上有名字的，都可以领得一枚胜利勋章，而很多很多应该受到国家褒奖的，却没有一点下文。

我去看陶君的第二天，他还替我约了几个人一同午餐，地点就在建筑协会楼上，参加的有木业公会的张效良先生、上海两家水泥公司的代表、五金业公会的主席，陶君自己则代表建筑业公会。总之，建筑和材料业的几个重要分子都到了，连我一共六人。我即席表示，这场战争越打越紧，自"八一三"开始以来，我们已先后做了苏州河和日晖港两道防线，说不定第三道、第四道跟着还会来。我现在只担心有那样一天要到来，就是为前方军事我们非做那些工事不可，而事实上市政府已无钱可使，无料可用。因此我才想到，凭我个人的信用，更要紧的是靠诸位对国家的热忱，向在座各业取得一个保证，在我一旦无计可施之时，我要请你们无条件的帮助材料，供给工人。我又声明，我决不会慷他人之慨，把材料不当材料用，随意糟蹋，并且用多少，我一定将每笔数量报告市政府，出具正式借据，一等战事结束，即行归还。在座诸人的热心真是难得，经我这一说，木业公会的张效良先生立即认了几万方呎的木料，两家水泥公司也表示可以赊给几万袋水泥，五金业则供给钢条，代表建筑业的陶桂林先生则表示无代价可以出多少工。我再三向他们道谢，并且保证非至万不得已时决不使用，实际上一直到国军退出淞沪，我并不曾用他们一钉一木，但当时得到各业如此一片承诺，我确是快慰满意之至，对于陶桂林先生我尤其要在此表示由衷的谢意与敬意。不久，国军退出淞沪，全面抗战开始，二十六年十一月我便悄悄的离开上海，去了内地。

抗战一下子就是八年，到了三十三和三十四年之交，敌人败象日显，其时我已由西北奉调来交通部任职，常和在上海共事达十年之久的老友俞鸿钧兄相过从。一日，我们二人不约而同的说，一旦胜利，让我们上海市政府的全班人马各回各的岗位去打个头阵，完成一个有声有色的理想接收，我们自信是有把握的。这虽是一厢情愿的想法，但完全出发于一种责任观念，我们自以为像这样一批与上海有深切历史关系的人去接收过去的租界，和办理地方的善后，论到人与地没有比他们再相宜的了。假如中央有此意思，一经号召，愿意一同回去的人决不在少数。我们并且可以声明在先，仅仅担任一个短时期，也就是胜利以后，人心望治，替中央去做点安抚地方的工作。这番意思我和鸿钧兄讨论得很认真，但虽有此心，自己决不会去活动的。后来各方面派去接收的人，给予沦陷了八年的上海市民怎样一个印象，大家都很清楚，实在太可惜太可痛心了。其时政府犹未还都，上海接收的情形传到重庆，翁咏霓（文灏）先生不知怎的忽然心血来潮，要我以中央特派员名义去上海综持一切，我便以私人身份先去了一趟，目睹已成之局无可收拾，只有谨谢不敏，因为在那种形势之下，我还有什么可以为力的呢。

这里更有着不堪回首的一幕，即我于三十四年冬抗战胜利后第一次由重庆回上海来，那时心里"念兹在兹"的要去看看市中心。当我的车子在其美路上疾驰而过的时候，以为十年阔别，两旁的行道树必已是绿荫覆道，俨然成荫，哪知一路上连树根都不曾见到一株，原来在沦陷期间都给日本人斫伐殆尽。由其美路转入翔殷路，市府大厦已遥遥在望，其雄伟气概犹似当年，心旌为之跃跃不已。及至到了市府正门，左右顾望，不见一人。大厦外表，看上去倒是完好无损，只是在一片荒凉之中，未免有黯澹凄清之感。我从正面一步一步的走上石级，到了廊下，隔着窗子向大礼堂里面望去，只见其中摆满了一排排的木箱，看样子可能全是军用品，门外横横斜斜贴满了许多封条，但看不清是属哪一个机关的。市政府后面的两旁，原是各局的旧址，这时已是一片平地，遗迹全无。于是再去体育馆运动场一带巡逡一周，虽景物如旧，只是满目萧然。运动场原是一个露天的建筑物，所以不易受到破坏，那时看台下面一带的房屋已变成了军用仓库。后来才知道里面放的都是炸药，有一日竟发生爆炸，把好好一座运动场炸去了一半，这是胜利以后第二年的事。那天看完这一带，我又到了民府路自己的住宅，只见屋宇倾侧，荒草没径，房子只剩了三分之二。院子里还有个不大不小的炸弹坑，据说还是胜利前不久，被盟军的轰炸机所炸毁的。这样巡回的看过来，固不能比作吊古战场，但怵目惊心的景象，一直令人寒生心背，有着无限的伤心感慨。

　　我初出茅庐，在上海市工务局的岗位上，一下子就待了十年有余。我的这点小小成绩，皆因上有贤明长官，下有齐心协力的同僚，际遇之好，在我三十多年做公务人员的历史记录上，是绝无仅有的。但检讨过去，我依然留着许多遗憾。固然在建设新市区和整理旧市区方面，虽是做了一些事情，但细想起来，距离我们理想的目标还遥远得很。尤其最重要的，像吴淞开港这样一件大事，毫未着手。吴淞未能开港，则铁路改线及车站北移，自亦无从谈起，而市中心的开辟，充其量其价值也只是等于建设了一个新市区，说不到有什么"了不起"的意义了。此外更有使人遗憾者，即在日本占领上海的这几年中，他们对市中心区倒还是继续不断的经营，而且着实造了许多道路，添了若干建设。相反的，在日本投降以后，上海市政府及各局就在以前租界工部局的房子里办公，把过去"经之营之"的市中心区，完全弃置不顾。胜利以后，我曾到过上海市政府和上海市工务局，在我访问的时候，确有"一则以喜，一则以悲"的情味。想到胜利还都，南京现成有着敌伪时代傀儡主席汪精卫华丽堂皇的官邸可以利用，而蒋公宁仍以黄埔路那所简单朴素的住宅为晏居之所，这是何等凛然的风格！何等可佩的精神！而今大陆失掉，一切更是尽付东流，缅怀往事，能不感慨系之！

结　婚

　　民国十六年十月二十七日是我的一个重大日子，这就是我和懿凝订婚的日子。我最要感谢赵叔雍（尊岳）夫人王季淑女士，由于她的为我们热心撮合，我和凝才会相识，才会结成如此理想的婚姻。赵府和应府是数代世交，其尊人凤昌（竹君）先生于清末时乃是一位清望所属的政治家，庚子年间，张之洞保守江南半壁，和辛亥年清廷退位及缔造共和，他是一位幕后重要人物。自民国后，息影家居，几乎与世不相闻问。叔雍是竹老的独子，是一个极顶有才气的人，豪放不羁，文章、诗词以及口才，样样都来得，有江南才子之称，只可惜竹老去世不久，汪精卫组织傀儡政府，叔雍竟参加其间，以致身败名裂，诚可惜之至！其夫人是一位品德俱备，极有学养的才女，不但诗词文造诣甚深，且写得一手极有功力的赵字。她因补习英文才和凝在这英国学校由同学而成莫逆，一向视凝如弱妹，关爱备至，彼此交往甚密。其后她以受我大姊之重托为我作伐，她立即属意于凝，蓄意要为我们介绍。

我第一次见到凝是极偶然的在某一场合一瞥而过，仅仅点首而已，其时凝犹在慕尔堂女子高等专修学院读书。十六年夏正届其毕业礼之时，她行毕业礼这天，叔雍夫人原说我可以借此去参加观礼，偏偏我忽患副伤寒卧病在床，否则大有可能得一进一步的晤面。及我勉强起床后，适值上海市政府成立，朝夕忙碌，日不暇给，这一耽搁就是两三个月，但叔雍夫人仍是很热心的在为我安排。

其时赵家老太爷已知道叔雍夫人在为我们介绍，他对凝素来十分爱护器重，他唯恐他的儿媳不够仔细老当，他表示必须亲自见我一谈，才能放心，老辈的这种关心实在令人可感。这天我去见竹君先生之时，执礼甚恭，当时作何问答，我已不复记得，总之老先生那日对我印象甚好，事后力促其成。叔雍夫人有了老太爷的允可，于是她便放胆的来进行了。

后来我再次晤凝是在戈登路大华饭店，那天是叔雍的三十岁生日，来客有膺白姊丈及我大姊，又有郭复初夫妇、张岳军夫妇、朱炎之夫妇，其他尚有若干人我已记不得，凝淡妆而至，秀色照人，仪态大方，使人亦敬亦爱，但无机会与之交谈。

这次以后，未几适我的三妹性元结婚，我曾去柬邀凝未至，但送来花篮一只，未免使我失望，然这亦可以看出她为人的如何有分寸，而使我感觉到未免有点冒失，但这只花篮我便收归己有，放在我的房中，系在篮上凝的一张小小名片我置之案头，日夕总要拿起来看几次。

后来我再晤凝是在同年暮秋的某晚，赵府齐集了众多宾客来看他们家昙花开放，凝亦被邀前来。看她那种容妆未整，鬓发蓬松的样子，一望而知是临时去被请得来的。这又是叔雍夫人对我的一片用心，真是可感。我和凝虽无法有机会交谈，但得多见一面，亦是可遇而不可求的。

这时凝的父母正在杭州探视其外祖母病，据说一二天内就要回来，我大姊闻悉立即托叔雍夫人代定一日期，拟宴请凝的二亲及兄长去姊家餐聚，借以使双方亲长相会。叔雍夫人果不辱使命，均已办妥。至日把凝的二亲及兄长均都请到，凝则当然随行，我的舅父母及姨母姨丈也都到场，谈笑甚欢。

这次宴会以后，我大姊便急转直下，亲自去应府代我向凝的二亲正式求婚。我的大姊很善于辞令，婉转陈述，居然一下把二老说服，竟予允诺，这样不久我和凝就订婚了。我们订婚的信物是各交换照片一张，我赠凝钻戒一只，我则得到镶有珍珠翡翠红宝的小小金如意一支。照旧时代的习语来说，我们的终身大事就此定了！

那时我寄寓在法租界亚尔培路大姊家，那天的订婚酒宴在中午，也就借大姊家的地方招待亲友，凝家的订婚宴是在晚上，但这天叔雍夫人要求我晚饭后请若干人一起去看《茶花女》电影，并且也要邀请凝同去，至时我只得亲自去接凝，但我未入内，只在车中坐候，因是时凝家正在大宴亲友，后被堂上知得，对此一举动大不以为然，当场虽不拒绝，但订婚以后有相当长的一个时期对我很不谅解，凝在其间更是为难，一直经过好久好久方才冰释。

有一天是膺白姊丈和我大姊的结婚纪念日，他们假大华饭店宴请好多亲友，凝亦被邀，居然得堂上的允可，让我陪与同往。饭后我和凝在大华饭店的花园中漫游各处，畅谈心曲，这是我们订婚后最欢畅的片刻。临别时凝授我一信，写得极为委婉，告我母怒犹未全释，因此出来不太方便，但欢迎我尽管多去她家，如此可以与母接触较多，有助于误会之消除。

这件事我初时并不想到这误会竟至如此严重，而且要我请客看电影完全是叔雍夫人的提议，在当时我亦十分勉强，但她是我们的大媒，这一小小要求，如何却得，平心而论，在当时说来，确不妥当，事后亦自悔孟浪，而且害得凝左右为难，更使我内心有说不尽的不安。

自从有这一次看电影的波折，我们由订婚至结婚三个多月中间虽是天天见面，但都是在春平坊凝的家中，除了有两次我们曾共同出去过，一次是奉母命去云裳公司服装店和江小鹣讨论结婚礼服的设计图案，一次是去看为组织小家庭的木器家具，除此以外，我们简直从没有一起出去过，我总是每日下午由南市毛家弄（当时工务局的局址）一直到赫德路，我连外边可能避免的酬应也逃避了不少。

我在凝的家中，坐的地方总是在客厅旁边的厢房一角，靠牆放着一张红木中国式书桌，我老是坐在那只正对书桌的活动椅上，凝则背窗而坐，在书桌之右，这样我们就谈天说地，直到吃晚饭，晚饭后大家热闹一阵子，旋即又各人去做各人的事，我和凝则又继续坐谈，总是要谈到十一二点钟。凝知道我喜欢吃新鲜的橄榄，那时正在冬天，我每次去总有满满一碟青翠照眼的新鲜橄榄放在书桌上，于是我就边谈边吃，旁若无人，别人看了常在背后窃窃私议，说我们怎么会有这许多的话好谈，我就笑和凝说："那种味道只有喜欢吃橄榄的人懂得。"在当时我不知道我每天吃的橄榄核有多少，凝的大嫂却暗中收着，后来到我们快结婚时，她送凝一大包东西，打开一看，原来是一包橄榄核，这玩笑开得倒怪有意思的。

　　当我们订婚不久，接着凝的二哥怀三（业慈）完婚，那天许多来宾，特别是凝的哥哥们的同学不和新娘去闹，而转向目标于凝，尽向着她来敬酒，凝绝不善饮，但高兴之下，不得不应酬了几口，哪知这下竟酩酊大醉，我送她回家，在车上就吐了几次，第二天我去看她，只见她犹是恹恹若病的样子，但她还是起来陪我一会，我们仍是谈了好半天。

　　我们不但天天见面有谈不完的话，而且还要天天写信，信从不经人手，都是自己亲自传递。我每天夜深回家，还不一定就睡，在这时候便先写一封信，第二天带去，在临走时便交给凝，她的办法亦复如此。这秘密后来给凝的哥嫂们发觉了，他们笑说，以后我到时，要先搜查身体，看看有无夹带在身边。到底我们谈些甚么？写些甚么？我也不过从我儿时回忆，讲到我的父母姊妹，及后来怎样留学，在海外所见风土人情，我也讲我的志愿以及将来的希望，总之都是想到哪里说到哪里。那些信札，原是极好的纪念品，可惜在八一三沪战时一齐毁于市中心，不曾留得片纸只字，真是可惜之至。

　　凝原籍虽是浙江永康，但她却出生生长都在杭州，她的祖父宝时公（敏斋）擅诗词，好藏书，著有《射雕词集》，颇闻于时。射雕即其藏书楼之名也。他是前清举人，和俞曲园同科，他们而且还是同年同月同日生，交情甚不寻常。由曲园文集中可以看出来宝时公虽是文人，但当同治年间，正是清室多事之秋，他和曾、左、李都有渊源，特别与李鸿章关系尤深，李以善办外交，宝时公则以办洋务受知于李。同治十年与日本使者在天津交涉一案，即完全是宝时公一手主办。且其亦曾参与戎幕，当年克复金陵，其迎水师一役厥功尤著。其出任上海道正当军事吃紧，曾国藩驻师长江上游，一切对外接洽，兵械军糈甚至经费的筹措，在在都是宝时公运筹其间。我从有关书札中发现他是一位极有学问且有高度办事能力的人，他后来做到江苏布政使，又有一时兼摄臬、藩二司，为当时江南一等红人，但最不可解的，他不久借母老为名，告养还乡，从此就不再出。

　　他在上海道任内，还做了许多有意义的工作，如创办龙门书院，整修吴淞江水利，在兵燹之余，壹意以建设为事，上海民众对他很有去思，集资为他在文庙旁造了一所祠堂，名之曰应公祠。后来龙门书院的旧址改办中学，若干年之后，这时我适在上海工务局任内，上海中学在漕河泾建造新校，将城内校址出卖，应公祠就这样的连带消灭了。后来上海中学当局为永久纪念书院创办人起见，表示将就新校舍内择一建筑，称之曰"应公堂"，但是后来实行了没有，则不得而知了。

凝为我谈其读书经过，可说完全出于她自己的奋斗，家中虽有坐馆教师，女孩子就不过附读而已。她生小好读书，对诗文虽多半不甚知解，而深好之，常喜朗朗背诵，兴趣盎然。她祖父故世日久，家中藏书星散，偶有残籍，她总是捡拾收藏，视如珍宝，读后多数不能解，她就时时就其大伯父请益。她母亲虽爱其好学，但囿于环境及传统见解，总没有正式让她好好念书。后来因内地频年内战，他们便移家到上海租界定居，凝屡次要求进学校，她母亲总觉上海的一般女学校风气不良，总是迟疑以为不妥，后经她大哥说服，才同意让她去一个英国学校读书，甫年余又辍学，盖因家庭经济情形大不如前之故。凝于无可奈何之中，便于暑假期中趁她母亲去杭省视外祖母，她就在报上找到了一个家庭教师的位置，并以其余暇在各日报副刊投稿，如此一个暑假中积聚了一笔钱去投考中西女学，竟获录取，其中似乎尚有无数困扰经过，我已记不太清楚，总之凝的父亲和她大哥为凝竭力撑腰，终得她母亲通过。她在中西女学读了一时，后来又转学慕尔堂女子高等专修学院，半工半读的奋斗了三年半，卒于民国十六年夏卒业。以凝原有中文根底，加以英文造就，在一般时下女子中，其学养真是十分难能可贵。凝又讲到关于她的婚姻，在她求学时代也受了很多的困扰，她父亲在家里虽是素无主张，但对凝一向疼爱，可以够得上是一位绝对的慈父，尤其许多次对凝的阻婚，他总是站在凝的一边，力以凝意为意，虽与凝母反目，亦在所不顾，因此使凝的母亲甚是不欢，其爱女之深有如此。

凝以受母之薰陶，雅好诗词，但从无人正式教授，完全自习。她听叔雍夫人说，我父极有学问，且写有诗集，凝听后喜不自胜，以为我必然也是能诗能文。我们订婚后不久，她赠我七言律诗一首，题为《咏菊》，并说这是抛砖引玉的尝试，使我为之窘极，录其诗如下：

> 经年冷落隐东篱，应候标芳独后期。品格有谁如汝劲，淡妆惟尔不人随。
>
> 何嫌老圃飞霜肃，甘共寒枝向日披。率性本来殊百艳，素心岂为俗情移。

我自恨于此道素无研究，凝初犹未信，至此才真正明白了，她虽不说甚么，但看她的神情，未免有些扫兴。

日子很快，转瞬已到结婚之期，那是民国十七年（一九二八）二月十二日，地点在上海跑马厅的对面卡尔登饭店，婚礼仪式虽很简单，但十分隆重，一切都在有条理的秩序中进行，有几点值得一提的：礼堂陈设很庄严整洁，每位来宾均有座位，证婚人一共请了四位，有：谭组庵先生、李石曾先生、张伯璇先生（当时的上海市市长）和吴震修先生。介绍人为赵叔雍先生夫妇，连同双方主婚人，我方为我大姊丈黄膺白先生及我大姊，凝方则当然为凝的父母，一共十人，在台前排成一行，其前置一长桌，上覆以大红绸一幅，其最别具一格的莫过于由大门以至礼堂，一路以纤细的翠竹自甬道环围四周。礼堂内不悬喜幛及贺联之属，一除一般礼堂布置的格式。婚礼准时开始，行礼毕，没有太多的演说，我只记得组庵先生、膺白姊丈及伯璇先生都说了话，来宾公推胡适之先生致词，内容都很庄重不涉喜谑。凡此种种，一扫平时一般婚礼的那种杂乱喧哗。我们这次礼堂中的气氛确是静穆庄严，与众不同。婚礼完毕，我和凝去光艺照相馆摄影，是时礼堂中即铺设桌椅，以茶点款客，迨我等照相回来，客已大半星散。我的若干熟友同学颇想对我戏闹一番，但觉这一场合的气氛似不甚相宜，遂亦陆续散去。

这晚的节目相当繁重，我们从卡尔登出来，即回我们的新的小家庭拜祭父母，完毕后，即遵岳父母之命和凝一同去岳家祭祖，及正式行拜见双亲大礼。这是我回国以来第一次穿了西式礼服行跪拜礼，然后再向各亲友和凝的兄弟妹等互相握手行相见礼，这是旧时的一个礼节，名之曰"回门礼"，岳母十分看重。此一节目过后，岳父母立即亲手赠我一份极珍贵的礼物，是金镶翡翠的袖口钮子一对，和金镶翡翠的领带别针一支，名之曰"上贺"，这又是古名称。这样高贵的饰物我还从来没有过。

这天晚上，我也举行一个小规模的喜宴，宴请至亲好友，假座朱炎之姨丈家，全体宾客约有三十余人，也相当热闹。叔雍是一个惯于闹酒的人，他知我能饮，因此他尽是冲着凝来作对象，我当然要为凝解围，但这晚因还有别的来宾相率来敬酒，我也不得不周旋，这一下被叔雍相当压倒，幸而仍还支撑得住。待客散后，我们遂即回新居，其时已近深夜。

回到家中，进入卧房，只见高高的一对龙凤彩蠋，燃在妆台上闪闪发光，适间行婚礼时，凝手中所拿的那束鲜花覆在这镜台上，真是烛影花香，确是使人不能自已的有一种迷醉感。这时凝带来的女仆已在床前安排好一小桌酒筷杯盘，各饮一杯交杯酒，亦名之曰洞房宴，这是一个重要的古礼，是岳母所吩咐一定要遵行的，当我和凝交换杯子吃酒的时候，女仆在旁还说了许多吉利的话，凝和我两个人几乎都要笑出来。

我们的新居是在法租界西爱咸斯路十七弄七路，是一宅一上一下当时盛行的一种里弄的小洋房，楼下是客厅，二楼是我们的卧室，后面亭子间作为膳室，三楼则空着作为客房，其后间就做了我的书房，这房子的租金每月为六十两银子，这是上海一般特别的币制，大概一两银子合银元一元二三角。

我们婚后原定有去杭州度蜜月的计划，但未能实行。一则因手头拮据，盖我做了年余的事，所有收入，为三妹出阁和自己结婚，全部都用罄了。二则如若赴杭，必须先去祭扫父母墓，而当时嘉兴一带地方很不宁靖，这样给大姊他们三言两语就把我们的蜜月旅行打消了。但虽如此，过不多久，膺白姊丈发起去天目山旅行，邀我和凝同去，我们游完天目，归途经杭州逗留了好几天，每日游山玩水，极尽其趣，仍然获得了我们蜜月中所理想的旖旎情味。

二度赴欧

民十四（一九二五）离开Dresden时，我的房东来送行，问我何时再来，我随口答复说："隔十年再来。"哪知真正隔了十年，这句话居然应验了。

先是恩格思先生于民二十一（一九三二）为黄河举行了一个巨型的模型试验，地点在德国明兴不远的Walchensee山中，那一次是直、鲁、豫三省出的钱，由中国派往参加试验的有李赋都，这一切都是出于李宜之先生的安排，是极有意义的一件事。第一次试验终了以后，恩氏即表示最好再来一个终结试验，因为第一次试验还不曾把问题解答明白，而经费已不济，这样就停止了。我听到这个消息就和郑权伯商量，当时他在全国经济委员会水利处做事，处长茅以升（唐臣），权伯副之，茅、郑二人对此都很热心，便和经委会的秘书长秦汾（景阳）去说，秦也很以为然，但秦素来不作主张，而这件事显然要得到当时委员会三委员之一宋子文的同意，才能通过。这时我打算我自己向宋去提出，虽则那时我和宋还不熟，似须稍稍考虑，而正在这时，茅来上海见宋，就当面提起这事，宋的表示很冷淡，茅以告权伯，权伯给我来信说，这事恐有变化，还是死了心吧。但我仍是不甘放弃，同时我略略知道宋的性情，尽管茅碰了钉子，假如能把宋说动，还是有可能的。一日我托我的妹丈钱乙藜为我约定时间，在上海法租界祁齐路他的寓所见到了宋，略谈之下，就很爽快的得了宋的同意。于是我把这消息透露给权伯，并且叮嘱茅、郑二人，不要再提此事，而且亦不必去催，依我猜想宋会自动提出，果然一切不出我所料。隔了些日子，宋将此事告诉了秦汾秘书长，甚至还提议指定要我去参加这个试验。

这时适值世界第七次国际道路会议在德国明兴举行，当局正在物色一个主席代表，他们就注意到我，知道德国是我旧游之地，就呈请中央派我同时兼该会议的出席代表，代表中尚有陈体诚（子博），后来陈因事阻改由赵祖康出席。

我自国防设计委员会成立起（后改称资源委员会），一直是该会的委员。资委会在当时有个计划，先后派若干Key-men分别到国外考察，水利方面属意于我，这当然是翁先生（咏霓）和乙藜对我的好意。我久有意到苏联去看看，由于资委会的资助，使我这个志愿成了事实，同时上海市政府看到经委会和资委会对我作种种经济上的资助，也拨了三千元作为我考察市政的费用，这几处的使命我自忖皆力所能胜，而亦很感兴趣。

由于有这许多方面的旅行资助，这次我居然能和凝一同作欧洲之行，这确是很意外的。我的办法是本来是一个人坐头等舱位的费用改坐二等，一切都依照这一办法而行，我们二人出国半年多，在欧洲走了大小十几个国家，川资居然扣住了用得刚刚足够，我们这个计划可算十分成功。

我们的行程是于民二十三年（一九三四）六月七日由上海乘意大利Conte Rosso邮轮启程，这时我们已有两个孩子，都很小，幼者犹在襁抱，幸而岳母代为抚管，庶凝得以成行，母爱之伟大，诚属感人！但在开船的第一天，凝已开始思亲想子，只是想能够回家，几乎没有一天不是如此。幸而我临行前以国币四百元买了一架Kodak, Lens 1.9电影机，一路上就以拍电影和她作乐，镜头中的人物就只我二人，不是我摄取凝的镜头，便是凝摄取我的镜头，二人在镜头中互相交换作乐，聊解凝思家之苦。

这次我们同船的国人有四十余人之多，我们组织了一个团体，名之曰"风雨同舟"，推张励（翼之）为团长，朱朴（朴之）为副，文书杨玉清，会计杨美贞女士。张前为十九路军旅长，朱则与汪精卫很有些渊源，抗战时加入伪组织，做了汉奸。同团中人彼此都是一见如故，很是热络，我们还共同写了一小册《风雨同舟录》，内容也无非是写了一段各人的旅历。

我们一路行来，所经过的地方有香港、星加坡、哥仑坡、孟买，入红海，过苏彝士运河，经波赛，最后抵Brindisi，七月二日就到了Venice，这地方我还是初次来到，这是一个水城，到处是河道，交通工具大都是以船代车。同船的人到此以后，便渐各自分道扬镳。我于抵埠后因接恩格思先生来信，告诉我由意去南德路程有一捷径，于是我们遂于四日离威尼斯，在Verona换车，这时已只剩了我和凝二人。及抵奥境Innsbruck，再换车去Mithenwald，这时已入德境，便改乘公共汽车，即于当晚到了Walchensee，恩氏夫妇已先在，早替我们在Hotel Einssiedel定好了房间，一切都已安排妥贴。普通到欧洲旅行的人，总是一下就到一个大都会，非伦敦，即巴黎，或柏林，都是繁华境界，这次我们的旅行却与众不同，从船上岸恰巧是威尼斯，完全是一水都，水道代替了马路，船只代替了汽车及一切车辆，那里的气氛优闲别致，及至到了举行黄河试验的所在地，则是丛山峻岭别有天地。这是南德一个避暑的地方，完全是山居生活，到处丛林密布，泉声汩汩，真可称为世外桃源。

这样我们优哉游哉的玩了十余天，看看试验还正在准备中，我便和凝出山先到明兴，再转往德兰诗顿，那地方乃是我十年前负笈之处，旧地重来，自是有一种微妙的情感。在那里我立即就遇到我的忘年之交Dr. Stadelmann和与他同居的女友，旧雨重逢，真是有说不出的兴奋和说不尽的话，后又在工大看到好几位教过我书的教授，其中有一位在上海同济教过我历史的Dr. Otto，他已改名为Prof. Osterfeld，竟穿黄色制服，党气十足，和以前完全判若两人，这亦可反映出其时的党气之盛。于是我又偕凝往访我的旧居停，男房东已故世，女房东则仍健在，两个女儿都已出嫁，而女仆还是十年前的旧人，她们见到我宛如自己的家人一样，热情非常，而最有趣的，她们包围着看凝的那种神情，宛如看新娘一般，使凝窘得非常。

短短的三天停留，所有要看的人都看了，要玩的地方也都玩了。我不但带凝去看了我十年前住过的房子，也去看了我十年前读书的学校，连十年前常常去吃饭的馆子也到了，最后还坐了观光车去游Bestei，两人还到一个馆子各吃一尾现钓上来的鲫鱼，我还是第一次尝到这样鲜美的鱼。这一次的重游德兰诗顿，虽甚匆匆，但是十分够味。

由德兰诗顿我们即到柏林，凝到这时渐渐对欧洲的大都市有些印象。在柏林见到谭伯羽夫妇、张叔驳夫妇。伯羽此时正在驻德使馆任商务参赞，他的夫人，原籍俄国，他们已有一个女儿，比我们大的女儿育华才大一岁多，十分活泼可爱。这时驻德的公使是刘崇杰，外交出身，比他前任的刘尘苏、程天放，自是不同了。

我在柏林遇到好些德国外交界的人，他们对我国以前驻外高级人员，颇多微词，使我窘得不知何以为对。

这次我们来柏林完全因回程的顺道，小作停留，在柏林我们仅仅去Potsdam游了一次，即循原路到明兴，再回瓦痕湖。这个小旅行来回共三星期，玩得十分有味，凝的兴致也就此鼓舞起来。八月下旬，黄河试验才正式开始，而国际道路会议开幕之期已届，因此九月一日我们又到了明兴。

九月三日，道路会议正式开幕，我以中国首席代表身份主持并致词，我只说了极简短的几句话。这天的开幕礼凝和赵祖康一起去参加，凝因被引坐于居中的贵宾楼厢中，因此被摄影的人摄取了许多镜头，次日都见于报纸。

九月七日纳粹举行党代表大会于Nürnberg，这是一年一度的大会，德国政府邀请各国代表前往观礼，凝未同往，只是我一个人去，直到晚上十点以后才回旅舍，把凝等得急坏了。这日会场中人山人海，不下二十余万人，都是为来听Hitler演说的。而所可佩服者，赴会之时，各有规定时间与路径，因此市内交通照旧，绝无丝毫阻塞，尤以在散会之后，不到半小时，场中的群众已散得无影无踪。德国的交通管制确是可佩服，即以铁路行车而论，在举行党代表大会的一星期中，各方人士云集，加开了无数专车，而原有铁路交通，维持如故。有些德人得意地向人说："这就是我们动员的试验！"

因为道路会议开幕那日，大会主席Dr. Tohl（即当时德国的道路总监）在演词中提到我国古代道路工程，备致推崇，故我于第二日专诚去拜访他，他知道我以前在德国读书，彼此同行，称我为Herr Kollege（就是同行的意思），说话很是亲密，但他把话说溜了，居然告诉我："老实说，德国现在造的Reichsautobahn就是军事准备。"他这样露骨的说话真是太不小心了。

当我们初到欧洲，即逢奥相被刺，不久兴登堡病故，跟着便是Hitler上台，纳粹党的剑拔弩张，意态已是形势十足，当时我们国内一部分人没有把时局看清楚的，特别是国内有不少人，醉心此种独裁制度，尤其是一批到过德国的人，看到这里秩序井然，更是佩服得五体投地。我是以前到过此邦，看到见到这种情形，不免要提醒大家，要知德国有这许多的长处，乃都是以前的人所种的因，这是由来已久，并非是由于Hitler执政的结果，反之，Hitler现在的作风所将引起的后果，那才真是德国今后无穷的忧患。

这次我到德国，使我大吃一惊的，莫过于学风的一落千丈，学生们一天到晚所忙的就是开会游行，不以读书为事，党的势力跑进了学校，学生和教授群趋投机，毫无资历的助教，可以凭空升为大学教授，大学校长非和党有关系的就无资格去做，教授功课稍严，就可以被学生用任何理由撵走。国社党把庄严的教育蹂躏到这等田地，而希特勒还大言不惭的说德国甚么都不怕，因为他们有第一流的科学家，任何德国所没有的原料，他们自己都能发明代用品，希特勒却不曾想，在这样的环境之下，如何可能来培养杰出的科学家。还有一点我认为是很严重的，就是德国人一向把宣誓看得十分庄严认真。在以前，德国人如果一个人宣誓不算数，及至被人发现，这个人在社会上便难再立足，非自杀不可。今希特勒命令全国陆军对他宣誓效忠，以前只有对国家效忠的宣誓，自此以后，经他这样传令式的规定，德国人对宣誓的尊严，从此也就不再存在了。一个良好的信念的树立，非一朝一夕可成，今毁之一旦，真是何等重大的一个损失！希特勒可算是德国的一个大罪人，他把这一份积了数十百年的精神和物质，一齐摧毁殆尽，良可叹息！

道路会议讨论终了，全体首席代表都去参加由道路会议所主办的一个为期十天的汽车长途旅行，凝未同往，她便独自先趁火车去柏林候我。德国这时正在大事兴筑Reichsautobahn，定线和工程标准都与过去不同，不失为公路工程上一大革命。这次的这个旅行几乎走遍了半个德国，直至九月十八日才到柏林，十九日道路会议在Kroll Oper闭幕，德外长Neuratl演说了足足一小时半，大骂协约国，这个外长的作风，十足不外交之至。闭幕时，各国代表例须致词，我这一日说了将近十分钟的话，竟博得全场鼓掌，这倒是我自己想不到的。

十月七日我和凝开始作苏联之行，为了去苏联的签证，倒着实费了些事，我最初原想循正式途径去办，即由我们自己的使馆代向苏联使馆接洽，等了一个多月，不得一点结果，每次跑去苏联使馆问，回话总是说莫斯科尚无回话，最后我忽心生一计，跑去Verein Deutscher Ingenieur找Prof. Matschop，由他以工程团体名义，去电苏联工程师会代我证明身份，很快的就得到许可入境的回电。

就在这时候，我国派遣一个交通军事考察团去访问苏联，正副团长为徐庭瑶与俞飞鹏，团员有韦以黻、吴保丰等，我和他们并无想走在一起之意，但一路行去，初则相遇于柏林，及至我和凝到达莫斯科，正巧他们也到了。我在苏联一切行动都归Voks负责安排，但有时也利用考察团参观的机会加入同行。那时适在隆冬季节，很少工程可看。莫斯科的地下电车正在开工，亦不曾看得。我在苏联的访问机关找人谈话的机会多于参观，Voks派了一位女译员，终日陪着我们，实际上也就是监视的意味。这话我并非是向壁虚构，因为我们离开苏联这一日，那位女译员便向我说，可知道苏联对旅客的电影片和照相的底片，一律必须在苏联冲洗，规定不能带出去的。她平时看我拍电影，总是一声不响，及至此时，忽然来这一下，我立即装做很坦然的说："这是当然。"同时告诉她，我将把这些影片寄给莫斯科中国大使馆，托他们去办就是。我这样小使花巧的一来，我在这里所有拍的相片和电影片全给我带出来了。其实我照的都是些毫不干紧要的景物，若是留在苏联，必不可复得，我必须保留做个纪念，也算不虚此行。

我们在Leningrad遭到了一次名为偷窃，实则是一种变相检查的事件。在那里，我们住的是第一流的旅馆，出门时钥匙总是交给账房。但有一晚出去看芭蕾舞，房门钥匙也照常交存账房，岂知回来双重门的锁都已打开，放在那里的箱子也都给打开了，乱得不成样子，但细细一看，也看不出丢了什么东西，我们立即跑去报告账房。当乘电梯下去的时候，遇见一位美国旅客，他笑着对我们说这何尝是被窃，乃是一种文明的检查。第二天，果然警局派人来了，向我们细细盘问一番，再过一天，警局带来几件被拿去的东西，就是一个电筒，一顶软呢小帽，一个在德国开道路会议的证章，这些东西的确都是我们的。这人还编一个故事说，贼已捉到，他们是如何如何的处置。试想这样大的旅馆，如何敢破门而入，翻箱倒柜，有价值的物品一概不取，只拿了这几件不成器的小东西，作伪至此地步，令人可发一笑。在苏联旅行了三个多星期，一旦离开此境，使人透了一口气，好似胸襟为之一松，如释重负。

　　于是我们又回到柏林，又再去了瓦痕湖（Walchensee）一趟，专为看黄河试验的结果。我们就于十一月五日再去德兰诗顿，由那边启程往游捷克首都Prag，十四日开始作英、法、瑞、意等国之行，由柏林出发，道出Hannover，为参观Franjues黄河试验，在那里停了一天，自此便渡英伦海峡到了伦敦，正值初冬浓雾弥天的气候。那时正是郭复初在当公使，彼此都是熟人，他领我们去参观了使馆三楼中山先生蒙难的房间，并无一点陈设，然而是一很有历史纪念的所在。这天晚上是郭氏夫妇招宴，我们遇到了风雨同舟的黄少谷夫妇，客途重遇，益觉亲切。是月二十三日到巴黎，林季良在此当总领事，这又是多年的熟人，他几乎天天都来陪我们，并且还带我们去参观了凡尔赛皇宫。

　　我们于十二月一日离巴黎去瑞士住了一星期，七日到罗马，刘公使回国去了，只剩了朱英在此。朱去国已一二十年，从未回国，对国内情形十分隔膜，他对莫索里尼则出乎衷心的崇拜，使人很感觉意外。十三日我们去游了Pompei，这已是我们旅游欧洲的日程终点。半年的仆仆风尘，可称已极尽畅游之乐。

我们于十二月十五日抵Brindisi，仍搭来时所乘意邮船Conte Rosso回国，同船遇到高大纲先生，未另外看到有其他中国人。二十四年元旦船抵新加坡，一月七日回到上海，欧游至此便告结束。

这次欧游的见闻，凝已尽收入她逐日所写的日记中，到上海后，应潘公展先生之请，便在上海《晨报》副刊逐日发表，甚受读者欢迎。后又出单行本，名曰《欧游日记》，由上海中华书局出版。

中国工程师学会

中国工程师学会的前身有两个团体：一为"中华工程师会"，系合并"中华工程学会"、"中华工学会"及"路工同人共济会"三个组织而成，其中最早成立的"中华工程学会"是詹天佑先生于民国元年在广州所创立，自三会合并，改名为"中华工程师会"，遂以汉口为会址。民国三年又改名曰"中华工程师学会"，迁总会于北京，会员以在铁路界服务的居多，代表老一代的工程师。

另一团体为民国六年留美学生所发起的"中国工程学会"，会址初设美国，后移上海。民国十二年在上海举行第一次年会，是时会员有三百五十余人，会员包括土木、机械、电机、矿冶、化工等各方面，代表新起一代的工程师。

我在德国留学时，即接王崇植（受培）兄来信说起，留美同学有中国工程学会的组织，希望我加入，我虽欣然同意，但因尚未回国，迄未办理入会手续。民国十四年，由德赴美，这时学会已迁上海，十五年春由美返国，在上海未作停留，一下子就去了北京（十六年国府定都南京后始改北京曰北平），适逢中国工程学会在北京开年会，我以来宾资格参加。我入会是十六年，地点在上海，那时我正在上海当工务局长。

民国十九年，中华工程师学会和中国工程学会还同时存在着，双方会员以两会宗旨相同，会员亦多相同，提议合并。二十年八月在南京举行联合年会，通过合并方案，名为中国工程师学会，设总会于南京，是时会员人数已超过二千。

中国工程师学会会务的迅速发展，全赖有许多热心分子。我对学会何以如此起劲，其中有若干原因：第一我喜欢它不分门户，学会会员不但没有东洋西洋之分，更无留美留法留德之别。第二我喜欢它有朝气，有不少勇于任事为学会服务的会员。第三我由学会结识了不少志同道合的朋友。

我受学会的征召，担任过许多职务，如同总编辑、董事、副会长和会长等。及至学会在台湾复会以后，还重复担任过一度的理事长。我对学会也有不满意之处，就是它的政治气息过于浓厚，反把学术气息大大冲淡。譬如说历任理事长不脱因为他们在政治方面有了地位才被选上，而并不是因为他们在工程学术或事业方面有了卓著贡献。早在大陆失掉以前，我即有此感觉，因此在成都举行年会那一年，我曾于事前活动当司选委员，司选委员的主要任务在提名下一届的会长。一个人做了司选委员，等于放弃了他自己一切的被选举权，故绝不会被人批评指摘此项活动之不当。至于我的真正用意所在，则是为学会推选出一位工程界有声誉的人物，以纠正老是抬出些当大官和有浓厚政治色彩的工程师来充当会长。这一年选举的结果果然产生了一位极理想的新会长，颇能收一新耳目之效。

我担任《工程》杂志的总编辑，不亚七八年之久，所谓总编辑实际是一人唱独脚戏，但我做得却很起劲，我当时定了两个简单之无甚高论的目标，如同提高水准、准时出版，我的理想是由于杂志水准提高，自有人乐于投稿，由于杂志准时出版，自有人乐于刊登广告，经济上的自给自足也就不难办到。此外我对印刷方面也力求其精美，使人一看即知为一本有分量的杂志。这几点后来居然一一做到，还有我认为《工程》杂志的编号应保持继续性与连贯性，也不可任意改名，譬如学会复会以后的刊物一度改称《台湾工程界》，后来从我的建议恢复《工程》原名，并将已出各期依次划接，因此《工程》现已发行至四十九卷（此系一九七六年的纪录）。

抗战时期一段经济建设促动的经过

距今六十余年前，正值第一次世界大战（一九一四——一九一八）结束，国父孙中山先生高瞻远瞩，提出了他的"实业计划"，在国际间称之曰"国际共同开发中国计画"，目的在使中国工业化，使中国由此得跻于现代国家之林，其目光之远大，诚非任何人所能及，不幸这一宝贵的时机，后人未能把握住，一蹉跎已是几十年，真是太可惜了！

由于国父实业计划的启示，使我和一些朋友们对国家未来的经济建设，颇为起劲，在整个抗战期间（一九三七——一九四五）和自胜利以至大陆失掉这段时期（一九四五——一九四九），曾有一连串的构想，而大事鼓吹，到后来虽大半均成泡影，但多少还是有它的一些成就及可纪之事。最显著的是为抗战初期中国经济建设协会的产生，由此导致了中央设计局的成立。经济最高委员会并于胜利后设立了公共工程委员会，虽因大局急转直下，未能真正展开工作，但在短短期间也曾完全一套初步计划，为魏德迈将军当时建议的裁军善后办法作桴鼓之应。公共工程委员会的另一重要工作，则为整理黄河资料，组织治黄顾问团，研究黄河治理。兹分别扼要叙述于后：

新中国经济建设协会

自对日全面抗战开始，无论从哪一个角度来看，人人都感觉到我们的准备工作实在不够，于是便自然而然的想到，为战争作准备须在平时，如果平时准备充分，则到了战时何至于如此手忙脚乱。依此推想，战事无论延长多久，必有结束的一日，不在战时即为战后作准备，尚待何时！组织中国经济建设协会的用意，就是要唤起朝野注意，对战后复员及复兴工作必须及早有所规划。它是怎样组成的，以及有些什么成就，这是本节所要叙述的。

在此我首先要对几位与此事有关系的人，如霍亚民（宝树）兄、顾孟余先生和宋子文先生，致其由衷的敬意和怀念。自二十七年三月到廿八年一月这段时期，作者和亚民兄恰巧常在一起，不是汉口，就是香港，每次相遇，我们总是大谈战后问题，愈谈愈觉其千头万绪，有早作准备的必要。其时宋子文先生知道了我们有此意念，曾几度约谈，给予我们很多的鼓励与支持。顾孟余先生是作者经常前往请益的一位前辈。此外则当时的资源委员会，在推动工作方面也给予了我们不少的便利，也是很可感谢的。

最初我们只集合了少数同志举行定期座谈，先后讨论过的题目有：一、中国经济建设纲领草案，二、组织须知，三、罗致人才须知，四、拟具计划须知，五、执行计划须知以及六、管理事业须知等等。

《中国经济建设纲领草案》是根据当时中央颁布的《抗战建国纲领》，就其经济部分加以引申而成。不过内容仍嫌过于笼统，于是便想到，何不集合学术界及事业界的热心人士共同来作进一步的研究。刚巧这时中国工程师学会有加紧组织各地分会，预筹规划战后复兴工程的决议。二十八年三月一日寄居在香港的部分会员便联合起来，将中国工程师学会香港分会组织成立，选出吴蕴初为分会会长，霍宝树为副会长。香港分会成立后，即以计划战后复兴工程为主要会务，并推定沈怡、黄伯樵、夏光宇三人为计划委员会委员，负责与各方联络。几经商讨，乃由吴蕴初、霍宝树、邹秉文、王志莘、黄宪儒、葛敬中、郭子勋、李法端、张延祥，连同中国工程师学会香港分会推定的三位计划委员，共十二人，联名发起组织中国经济建设协会（以下简称协会），于二十八年四月一日在香港宣告成立。这个中国经济建设协会在组织方面有若干特出的地方，如：

第一、协会有鉴于以往各种社团分子复杂，信仰不一，以致组织松懈，流于一事无成，因此提出会员必须共同遵守的信约。那四条信约是：

（一）信仰国家民族之利益高于一切；

（二）提倡服务道德；

（三）言行一致，实事求是；

（四）推诚合作，以敏捷勇往之精神，努力于国家之经济建设。

第二、协会组织的经过，颇有别于以往一般的社团。它的程序是：

（一）由发起人成立协会，推举理事，成立理事会；

（二）由理事会选聘总干事；

（三）由总干事拟定各组干事人选，提经理事会同意；

（四）由各组干事提出各股名称，并拟定各股干事人选，提经理事会同意；

（五）由各股干事拟定本股需要之人才，提经理事会审查通过后，分别邀请加入为会员。

以上种种构想乃脱胎于上述座谈第二项题目，即组织须知。它的用意无非希望所有会员人人能适合协会的需要，热心为协会工作，而协会的组织也能紧凑严密，一气贯注。协会成立后就产生了第一届理事、总干事和各组干事如下：

理　事：吴蕴初、邹秉文、沈怡、黄伯樵、霍宝树。

总干事：黄伯樵（正）、王志莘（副）。

各组干事：

交　通: 夏光宇(正)、吴绍曾、凌鸿勋、马轶群、石志仁、莫衡。

工　业: 杜殿英(正)、张延祥、徐佩璜、周茂柏。

矿　冶: 胡博渊(正)。

农　业: 葛敬中。

水　利: 沈百先。

公　用: 恽震(正)、沈嗣芳。

建　筑: 施嘉干。

经　济: 李榦(正)、黄宪儒。

协会的工作方针见该会印行的《中国经济建设协会概况》,摘录如下:

第一、经济建设系国家百年大计,计划之时必须从全盘着眼,长久着想,树立一整个计划,使各部分无论其为工、矿、农、经济、交通,不分畛域,互相辅助,互相供应,以达到建设整个的现代国家之目的。

第二、为顾及有限之人力与财力,计划之时,不论任何部分均应从小处入手,然后逐渐比例扩大,务期互相呼应,步骤一致。

第三、经济建设进展之迟速,基于一国之科学基础。我国以往建设事业,往往名不副实,最大病根即在一方面科学基础太薄,一方面看事太易。今后务宜以全力提倡科学，培养人才，于拟具计划时，务使内容完备，合于实用。万一格于某种原因，计划内容不能完备，则不妨先将其大纲拟定，以待日后之补充。若并此不能，则宁缺毋滥。

第四、我国人才、经济两皆贫弱，大战之后必将更见其不敷应用。本会主张不但经营不宜有分文之虚靡，即工作亦不宜有丝毫之重复。本会同人甚愿以在野之资格，奔走联络，不标榜，不掠美，务使各方面于无形之中互相联系，互相呼应，以实现分工合作之目的。一旦国家从事大规模之经济建设，有此基础，必可收事半功倍之效。

在香港只能说是协会的孕育时期，当协会成立伊始，少不得有一些事务需人料理，那时作者正在资源委员会任技术室主任，技术室在香港设有办事处，协会就利用那地方来作为通讯处。当时在技术室驻港办事处常川办公的，有陈政（仲瑜）、秦翰才、冯汝绵（飐云）、杨星垣及吴庆塘诸君。

技术室驻港办事处只是办公室一大间，地点在香港毕打街毕打行七楼四号，办公就是以上几个人和有限的一点办公经费。作者本人生活一向十分谨严，但在推动经建运动这段时期，竟有人写小报告，告到重庆行政院，说作者在港"生活奢侈，行为腐败，并滥用外汇"（照录原文）。行政院得着这种报告，就行文到经济部，再由经济部密令资源委员会彻查。由于资委会完全明了此中真相，对我在港的工作更是十分清楚，因此不经调查，就呈复了行政院，从此未再有下文。这是二十九年二月间的事。

协会于二十八年四月成立后，在同年十月四日的理事会议中通过了如下的决议：限定二十八年十月起，三个月内完成"经济政策草案"，再三个月内征集各会员对于经济建设问题答案，再三个月内完成"经济建设纲领"。接着决定在理事会之下成立编辑委员会，设总编辑一人，指定作者担任。经过一番思考，我才决定了下列做法：

首先我们只谈战后有些什么问题，且不立即求其有答案，用此方法由各组分别发动座谈，由是发掘出来的问题确是多而且有价值。这样汇集起来经过一番整理之后，于二十九年一月编成一册《中国经济建设问题汇编》，由协会发给全体会员征求答案。全部问题分为总纲包括目标及程序等，暨农业、矿业、工业、交通、水利、贸易、财政及金融、公用建筑等九项，各按政策、计划、制度、人事、资本、物资类别条举。兹略录问题若干则如下，以示一斑：

——一　经济建设之最后目标，为人民生活之提高，但欲达到此目的，必须充实国防并加紧工业化。我国今后对于民生及国防二事之改进，应孰先孰后？抑应同时并举？

如先以国防之充实为经济建设之目标，对于何种国防需要品应能自给，其不能自给者，应如何取得或求其替代之方法？同时民生需要品之如何自给？如何撙节？不能撙节又不能自给者,应如何取得并分配之?

对于国防建设应先完成一小区域之国防?抑着重整个的国防?重工业与轻工业之发展程序应如何规定?对于人力、财力应如何支配?

一——四 我国战后应否视生产、交通及资源分布与乎地理及气候之情形,根据国防需要,将全国划分为若干区,树立若干经济中心,谋求各该区之经济自给及全国经济之平衡发展?国防工业及民生工业应否各自分区或整个分区?其分布应如何规定?究应集中抑分散?各种工业应如何谋平时及战时之易于转换,俾平时得减少国家之担负,战时可增加军器之产量?其各区工业化之程序如何?

四——一——一 全国食粮应否根据国防分区计划先求自给自足?次求另有三年之储藏?如生产技术进步,产量增加,致每年有巨额剩余时,应否减少粮食种地面积,从事别种经济作物之栽培?除供本国之需要外,大量外销。

五——A二——六 当战事初停,各铁路公路应用何种方式及程序接管整理,以应各方面之需要?管理方面应用何种临时组织?运输指挥之权应如何调整统一?工务、机务、电信等设备应如何补充赶修?机料应如何预算、点查、调拨并补充?燃料问题如何解决?经费如何筹措?善后运输如输送难民等如何办理?

十一——十 战时由沿海及中部各省内迁西南及西北之

各种事业,于战争结束后,何者应继续在内地存在?何者应迁回原地?其留在内地者应如何继续发展?对于人才及资金之外移,应作如何之适宜措置?

十一——十一 战后因军队、游击队之编遣及战时破坏之结果,失业劳工数量必至增加,应如何救济?可否以大规模兴办公共工程,如水利、交通及垦殖事业为容纳之方法?

类似以上问题共不仅征有一百三十八则,协会把这些问题发给各组会员,不仅征求答案,尚有以下用意:

一、使每组可以因此看到其他各组的问题及战后经济建设问题的全部;

二、使每组可以因此看到本组有的问题亦为他组所注意;

三、使每组可以想起本组有的问题与他组有关者,应请其同为注意。

除上述各点外,更希望各组都能于1.本组所应注意者,2.应与他组联合研究者,3.应顾到其与全般问题联系者,4.全般问题的综合观察等,各有一较为明了具体的划分,然后进一步判断,如许问题中间何者协会可尽力从事研究?何者宜转请更为适宜的其他方面担任研究?何者尚须留以有待。

编辑委员会在征求会员答案期间,还特约了若干会员,指定对某些问题请其作答,一方面把过去有人发表过的意见,从报纸刊物中尽量搜集,制成卡片,如此到了二十九年三月间,各方的答案和搜集得来的资料愈来愈多,均经过一番有系统的整理，为编辑《中国经济建设计划》之用。

拟议中的中国经济建设计划，亦经拟有目录，嗣由会员吴半农君改写成为《中国经济建设计划研究大纲》，分四大部分：第一部为中国经济建设之基础，第二部战时经济之动态与设施，第三部战后经济恢复及善后计画，第四部战后经济建设计划。各有细目，因过于繁琐，从略。

协会最初所悬目标，假定从事这种研究工作，可获下列四项结果：

一、政策纲领 ⎫
　　　　　　⎬ 合成经济建设政策
二、各部门政策 ⎭

三、计划大纲 ⎫
　　　　　　⎬ 合成经济建设计划
四、各部门计划 ⎭

按性质来说，以上前三项都是原则性的，第四项各部门计划方是经济建设的具体方案。协会自忖能力，尚无法作此尝试，故拟暂以完成前三项为止，但自开始研究，立即发现困难重重，原因是"政策纲领""各部门政策"和"计划大纲"三者之间，很难明显的划分界限。试举下列一条文字来作说明：

　　　运输网之构成，以铁路与水运为主，公路与空运为辅。

以上条文对整个经济建设来说，可认为"交通建设计划大纲"，但对整个交通建设而言，则可认为"交通政策"。

再举一列："铁路之经营，采分区集中管理制度。"这一条文对于整个交通建设来说，可认为"交通建设计划大纲"，但对整个铁路建设而言，则又可认为"铁路政策"，由此看来任何一个原则，进一步皆可称为"政策"，退一步无不可视作"计划大纲"，很不容易分清界限，故最后决定每一部门各就较广泛的范围提列原则。

经过以上种种周折，编辑委员会乃于二十九年九月底编成一种《中国经济建设纲领初稿》，凡二百三十页，共印一千部，书名《初稿》，意在尚非定稿，有待订正，并决定"只在会内流通，对外暂不公开"。

久而久之，这本初稿还是流传到了外间，引起国内外相当的重视。在美国很快就有了英译本。过了若干年，已在胜利之后，作者正在联合国亚远经委会工作，同事方显廷君谈起他曾受美方委托，将纲领初稿译成英文的经过。那是抗战后期，方君正在美国。

协会不待太平洋战事发生，即已将重心由香港移至重庆，并在后方发行季刊一种，名曰《中国经济建设》，由吴半农兄担任主编，在抗战时这是一份很有分量的刊物。那时协会同人渐渐有了一种认识，就是它对战后经建问题从事鼓吹则可，若欲真正草拟具体方案，则基本上缺乏种种条件，无法进行。所幸这时政府已设立了中央设计局，不少协会会员均参加其中工作，而中央各部会，若经济部、交通部、资源委员会、水利委员会等，各就其主管范围，纷纷研讨战后建设纲领，蔚为一时风气。在这些过程中间，均有协会会员从中策动的蛛丝马迹。一般说来，协会自抗战初期成立起，虽限于本身条件未能有多大成就，但经过它这一番推动鼓吹，有形无形之中，对国家的贡献还是相当显著的。此处作者只举一宗事实来说明这一看法。

抗战期间，行政院水利委员会公布了一个《水利建设纲领》，几乎囊括上述纲领初稿水利部门的全部条文，其中首揭"战后水利建设应首先堵塞黄河决口"。胜利后，我国借联合国善后救济之助，一举而将河南花园口决口堵塞，挽水复归故道，即因朝野上下，人人心理上早已有此准备之故。我国在八年抗战之后，虽疮痍满目，政府仍能不顾一切，立即举办这样一件巨大工程，于短短两年内卒底于成，它的难能可贵，应是值得大书特书的。

协会于三十五年十月三十日还在南京举行了第六届年会，这也是协会最后一次的年会，因为自当局播迁到了台湾之后，协会就等于结束，未再继续有任何活动。

公共工程委员会

中国经济建设协会于二十九年十月编印的《中国经济建设纲领》初稿内，有如下一段文字：

战后应从速举办大规模建设性之公共工程，如水利及交通事业之发展，以容纳复员之士兵及失业之民众。（见总纲第一一六条）

在这一条文之下还有一段说明，颇为透彻详尽：

战事结束以后，复员之士兵及失业之民众将如何安插，实为战后最迫切问题之一。必针对此问题先有相当之筹划，然后对于战后经济之应付，方不致有捉襟见肘之虞，而其他建设之程序，亦可有所附丽。

复员士兵及失业民众之安插，为维持治安、恢复生产与整理财政之根本要图，军费不收缩，则财政无回旋之余地，即金融资本亦将为国债所吸收，难用于大规模建设之途，历年内战之经验可为殷鉴。安插之途径不嫌其多，而大规模之经济建设自可容纳其一大部分，如美国"新政"（New Deal）之大兴公共工程为解决人民失业之办法，大可采取。

若论大规模之公共工程，足以安插复员之士兵，又足以充经济建设之急迫需要，同时其事业之性质非由国家主持不可者，无过于水利及交通。（中略）

以战后我国财政金融能力之有限，在政府方面，不得不提纲揽要，择比较基本而大规模之事业先行着手，且

（一）公共工程利在缩军，用于其他事业，消纳兵士不能如此之简易；

（二）水利交通可有相当收入，在我国财政状况之下，不能不期其一举两得；

（三）吸收外资惟大规模之公共工程较易；

（四）投资于公共工程之资金，在社会即生购买力，衣食住之事业即可赖以相当发达。

协会发表上述文字时，抗战才渡过三足年，其内容大意适与胜利后魏德迈将军在重庆时所上蒋委员长的签呈不谋而合。魏氏这个文件，作者尚藏有其英文本，兹特译出附录于此：

魏德迈将军签呈译文

（重庆 一九四六年二月十七日）

蒋委员长钧鉴：数月来本人即在着手研究一旦军队裁遣以后，如何妥善安顿及使用官兵一问题。现因今后一年内，中国政府已有迹象将大量裁减其部队，谨将研究结果分成a铁路、b公路、c内河航运及防洪、d港埠开发、e水力发展及重工业等节，分别为钧座陈之：

a铁路 现有干线九条，宜立即加以修复，其中若干条须改双轨。今按九条干线，各就其重要性，区别修复程序如后：（1）京沪、沪杭甬，（2）津浦，（3）陇海，（4）平汉，

（5）粤汉，（6）北宁，（7）平绥，（8）浙赣，（9）湘桂。

在此九干线全部修复后，宜即将已局部开工之成渝线及成宝线（成都至宝鸡）继续予以完成。关于新工部分，则第一优先应为连接汉口至重庆大致与长江平行之线，其次为自宝鸡向西延伸，以与西北各省，包括陕、甘、青、新等相连接。以上各新线筑成后，可使西北地区面目一新，而与中国本部更打成一片。

b公路　建筑公路应注重所有重要路线均须有全天候一来一往之良好路面，并与内港及各交通中心点互相连接。任何公路网均须能适应大量之汽车交通。在国内生产之粮食及民生日用品，在不久将来均将大量依赖汽车运输，此一发展趋势，不仅在经济方面为必然，即从团结各省使之形成统一的民主的中国而言，亦属非常重要。

c内河航运及防洪　多年来中国不断为许多大河循环发生之洪水所蹂躏，由于中国主要为一农业国家，凡有关保护改良及增加农地之事，如防洪、灌溉及建造运河等，只须力所能及，政府均应不顾一切毅然行之。以是抗战时所引起之黄河决口，其堵口工程应视为最高优先，因其为害河南、安徽及江苏淮河流域之下游情形特别严重之故。

在扬子江、黄河、淮河及珠江等流域，均应从事防洪。闻水利专家沈百先氏拟有一项计划，包括建造二十处为防洪用之滞洪水库及数千公里之堤防，此项计划经审查后，如认为适合当前需要，应立即付诸实施。

导淮计划已于若干年前开始实行，由于淮河流域乃一极肥沃之地带，此时应即继续完成之。中国将因此于豫、皖、苏三省之外，增加一富庶而有巨大生产潜力之地区，裨益国民经济之大，殆非言语所可形容。

d港埠开发　海州之连云港至关重要，应即从事开发。更因大连将不能为中国所完全控制，故东北葫芦岛港之开发亦属同样重要。日人于战时大举改良塘沽新港，包括建造一防波堤，此项工程仍应赶筑完成，此举对于大沽——天津——北平一地区之商务将有甚大裨益。扬子江下游及黄浦江口泥沙淤积日增，应速加疏浚。在香港未归还中国以前，开发黄埔应加以考虑。

e水力发展及开发重工业　过去对于扬子江流域水力发展计划（按即"扬域安"计划）颇有许多讨论，依本人所知，该计划一旦实行，将可产生电力一千万瓩，所需建设费用亦属庞大无比，即以高度工业化之国家如当今之美国而论，在一九四〇年全国总电量尚不过三千万瓩。从最可靠的估计，此时中国为工业化所需要之电量决不会多过于一百万瓩。依本人看来，从事如此巨大之计划，不如先从发展全国小型工业及改善电信、铁路、公路及内河航道入手，更为切实。

以上所陈战后公共工程计划，乞赐核阅，并将钧座对此之意见明白示知。鉴于本计划在经济、政治、军事及心理等各方面影响之巨，同时又深知以中国目前之财力如何使之顺利实施，煞费周章，但本人对此一计划之实施，颇寄以极大希望，并乐于在钧座之授权下，竭尽其指导、协助及联络之责，盖本人深信本计划对于钧座平日所期待有关经济及政治目的之实现，有无法估量之莫大价值也。

中国战区参谋长美国陆军中将魏德迈谨上

　　右列文件在还都后一个偶然的机会中给我看到了，我认为这真是为战后中国所作最好的安排，可是魏氏这一建议提出以后，并未引起任何重视。我只听说当时为此也开过会，参加的人有宋子文先生、魏氏和资源委员会当局等，后者抓住这机会，就表示该会已草就了一项计划，其实那是个完全偏于建设战后中国重工业的，性质截然不同。我自问看懂了魏氏的真正用意所在，他为我们的安排是着实用了一番心的。依魏氏意思，战后第一步应当利用联合国善后救济从事复员，这时尚谈不到基本建设，第二步紧接着兴办公共工程，这时已是进入了初期建设阶段，但其目标尚非为建设而是安插复员士兵，亦即为救济社会失业而建设。前述魏氏所上委员长的签呈，用意在作第二步的准备，而资源委员会当局的用心，则是一下子就跑向第三步。我一向是主张在国家工业化之前，特别在创巨痛深八年抗战之后，必须先与民休息，恢复元气，这样便可顺理成章的走上现代化大道。这一点意见颇与魏氏签呈的主旨不谋而合。我在三十六年三月十七日曾应资源委员会之邀，作一讲演，即以《现阶段之建设方针》为题，说过这样一段话：

此一时期之建设，应以解决失业安定民生为唯一目标，换言之，现阶段之建设，应视为手段而非目的，虽今后治本之道非工业化莫属，然以治标言，救济失业实为当务之急。

何以如此重视失业问题？盖失业者无论其为无业游民，或其他分子，如其数量增加到某种限度，均足为大乱之原，若置之不理，久而久之，为祸之烈不堪设想，这是一个万万忽视不得的问题。解决之道，消极救济无补于事，应积极从建设中求之。由于兴办建设事业而使无业者有业，有业者乐业，这问题便可解决大半。

我国现在最大危机为农村破产，百业萧条，民不聊生，人心思乱，此恰为不逞者所引为快意，且正多方肆意助长，加深其程度。对于这一点，政府唯有以建设答复破坏，以建设收拾人心。对国家前途，我们绝无可以悲观的理由，但担任建设工作者，不可忽视国家经过这场抗战之后，元气业已大伤，故在此时必须以解决失业为主要目的，而将此一阶段的建设视作手段。因系手段，故凡建设而于解决失业、安定民生大大有益者，应尽力去做，否则我们此时的经济能力毕竟有限，只有暂时少做，缓做，或竟不做。

由于此种认识，现阶段的建设尚谈不到工业化，而为工业化以前的铺路工作。经过了这一阶段，能使国家透过一口气来，则具备工业化的条件便迈进了一大步，然后工业建设方有大大发挥的余地。此种步骤先后，一点乱不得，否则稍有颠倒，均足以招致不良之后果，不可不慎!

很奇怪的，宋子文先生对财政金融如此富具经验，但对此等政策性的大方针，却毫不注意，听说在那次会议时，他毫无主张，反听了资源委员会一面之词，说资源委员会的工业建设计划和魏氏的建议就是同一回事，实则两者之间是大大有出入的。宋先生既不拿主意，魏氏也只得要了一份资源委员会所草的计划回去，过了几天作了一些签注送回给宋先生，等于说这完全是两件事。不久，魏氏返美有期，对他所提出的意见还不死心，表示希望行前能再会谈一次。三十五年四月一日就在上海外滩中国银行大楼举行了一次谈话会，参加的人除宋先生外，有魏德迈将军、翁文灏、钱昌照、沈怡、李斡（芸均）、尹仲容和魏氏随员等。在这次谈话会席上，宋先生表示得就很清楚了，他说，全国最高经济会议已决定设立一个公共工程委员会，由沈怡担任主任委员，以便推动魏氏所建议各事。魏氏当亦表示，他留下Colonel J. S. Golinsky，担任此事的联络工作。宋先生并指示我，有事可和翁先生（时任战时生产局长）和李芭均兄二人商量办理，这样公共工程委员会虽未正式成立，就很快工作起来了。

在短短的十天之中，我会同了由侯家源（苏民）、茅以升（唐臣）所主持的工程团（原为配合由美国聘请而来的若干铁路、桥梁、港埠各项工程专家而设），完成一个《初步工程计划》。参加这一工作的，有萨福均（少铭）、凌鸿勋（竹铭）、萧庆云、赵祖康、郑肇经、汪胡桢诸君，自三十五年四月十五日开始工作，四月二十四日计划脱稿，三十日就送给宋先生核定。我何以这样迫不及待要赶成这份计划呢？为的是，听说马歇尔回美向国会斡旋对华经援时，行前曾向政府索取计划，而当时交给他带去的，只是寥寥二三页，载着枝枝节节的几件事，不知是哪一方面供给的资料。我事后看到了，不禁咽一口冷气，这样即使人家肯帮忙，叫人如何帮起？因此我才决心自告奋勇，赶好一本《初步计划》在手，而且随时仍可补充修正，以求完备。

三十六年七月二十二日魏德迈将军复以总统特使身份来到南京，预定在我国作六个星期的考察，我事先听到这一消息甚是兴奋，以为这是一个很好机会，可以让他知道，在他一年多前所作建议，已有公共工程委员会做了一些准备工作，只是尚有待积极推动。我先期把那本《初步计划》译成英文，加具一信，送美大使馆留交，并向司徒雷登大使表示，希望能有机会和魏一谈。在七月二十二日魏氏到达南京以后，随即出行多次，直至八月二十一日我们才得见面，地点即在南京五台山美大使司徒雷登官邸，约定会面的时间是那天上午十一时十五分。我准时前往，哪知已有客先到，直到十一时五十分，始获接见，这在西方约会的礼仪上，已属罕有之事，及至看到他送出来的一批访客，都是一些莫名其妙的人。我随即发生一种感觉，在当时魏氏的下意识心理上，必已蒙上一层错觉，即国民政府下的官吏，都是一批无能及贪污之流，不足与谈，故如此不重视与我的约会。及至握手见面，魏辟头第一句就说，他今日忙极，无暇和我多谈，最多只有五分钟的时间。我听了未免有点生气，就说，既然如此，我也就告辞了，原想和他谈的话，就此一字未提，只问他有未看见我留给他的信，随即道别而出。我为这一段经过，确实很是丧气，他和我约好时间，让我等候了半小时之久，见了面无半点抱歉表示，反说，他只有五分钟的时间可以和我谈话。起初我以为他必仍然关心他上次离华前所提出的那些建议，不知此时对之竟如此漠然，实在令人费解。我把这天的经过，和我本来想和魏氏谈话的大要，一一告诉了司徒大使的亲信秘书傅泾波，傅立即把我的话全部透露给司徒大使，这样魏本人也全都知道了。于是傅当晚即来传达说魏对当天的事甚是抱歉，并说倘时间许可，他准备再度约谈。傅还替他说了一些好话，由于这天一早，魏会晤中共某要人被那人缠住不放，消磨了许多时间，心中甚是懊恼，害我等候，以及心情恶劣，均由此而起，希望我能谅解。其后，我即未再与谋面，在魏氏临行时，在机场匆匆一见，那是我以市长身份循例须往送行。魏氏是三十六年八月二十四日离南京，临行有简短谈话发表，他说：

> 中国人心一致热望和平，中共若爱国，应放弃武力夺取政权企图，政府应痛除无能及贪污官吏，仅靠武力，不能消灭共产主义。

这还是苦口婆心一片药石之言，魏氏毕竟是我们中华民国的一位忠实好友。

这样又过了半年多，那时我住在南京北平路市长官舍，沈昌焕兄则在总统官邸供职，他一遇有空，辄来我处长谈。记得那是三十七年一月二十五日，我和昌焕兄谈到魏氏三十五年二月十七日的签呈，以及关于这一方面我做了些什么工作，谈话达四小时之久。次日，接昌焕兄电话谓，昨所谈者已全部报告了蒋公，引起蒋公极大注意，并指定翁文灏、俞大维及我三人认真研究实施方案，而以昌焕兄为联络员。即日下午五时半，我们三人（时翁先生适去粤未归）就在大维兄处交换意见，我将魏氏的签呈略述一遍，彼此均同意以此为根据而加以补充。一月二十八日翁先生自粤归，昌焕兄即以全盘经过告之，三十日上午九时复在翁寓续谈，同日下午一时应蒋公午餐召，出席者有张岳公（时任行政院长）、俞鸿钧、俞大维、翁文灏及我，蒋夫人亦在座。席间无讨论，饭后蒋公根据昌焕兄叙述此事前后经过之报告，略有指示，旋由翁先生陈述相当有力而具体之意见，岳公及二俞亦皆相继发言，至二时半散。

二月十四日午我于北平路寓所约翁先生、大维、昌焕续谈，决定由大维起草交通建设计划，原则上，华北暂以维持现状为限，沿海相机恢复，真正建设着重华南。二十四日续会于翁寓，大维、昌焕及余均到，大维出示二图，所拟皆与铁路及海港有关，以二年为期，共需经费约合当时美金三亿余元。

自此以后，大局急转直下，形势日非，这件事以后就不再有下文。

治黄顾问团

公共工程委员会虽未正式成立，亦无编制、预算和办公地点，只有一个名义上不支薪的主任委员。我一生从未向人求过职位，但这一差使确是我自己向宋先生请求得来的。这个委员会并未成立，但确也做了几件重要的事，除了上节所述以外，我现在要叙述的，乃是治黄顾问团的组织，以及关于整编黄河资料的经过。

那是三十五年春天的事，尹仲容兄正在行政院宋院长幕中担任着不居名义却赞襄经济行政机密的一切事务，言听计从，深得宋先生信任。仲容兄首先推荐了侯家源（苏民）担任工程计划团团长，配合美国麻理生克努逊公司（Morrison-Knuoson）派来的数十名工程师，规划全国铁路、公路、港埠等修复及改善工作，这原是战后复员极重要事项之一，以苏民兄来领导本国工程师，配合国外专家共同工作，真是再理想也没有的事。在此事同时，我忽然接到宋院长于一九四六年四月二十七日致麻理生克努逊公司土德先生（Ralph A. Tudor）英文信副本一份，等于通知我，要我负责指导治黄顾问团的事。仲容兄事先虽未和我说什么，这是不言而知，又是出于他的建议。以下是那封信译文的内容：

土德先生：

今晨与邓恩先生（C. P. Dunn）及足下谈话时，本人曾授权足下，对治理黄河提供意见，并组织一顾问团，兹特以书面证实此事。本人现知足下已征得雷巴特中将（Lt. Gen. Eugene Reybold）、萨凡奇博士（Dr. John L. Savage）及葛罗同中校（Col. T. Growdon）三人之初步同意，及约定欧索司君（Percy Othus）为该团之执行工程师，本人希望欧索司君能立即来华，并开始作有关本计划进行之筹备工作。

关于此一工作,顾问团并应受全国最高经济会议公共工程委员会主任委员沈怡博士之指导。

宋子文(签字)

邓恩是麻理生克努逊公司的副董事长兼总工程司,土德是该公司派来中国的总代表,我在奉到宋院长交办此项任务的信后,首先设立了一个资料编纂小组,并向还在重庆的中央水利实验处借调谭葆泰君来京主持,另向各机关临时借调刘方烨、谢家泽、方宗岱、张瑞瑾四君相助,又临时调用若干绘图人员,一下子就展开工作。这小组的主要任务,乃是在各顾问未抵华前,为便利他们对黄河各项问题有所认识起见,特约请气象、地质、工程、经济等机关,搜集有关黄河资料,加以整编。又为便于美籍顾问阅读,全部均译成英文,成为一套完整而有系统的文献,这套资材综名曰《黄河研究资料汇编》(Studies on Yellow River Project),内容分三类:一为黄河流域的基本资材,二为治理黄河各项问题,三为日人所整理的资料及计划。编纂这套资料时,承黄河水利委员会、中央水利实验处、中央地质调查所、中央气象局、资源委员会全国水力发电工程总处、资源委员会经济研究所、陕西省水利局及中央大学工学院等合作,这一件工作能于很短时间圆满完成,第一必须归功于上述这许多机关不分畛域密切合作,其次则谭葆泰兄主持编纂,联络各方,不遗余力,以及所有任事人员努力工作,用能如

期毕事,底于成功。这样到了三十六年(一九四七)七月间已先后完成了以下各种资料:

第一册　黄河治理研究之目的及范围(三十六年六月)

第二册　黄河概况(三十六年六月)

第三册　黄河流域之地质及土壤(三十六年七月)

第四册　黄河水文(三十六年七月)

第五册　黄河流域之水土保持(三十六年六月)

第九册　黄河下游治理计划(三十六年六月)

第十册　治理黄河初步报告(三十六年五月)

第十一册　开发黄河流域之基本工作纲要及预算(三十六年五月)

此外尚待续编及翻译者有以下各册:

第六册　黄河流域经济资料

第七册　黄河之洪灾

第八册　黄河流域之坝址及水库

第十二册　三门峡筑坝计划

第十三册　东亚研究所第二调查(黄河)委员会综合报告书

第十四册　东亚研究所第二(治水、土木)部会调查报告书

第十五册　东亚研究所第三(农业)部会调查报告书

第十六册　东亚研究所第四(水力发电)部会计划报告书

第十七册　东亚研究所第五（交通）部会调查报告书

以上第一至第五册、第九册至第十一册，均于三十六年（一九四七）七月打字印制成书。书成之后，分赠国内各图书馆、各大学、各科技机关暨欧美各国各大图书馆、各大学、各水利机关每处各一全套。事隔若干年之后，当我在联合国服务时所到各国水利机关，均在它们的图书室见到这一套书，一九七六年我旅居美国在柏克莱（Berkeley）加州大学的工程图书馆（水资源部分）内，也看到此书，可见当时分布之广，这是一件可喜之事。

第六册必须先有调查方可着手编辑，第七及第八册则有待搜集资料，必须假以时日，这三册在当时只是有此计划而已。至于第十二册则无非将日人已有资料及所作研究加以整理、介绍，未可作为定论。第十三至第十七册均为日人现成的报告，只须加以翻译，一部分且已译出，我手头尚有一份油印本，原是谭葆泰兄借给我的。

在此，还要补充一下，即所有日人关于研究黄河的资料，都是胜利以后从华北接收得来的，当时接收人员中竟能有人注意保存，这项文卷未曾以废纸视之，真是天大幸事。

我于三十五年（一九四六）九月十二日曾给尚未抵华的治黄顾问团三位团员一份备忘录，其内容为告诉他们主要的任务是些什么，兹将原文摘要如下：

治黄是中国最大及最重要的一个水利开发计划,它应从广泛的全流域着眼,任何开发均应顾到以下利益,如防洪、灌溉、航运、水力发电以及工业建设、经济和社会关系等等,但对当前言,防洪是最为重要的一个目标。以下指出这方面的几个实际问题,请顾问团予以研究:

1.黄河上游的水土保持;

2.黄河下游的治理;

3.在黄河干流及其支流为防洪是否可筑水库?

具体的说:

1.希望顾问团于完成视察后,提出对黄河流域有关水土保持之建议;

2.黄河水利委员会对治理黄河下游已拟有一种计划,其原则为固定中水位河道,俾使洪水连同所挟大量泥沙咸能放入海中,希望顾问团对以上原则之是否适当,加以研究;

3.根据水文资料,黄河最大洪水为期至短,且最大与最小流量之差别则甚巨。为使洪水有充分停蓄之所,似为有效解决之道,但黄河洪水每挟有惊人之大量泥沙,遂使此一问题趋于十分困难。希望顾问团对蓄水库计划特加注意,并力求与上游之水土保持及下游河道之治理配合研究,务使得一最圆满之处理方法。顾问团对黄河泥沙问题务须格外注意,特别对蓄水库之淤积问题,如减少沉沙并使水库增加效能，及冲刷水库上下游之淤积物等均在一并注意之列。

这是公共工程委员会给顾问团出的题目，并不厌烦琐一再申述泥沙问题之严重，促其注意。我们也知道这些题目很大，顾问团于视察流域归来，仔细读过本会供给的许多资料之后，一时犹未必即能有明确答复，因此，相反的要求他们给我们提出问题，并向他们请教在此情形之下，中国工程机关方面还应该做些什么样的基本工作，以期最后可以完成一个有效的与适当的计划。凡此种种，均经顾问团一一把他们的意见列入报告之中。

三十五年十二月十日，顾问团三位顾问均已在南京会齐，于连续举行两天的会议后，就出发视察。我原拟和他们一起去，因为这对个人来说，也是个极难得的机会，无如我才接任南京市长事，实在无法分身，因此就请萧庆云兄做我的代表，此外和顾问团同行的，尚有谭葆泰兄和全国水力发电总处总工程师柯登氏（John S. Cotton）及其他若干人员。

顾问团一行于三十五年十二月十二日上午乘中国航空公司（CNAC）包机，由南京出发，沿着运河低飞，到了济南，便改沿黄河而达海口，然后折回，仍沿黄河直至开封。十三日至十六日接连四天，都在上游一带，如兰州、宁夏、青海等地，作空中视察，主要为察看若干坝址，有时也在地面观察水土保持实验。十七日由兰州飞抵西安，十八日由西安搭了一段火车，然后换乘公共汽车至大荔。十九日至二十三日均为地面视察，二十三日回西安。二十四日至二十七日参观关中渭河、泾河流域灌溉区，二十八日地面视察渭河宝鸡峡，二十九日至三十一日地面视察三门峡坝址，并就地讨论筑坝问题。三十六年正月一日至六日地面视察开封附近之黄泛区，其时黄河花园口尚未堵口，就地参观其堵口工程。七八两日在开封候飞机不至，九日改乘火车由开封启程，十日抵南京，黄河视察旅行至此结束。

顾问团根据此行实地视察所得印象，和对黄河问题的初步研究，提出以下各点：

A 华北平原的防洪计划；

B 一般开发计划，计分：

  1.灌溉；

  2.水力灌溉；

  3.航运；

C 对日人所拟黄河开发计划的批评；

D 对水土保持的意见；

E 对工业化、经济及社会等问题暂保留意见，俟提出最后计划时再行提供。

以上内容，详见黄河研究资料第十种，即《黄河治理初步报告》。我在此只指出顾问团对日人所拟黄河开发计划中有关三门峡筑坝一节，有如下意见：

实行三门峡水库计划，将使大量耕地面积为之淤没，水库放淤难以有效做到，于是水库寿命将至为短促。（见原书第二十五页）

尾　声

本文以上各节所述，不仅为保持一些纪录，亦可略见在抗战烽火弥漫之时及战后疮痍满目之际，我人对国家经济建设所见到的和所作鼓吹之一斑。当胜利前夕，我还写过一篇《中国工业化的捷径》，表面看来似纯粹为《扬子江水利发展计划》（即YVA，我为之取名曰"扬域安"计划）作宣传，实际我是另有着重之点的。兹特节录该文一部分于此，以代结束：

八年的抗战，眼看光明在望，胜利将临。抗战固然胜利了，建国又怎样求其必成呢？这是萦绕在每个人心头的问题。国父孙中山先生指出我们国家的一切落后，要我们迎头赶上去……

罗斯福总统在短短十年中把美国好大一片经济落后的区域，变成全国最富庶的地方，那地方就是田纳西河流域，举世闻名的TVA便是。……从中国现阶段的情形来说，我们更需要和TVA一般的建设，好让我们迎头赶上去。……

萨凡奇博士于一九四五年五月来到我国，住了半年，在此期间他亲冒敌人炮火，到宜昌附近去考察。他认为开发三峡水力大有可能，现在开始在国内外受人注意的YVA就是他的计划。……这计划一旦完成以后，其效果之宏伟将令人不可思议，姑不说世界将起什么影响，至少整个中国将出现一个令人意想不到的大局面：

第一、以三峡为发电中心，一千余万瓩电力，可以东输至安庆，西至重庆，南至衡阳，北至郑州。凡此区域以内，都可以赖扬域安电力的供给；

第二、扬子江有记录以来的洪水都给控制住了；

第三、万吨以上的海洋轮舶可以直达重庆；

第四、灌溉受益面积达六千万市亩以上；

扬子江流域原是全国精华所在，土地肥沃，人口众多，一旦扬域安计划完成以后，不但对洪水的威胁有了保障，即对旱灾亦将永无顾虑，从此年年丰收，年年增产，仅农业生产一项的获益，岂能想像。

动力和交通为国家工业化的先决条件，试想在全国的心脏所在，有这样一个伟大无比的动力资源，益以航运、铁路、公路的互助配合，构成最低廉而便利的运输网，在如此优越的环境条件之下，我国工业化的一日千里，还有什么问题？……

　　不特此也，全国的教育、公共卫生、社会福利，一切
的一切，均将因国民经济的改善而有长足的进步。从此我
们的国家就会从落后变成进步，一步一步的强大富庶起
来。美国朋友介绍TVA的成就时，一再说，你们不要只对那
些伟大的工程建设惊讶赞叹，这种种还不是TVA的真正伟
大所在，要知道TVA的伟大全在那种划时代区域设计的试
验，证明了民生制度也可以实行计划经济，给未来世界指
出了一条光明的途径。

　　以上曾提到我写这类文字是另有着重之点，如今说穿了，
也就是给未来国家前途指出一条光明的大道，不可埋头内战
一误再误，把千载一时的机会再度轻易放走，这是我和若干朋
友当时不惜一再鼓吹的用意所在，如今回忆往事，不胜感慨系
之。

广州三个月

　　二十六年十月下旬国军已完全退出淞沪，在出退以前，我为工务局预先安排了一些必要的准备，譬如我们预料一部分同人势必有一日可能彼此会隔绝，故我替他们姑拟定了一个退守计划，以到南京集中为第一根据地，于是他们连工人和工具都带了走。到了南京恰巧军事工程团成立，这也是我们预定的一个计划。团长是陈诚，不少工程界朋友都成了工程团的大队长、大队附，我也被委为大队附之一。这设立工程团的宗旨，只是想使工程界的人能帮上军队一点忙。在首都未退守前几个月的确做了一点事情，实际主持的是薛次莘，他手下的是我们上海的一班干部，至于其余留在上海的人，则各别实行向内地跑，而同时大家约好作有计划的行动，主要干部如科长、主任等先进入内地，进去以后，再设法帮其余同事进去，又约好彼此如何通讯的方法，我自己当然更是毫无反顾的须得第一个走，至于何者是为我们的目的地？我们最初拟定的是长沙，后来才决定是汉口。

这里我需要插入一段事，当我犹未离沪时，某日舒新城兄打电话给我，约我去福煦路来喜饭店午餐，他说有事要和我商量，但又说这是我绝对想不到的。原来中华书局总经理陆费伯鸿先生有意要我做他的继任人，央舒来为先容。事实上我和伯鸿先生只是数面之缘，虽说他和我父亲是在商务印书馆的同事，但那时我还在幼年。舒新城兄和我完全是少年中国学会的关系，也并无深交，他一向担任中华书局的编辑所所长。伯鸿先生竟会要他来传话，这事确是突然。我问舒何以伯鸿先生会属意到我，而且这是他一生的事业，怎么会轻易交给一个不够认识的人？舒说伯鸿先生因某次在市政府展览会时，看到工务局的展览，大为赏识，特别对管理这方面，尤为欣赏，由是他认为我不仅是专于技术，而是一个长于管理的人。据说他的动念乃由于此。当然，这十年来我在上海做事，是人人都看在眼里的。后来伯鸿先生约我去谈话好几次，他再三要我考虑，我也请他要郑重考虑，最后相约于六个月后给他回音，因为我这时已答应资源委员会的事，必须去汉口一行。

二十六年十一月廿七日我搭了法国邮船Aramis离上海，临行之前，搜括手头所有现款，留下八百余元交凝作为暂时家用，我自己则除了买船票一百四十元外，手中尚有三百余元，作为一路赴汉旅费。这次同船的人甚多，所有上海政、商、银行各界的知名人物都在这条船上，如俞鸿钧市长，中国银行的宋汉章、汪楞伯、霍亚民，以及杜月笙等等。我和亚民本是认识，但在这以前并不能算太熟，这次在船上他遇见了我，就转我的念头，原来宋子文另搭一条船由上海动身，同时赴港，因此亚民一到香港就来找我，他告诉我，抗战虽已数月，但华南可以说一点准备都没有，特别是军事工程方面，地方当局掩饰责任，只说这是后线，此事现由宋负责，他要找一个人来主持这事，由于亚民的推荐，就想把我留在广东。当时我听后，一则我知道广东地方情形复杂，这事并不好办，二则我与资源委员会已有成约，不好中途变更，以此为理由竭力推辞，而亚民接连两日缠住着我不放，后来看我态度坚决，也觉得无可奈何，但他要我跟他去看宋一次，我当然不好拒绝。于是我便和亚民一起去看宋，见面时宋同样的又把这些话说了一遍，并言他将向翁咏霓先生去电把我借用，这下我就很难说话，就告辞出来。当日即十二月三日我就搭机飞汉口，那时沈镇南在汉行做事，他接到亚民电报，特地来机场接我，情殊可感。

　　这时资源委员会才由南京搬来，办公地点设法租界满沙街，我立即就去资委会报到，这时他们早已预备要我担任设计处处长，前任是乙藜的朋友朱忠道，仍在上海未曾出来。我接事不久，宋的电报不断由香港发来。最初我去电托词谓资委会不肯放，并明告亚民"旧日同事已四散，一时无法召集"，亚民即来复电谓"后方甚紧迫，请兄速南旋"，正在此时，在汉口遇到同学麦蕴瑜，他夫妇俩正预备南行，我当即去电举荐麦氏自代。哪知亚民又再来电"宋盼兄南旋，见信即请无论如何南来一行，如麦君可担任，请兄设计布置就绪后再北返"。

在此情形之下，翁先生对我说那边的事也是十分要紧，看情形不好再推，遂决定让我告假月余去广州走一趟。我到汉口没有住上十天，这样又急回头的在十二月十三日又回到香港，一切都由亚民招呼，不用我费一点心，旅行中如此逍遥自在，我还是第一次的享受。

我到后的第二天，宋便搭了广九铁路由香港去广州，亚民和我也一起同行，此外同去的人很多，我已记不清楚。这时广东省主席是吴铁城，余汉谋任第四路总司令，招待宋和我们一行人极为周到。宋告诉他说这次我请了位军事工程专家同来，意思指的是我，又嘱亚民陪我去见他。亚民谈话时颇尽吹嘘能事，我听了很是不惯。这位总司令讷于言，说话不多，指定了当时的建设厅长徐景培和我们交换意见，可是和他也谈不出甚么来。倒是在这里第一次遇到了香港何东先生的公子名何世礼，一副洋人面孔，但说得一口好国语，我不曾注意的脱口而出的对他说："您说的中国话真是好！"因我原意把他当作洋人，以为应酬场中如此说来，是不会错的，并且他说的国语，确是十分地道，哪知他立时带笑傲岸地回答我说："笑话，中国人怎么不会说中国话！"我这时已马上明白过来，接着很客气的而故意问他原籍何处，他毫不迟疑的说"广东宝安"。香港原属宝安，他避免香港不说而用宝安，算是十分得体，令人可佩。

不久宋子文先生回了香港，仍留我在广州和徐景培继续讨论各种问题。这时我对一般情形已相当明白，原来广州市的防御工事，市长曾养甫是一个勇于任事的人，他极不愿意有人插手插足其间。市以外的由广州至增城是一部分，再由增城至虎门炮台又是一部分，人人都想借此伸手要钱，但宋先生很不客气的表示，钱是可给的，只是事情须另派人来做。换言之，不打算经他们的手，因此一直是僵持着。我看清楚了症结所在，便于十二月十八日偕亚民、徐景培、何世礼，回港向宋复命。鲍国宝亦同行，中途遇警报，火车停二小时，月色皎洁，我与国宝伏处田中，谈得很是有味，抵港已在半夜，遍觅旅舍不得，情形甚窘，后在西濠酒店某君处添榻勉度一宵。

我到了香港以后，想而又想，只觉得这时的形势，为公为私，我都不能袖手旁观。我和亚民老实说，即使我是梅兰芳，也得有个班底才能出演好戏；我在上海是有班底的，而且整个社会都可帮我忙，现在人生地不熟，甚至连句广东话都说不来，假如硬要我出面负责，很可能地方上的人不但不予帮忙，甚至还会冷眼瞧你失败；这样重大的事，为国防需要着想，这后果实在太可怕了。因此我主张原则上仍须对地方寄予信任，让他们觉得这是他们的责任，他们有困难的地方，由宋先生代表中央，予以事实帮助。派人同办，结果一定不会好，这是最最笨的办法。我更和亚民说拆穿西洋镜，我知道宋先生最以为虑的，只怕给了钱，地方机关不好好做，或是不清不楚。但此事不难，盖任何工程，不外乎包括工与料两大宗，而料尤占其大部分，笼统说来，我主张工资交给地方发，料归宋先生代办供给，如此则大部分的钱使地方不得经手，那就无甚不可放心之处。我又说，我可以站在代表宋先生的地位，监督工程进行，遇有困难，则替他们设法解决，如此做起来必然十分水乳，工程亦可望早早完成。我这番话好容易把亚民说通了，宋先生一下子也表示赞成，这样就于回港的第三日（十二月二十日），在何世礼家与亚民、徐景培一起商定了下列各点：

1.水泥、黄沙、石子由当地供给，钢条由香港采办，材料由港运省，由西南运输公司负责；至分别运输到各工作地点，则由总部负责。

2.军事设计及分期实施方案由总部负责，施工由总部动员当地技术机关如省建设厅、市工务局办理之。

3.经费由中央垫付，账目宋先生派专人负责。

后来又商定由四路军总部设立国防建设工程处，徐景培将另有任用，因推黄延祯接任其事，我的名义为总部工程顾问。次日即由徐将以上各点带回复命。隔了一星期，省方消息对各点完全同意，催我早早前往，这时我也约好了几位帮忙的人，如谭文庆、俞楚白、宋学勤、裘燮钧、麦蕴瑜等，因为我以后仍须时时去汉口，而工地幅员甚广，若果真实行监督，来往视察，非少数人所能胜任。我们这几个人在广州都住在文总路德奥瑞同学会会所，即以此为工程顾问办公地点。到了一月中旬，黄延祯来告，工程处各组人选俱已粗定，军事设计李德言，工程得请工务局长林逸民担任，一月廿四日工程处召集第一次会议，出席者三十余人。

在香港搜购的第一批钢条一千余吨，分几处地方卸落，如石滩四〇〇吨，仙村新及南冈各二〇〇吨，这时西南运输公司负责人莫衡十分合作，还有胡筠庄和Peter Lin是替宋先生管车辆的拨交，卡车五十余辆，都是无条件的赠予省方，而我和黄主任、李组长等朝出晚归，决定防线位置及工程掩体设计，大家分工合作进展颇为迅速，这时我的地位是顾问，地位不同，假如我看到工程上有须改进的地方，我就可以直率主张，不比在上海时只有参谋们说话的份儿，因此我们以往各处所做过的设计画样一起拿来比较得失，舍短取长，如江浙一带的掩体都有门可以上锁，而临时找不到钥匙无法使用，更是徒劳无益，所以这次我们索兴就取消了这个门。总而言之，我们几个人把这个掩体设计反复研究，才决定了一种标准式样，决定以前还用木板做成一个凵的模型，把机关枪、小炮都搬了进去，又请了射击的兵士来批评，务期尽善尽美，至于那防线的位置。则我们当然是外行，不过据黄主任说，因为过去靠打内战的经验，这一带的地形背都背得出来。驻守这里的高级军事人员是李汉魂将军，他居然自己出马，表示了许多宝贵意见。他还讲掩体一个个都应以壕沟联接，其效果更大。不比江浙一带，掩体工程都是孤立不相联贯，那效用就差了。凡此种种，在我看来，应该说当时广州郊外这条防线做得确实够标准，可称是后来居上。

我把各事都安排得一切就绪后，就趁此空间，在二月初旬时赶回去了上海一趟，当我在船上，看这条船缓缓驶入黄浦江时，我在甲板上来回眺望，只见到处景物全非，使人不胜感慨。

我这次决心要回来溜一趟，原因有好多，尤其因我当时仓惶出走，对家里毫无部署，心里牵念得很，再加这年的二月十二日是我和凝的结婚十周年纪念日，能得一小聚岂非佳事。故这一天我和凝带了四个孩子一起去国际照相馆照了一张相，当天晚上约了少数至亲在家举行了个小宴会，适我二姊母女住在我家，大姊是我们不敢相邀的，其他都是我和凝的亲长弟妹，相聚一堂，倒也十分欢忻热闹。地点是在慕尔鸣路百花巷，这是我出走后凝新搬的家。上海租界此时犹在工务局掌握之中，虽人心未免还是惶惶不安，但表面上仍是一切如常。

我这次的回上海，还有一个最重要的打算，即今后我们的居家问题，必须和凝郑重的商量一下，孩子如此之小，最小的犹在襁抱中，而人数又多，我远行在外，把他们留在上海实在不能放心。在本年一月间，乙藜过港曾和我说，资委会改组，设计处取消，将以主任秘书兼工业处长一职请我担任。我当时并未即表示意见，他倒似乎认为这已算是心照不宣了。

我在未去上海前的某一天上午去看鸿钧，和他深谈了半天，下午他来看我，和我同出散步，并一起过海吃饭，饭后又在海边且走且谈，他提出两件事建议我：第一，他认为资委会的任命，我是义不容辞，但对广州的工事，必须要有始有终。第二，他自已打算把留在上海的家，尽早接到香港来，他主张我也应当如此做。后者固为我心所求之不得的。鸿钧和我虽情如手足，但他并不知道我的经济底细，他的经济情形当然不知比我好过多少，可是我这个人在这种地方向来有点顾前不顾后的冒险冲动，等于在一九二〇年看到同学们出洋，自己全然一无把握，竟然也会跟着别人一起去定船票，这种性情一时又会管制不住，那时经鸿钧这样一说，便打定主意，决计把我的全家接到香港来暂住。这便是我这次回上海一行的最大目的。

由上海回香港后，我就直接去汉口，就任资委会新职。在四月初我接到报告广州各区工事，已陆续开工，故五月间我特地又从汉口去广州一次，五月十一日到广州，十三日便偕若干同事如麦蕴瑜、裘燮钧等赴增城徐家岭，十四日赴南冈新塘实地察勘，并与当地各工务所长及办事人员分别谈话，这时各处工事虽已在分别进行中，但限于平时种种办事手续，进展仍不能如预期之快。上海沦陷已有半年，而广州方面的工事还是未能完成，我真是非常着急，因此我建议总部，此项工事必须于六月底以前完工，为达到此一目的，我提出了若干办法，例如：

1.各工务所辖境太广，视察难周，须增加监工人员，予以相当交通工具。

2.能力薄弱之包商，因包价太低，或支配不得其法，虑有赔累，以致不愿多雇工人，因是影响工程，应为其解除实际上之困难。

3.规定奖惩办法，对提前完成之工事，给予包工以奖金，以示鼓励。工务所出力员工，亦宜有奖励，庶人人乐于效命。

4.已完工之钢骨水泥掩体，得由工程处随时验收。覆土伪装，高级技术人员，更须不断轮流在各区巡视，如有工程困难问题，随时就地解决，减少公事往返。

以上第四点，我尤其认为重要，因为当我前往视察时，看见已完工之钢骨水泥掩体，一一暴露在外，未加伪装，而这条线上几乎日日有敌机来往。我就说，我们即使把这些掩体一一伪装了，都难免敌人无所知觉，何况水泥、三和土又白又明显，给人看得一目无遗，我真不能了解，这是什么意思。据工程人员告我说，他们已一再呈请上级验收，但上级的答复都是说等工程全部完竣后再办。我听了又气又叹息，这种官僚作风，倘仍是不能改，抗战而能胜利，真将无天理了。我因此又建议，假如有此必要，我可以来做此事，即各地区凡有已完成之钢骨水泥工事，随时可归我的几个同事来验收，由我负责，以期迅捷，而免延宕覆土伪装工作。这个意见居然很快得到了余总司令的同意。这样完成一个，就由我们这批人验收一个，遂即一一覆土伪装。到了二十七年的六七月间，所有工事，大体完工，这时我在广州的任务已告结束，便又匆匆回到汉口。

资源委员会

资源委员会的前身为国防设计委员会，成立于民国十八年（一九二九），地址在南京三元巷，我自该会成立之日起，即被派为委员，但在最初时期，我并不曾为该会担任任何具体工作，反而在二十三年（一九三四）那年获得该会补助了一大笔钱，助成我的赴欧之行，虽说我在那时把历年所编的《黄河年表》送给该会印行，这也或可以说是有史以来黄河仅有的一部年表，尚足作以参考之用，总算是我的一点小小贡献。

我的参加资委会工作，在抗战开始前后，他们已即和我相约，如果一旦上海失陷，希望我立即转后方参加该会工作，由于有此成约，所以我把广州的工事一再推辞，故后广州的工程一告段落，我立即就去汉口就资源委员会主任秘书兼工业处处长职，这是在民二十七年五月间。

许多人对于我担任此事都认为是一个不能再理想的，因为内外上下都知道资委会有两个主管人，一是主任委员翁咏霓，一是副主任委员钱乙藜，两个人的性情作风大相径庭，相处得极不融洽，而我呢，两方面对我偏偏都很不错，而我对二者间的关系确是都很不寻常，说起话来，颇能发生作用，至少会里的同人们都对我寄予很大希望。因为主管不和，不特公事受影响很大，就是办事的人精神上也实在受不了。我在中国建设学会一文中已有所提到。乙藜当时袭取膺白姐丈的一套法宝向蒋委员长献计，彼此颇为投合，偷偷便这样产生了国防设计委员会，以至于资源委员会，这件事不能说没有贡献。从好的方面来讲：（一）自有资源委员会，中国才真正有国营事业可言。（二）资源委员会网罗的人才，着实不少，而且都是一时俊秀，有实在学问能力，而更具有为国家服务的志愿。（三）抗战时迁厂，一举把沿海特别是上海一般民间工厂移至大后方，关系抗战持久至为重大，主持这件事的人是林继庸氏。（四）钨锑出口，各省各自为政，由来已久，因资源委员会的成立，才开始统一办理，为国家保存不少外汇。（五）自清末张之洞、盛宣怀发轫创办新式工业以后，到了民国，事隔半世纪，已成绝响。自有资源委员会发展钢铁、机器、电工、器材等等工业以后才有所继起。（六）资源委员会的风气相当良好，贪污之风可称绝迹，此在过去中国行政机构中很是难能可贵的。但从可以批评的方面来说，它也有可指责之点：（一）由于主事者的个性过强，有己无人，事事全权独揽，一个簇新的机关渐渐也变成衙门化。(二)由于事业不按企业做法，无形中浪费国家资财不在少数，主事者一味好大喜功，对此初无丝毫感觉。(三)由于国营事业政策未立，细大不捐，不仅贻人以与民争利之口实，即从轻重缓急方面来讲，也不无可斟酌之处。

乙藜的为人行事，我认识得可以说太清楚了，(一)由于他的聪明乖巧有余，很能吸收别人的东西，一转瞬即若固为己有，我为此言，并无过分之处。(二)任何专门问题，一经他过目，都能东撷西拾，头头是道的成了他独到之见。(三)他颇能识人用人，对于人才之培养，至少表面上十分注意，但他有时未免贪小便宜，故资源委员会送上司礼物之风，相当盛行，然从大处来说，他还是算很廉洁的。(四)他做事有相当魄力，因此浪费国家资财不少。他对权贵，有的合作，有的不合作，对不合作的简直毫不敷衍。他在资委会以三字勉同人曰："公，诚，拼"，而特别着重"拼"，他于此最最得意。

我对他的三字会训，曾发表过意见，我说我于"公、诚"二字绝无间言，但对"拼"之一字，以为与其用"拼"不如用"挺"，曾文正的"挺字经"意义深远，无疑胜于"拼"，但他并不以为然。

乙藜向来学的一手怪字，写小字尚能自成一格。他从不写大字，我所看见他的大字，就是资委会的会训。说也有趣，他正式写的会训，三个字只剩了两个字，可见他也觉得陪衬不上，只是他每次演讲时，还是随时要加上个"拼"，这不过是说说而已。资委会各地的职员宿舍有以"公诚"为名者，盖出源于此。

我讲了乙藜长处，现在我要讲他的若干短处。我于民二十七年（一九三八）八月间曾与乙藜作长谈，当时我说的话十分率直，我赞美他的聪明过人，但我批评他自己一无根基。我说他的事业可以拿造房子来作譬喻，骤看不失一宅高大洋房，但不能老是借用他人的基础，我的意思在指出他最初利用膺白姐丈接近了蒋先生，几乎言无不听，计无不从，蒋先生对一个青年的信任竟能到如此地步，实在难以令人置信。国府定都南京以后，有一个时期，每次纪念周都由乙藜担任讲话，事后有人批评会场上坐的统是老前辈，只见一个青年人在上面指手画脚，连蒋委员长也坐着恭听。每次纪念周以后，报纸上总是登着他的讲演。他依赖着蒋先生始则为国府秘书，继而教育部次长，最后则做到资源委员会主任委员。俗气一点的说法，已是部长特任阶级的地位，他自己也隐隐然以此自得，及至翁先生已被他利用得差不多，他又送秋波于宋子文失意之际，巨眼识英雄，两人成了莫逆，也可以说是国府秘书时期，得膺白姐丈之助，又于国防设计委员会时期，受翁先生之撑腰，到了资源委员会时期，得力于宋子文的支持不小，宋其时掌握国家财政，同时又为中国银行董事长，乙藜这种地方确是有他的一手。

至论翁先生之为人，学问、道德、操守，在在令人尊重，只是他有一个缺点，即气度狭窄，疑心病很重，而他的疑心并无别的，就是疑心人家瞧他不起，这完全是他自己莫须有的心病，但在翁心中却根深柢固，牢不可破。二十八年（一九三九）四月，翁适因事来港，我把上年八月间和乙藜的谈话和盘托出的告诉他，我并指出根据我在会数月观察所得，觉得翁对乙藜确有不满意之处，无可讳言。我说到此，翁即插言，并非他处处要防范乙藜，实因蒋先生叮嘱要如此。我说乙藜对人事确太疏忽，公事上又处处不顾到自己职守，论其症结所在，实因乙藜少年得志，涉世不深，办事犹缺少经验而生性又好大喜功，不切实际，但平心而论，其心无他，做事很想要好，对翁决无恶意，而且他在外处处说翁好话，为翁做功夫。我又率直的说，翁与乙藜间之权责不清，这是一件很可遗憾的事。为今之计，彼此必须开诚布公划分权限，由翁授权，何者可由乙藜负责，何者代行，何者必须商而后行，如此必可减少磨擦。我更加重语气的说，我的从旁观察，感觉资委会一般同事，均甚可爱，虽其中多数由乙藜引进，但对翁无不由衷尊敬，出于肺腑，非普通机关中一般僚属对长官之尊敬可比，此固由于翁之学问道德人格令人起敬，更由于今日领导国家经济建设之责任肩于翁一身，而同人中不乏有志之士，无不因此有所自效，倘翁误以为同事心中只有钱而无翁，我保证决无此等事实。

我又对他说建国一事，经纬万端，简单言之，欲求国家现代化，舍工业化，国家无由实现重工业之建设，时不我予，已不容再蹉跎。资委会使命重大，两位主管之责不轻。上年十月间，本会矿业处处长杨公兆回渝，我曾托他代致意，我特别提到一点，翁先生乃是我等前辈，钱有缺点，我等已知无不言，甚希望翁先生以前辈胸襟，原谅教导。目下资委会正在风雨飘摇之中，若二位不和，同事离心，瓦解堪虞。我和翁这次谈话时间甚长，日期为二十八年（一九三九）四月十八日的晚上，地点在翁下榻的九龙半岛酒店，临别已是深夜，翁向我说很难得听见这种话，他表示很感动，并且愿意一一接受。

我自二十六年（一九三七）冬就资委会主任秘书兼设计处处长职，在此期间，因广州外围军事工程去广州一段时期。二十七年（一九三八）三月资委会改组，设工业、电业、矿业三处及经济研究室，我继续担任主任秘书，改兼工业处处长。电业处处长初为恽荫棠（震），继改陈中熙，矿业处杨公兆，经济研究室孙恭度。至同年六月，我忽患盲肠炎去港开刀，我一则以病，一则以终日在翁、钱之间作调和工作太无意义，遂决心借此摆脱。论我在资源委员会实际时间，实仅短短三四月。我担任主任秘书时，曾约许元方（长卿）相助，工业处则约杜光祖、徐名材（伯方）、沈嗣芳（馥庵），其时资委会人事很简单，每处仅寥寥数人。

我在资委会做事实不曾有何贡献，只在内部管理方面有若干举措。初到，我不知怎的根本没有注意到，第一资委会附属机关甚多，每年来往电报是一笔大宗支出，但自该会成立至今已是数年，从不曾有一本自用电码的编制，每一来电照例有"翁主任委员，钱副主任委员钧鉴"十三字，单举此一例来说，只消规定"翁主任委员""钱副主任委员"各一字即可。此外明知机关行文不能免俗，"勋鉴""钧鉴"一时还改不掉，则用一字也就成了。若更将会中通用字句，用一番检讨功夫，制成"成语电码"，如此不仅译电省事省时，一年间所省的电报费，就不知要减省多少，我想必将是一笔很可观的数字。第二，资委会的工友，均有来历，管理颇发生困难。我便和会中同人商量，工友进退必须以全权交与庶务，因此任何人不得推荐工友，如此即可消除一般倚仗背景恶劣的习惯。这事一经实行，情形即大有改变。第三，资委会虽以委员会自称，自是亦有若干委员，我即为其中委员之一，但从来很难得开会，二三年来难得有一次，同时内部各处亦绝无会议联系，大小事全由正副主任委员独揽，此种过度集权的办法，实属罕见。即以公文而言，任何来往公文均须经正副主任委员过目，甚至一件极不相干之事，亦非二人画行不可。我因建议翁、钱从提高效率着想，如果授权与我，我极愿分析公文性质，何者我代画行，何者仍送经他们过目。我更露骨的说，如果连这一点都不敢放心，要主任秘书何用？他们总算同意了。实行之后，公文的旅行显然缩短了不少时间，一时内外为之称便不已。其实若完全照我之意，我还想一路授权下去，但这一点当时都并未完全做到，并且自我辞职之后，新制又立即取消，大概翁、钱非但对部下不放心，连他们二人彼此之间亦不放心。以一新式机关，负的是建设国家工业使命，而只此一点行文之事，仍抄袭这种衙门式办法，不知改革,诚令人不胜感慨之至。

我在资源委员会这段时期,我自己常深自叹息,我这个主任秘书的职务,每天好似就做调人、管杂务,实在太没意思了。最可笑的我还记得有一天我适出外参加会议回来,会中同事咸来相告,说方才翁先生曾大发雷霆要将庶务赵某开除,其于盛怒之下,并说否则自己宁愿辞职以去。我于问清楚了情形,才知起因只是由于翁在楼下办公,而那天翁室内的电铃适有故障,出外唤工友,又看不到一人,这原是极寻常极偶然的事,但翁在此一情形之下,竟想入非非,以为这是机关中上上下下的人不把他放在眼里,今天连工友都瞧他不起,是可忍,孰不可忍,这时他愈想愈有气,自己抱了一大堆公事上楼,向秘书处桌上一抛,一面并将庶务唤到自己办公室,大骂一顿并告诉他:"你如不走,我便走。"一个主管长官,如此出乎常情的多心,真是不可思议,而且为了这一点点小事,闹到如此地步,实在不成话。这时会中所有的人都不敢去见他。我想了一想,这乃是我的责任所在,我应向翁表示我的想法,故我不等他开口,就先问今天出了什么事故,现在庶务已来辞职,我有意的就接下去说,我觉得把他另调一个工作亦未始不可。若因此小故而准其辞职,似可不必,我又说这一切都是我的职责范围以内之事,可否让我来处理。翁此时气已消退,闻语即点头同意。我想当时若果真任翁之初意,将庶务撵走,恐怕连他自己都会后悔的。过了若干日,适会中某附属机关要人,愿用这庶务,而本人又来求去，这一风浪可以说消灭得很自然而不留痕迹。

我在汉口短短时间，还发起了一件事，虽极其平常，但在当时自觉颇有一些意义。缘我在二十六年（一九三七）冬，从上海启程到内地，时适当"八一三"抗战初起，目睹敌方猖獗横行之情，非但不为之气短，且抱有同赴国难的心理准备，经过三个月的淞沪抗战，尽管国军节节后撤，但由于最高当局的决心，我看清楚这场战争决非一年半载可了，当然在那时候也绝想不到会拖到八年之久。在离沪前凝为我整理行装时，我曾再三叮嘱只带旧西装，新的一概不带，我还强作开玩笑的口吻说："等我回来和你在一起时再穿。"我说这话内心真有说不出的沉重，我再也想不到当时后方的重镇——汉口，却毫无一点战时意味，公务员无事可做，再加当时那里绝无通货膨胀情形，物价十分稳定，因此一星期中总有好多次应酬，请客之风可说盛极一时，我由前方初到，实在有点看不惯，我立定主意不去和他们随波逐流，因此每遇到有人请我吃饭，我总是婉辞以谢，别人还不一定谅解，只觉我的性情乖僻。

过了一段时期以后，我觉得这样下去，总也不是个办法，我便反复的想了一下，首先我得了解了解，这里一般的公务员大都是先头部队，而且家眷都未同来，他们的这些活动，虽名之曰应酬，而事实上大半为的是消遣和解决吃饭问题，但久而久之，便形成了酒肉征逐之状，后来我暗暗的观察，发觉这些互相请客的人都不外乎是同学、同乡、同事而已，因此我便发起了若干种类的聚餐方式，按以上性质各别分组，按月举行一次，并拟定一叙餐公约，其中条文，重要者有：1.参加叙餐者应彼此相约，不再另有互相应酬。2.每餐以不超过十元为度，叙餐者每人各纳餐费一元，不足由叙餐轮值人处置之。3.叙餐轮值人每次三四人，轮流担任。4.司机车饭钱各人自付，烟酒尽量使用国货。除以上各条以外，每次聚餐，均须请一人作简单演讲。此法一行，几乎每星期每人都各有一个聚餐会，而且很多人都在一起，又热闹，又可听演讲，从此酬应之风就销声绝迹。

我初到汉口是住在满沙街资源委员会内，我的房间是下房中较大的一间，隔壁住着的是孙恭度，我们二人的门口正好装着有电铃，电线通乙藜的办公室，也就是他的卧室，乙藜有不可救药的大少爷习惯，数步之内，为一点小事，就要用电铃叫工友去请人，如此一天到晚就只听他按电铃，而我的房间适当其冲，真是不胜其扰。因此后来我再到汉口，即和沈立孙（昌）、李木园、卢祖诒、杨公兆在郊外怡和邨租了一所花园洋房，每人每月负担费用百元，虽上下班要坐黄包车，但生活较有趣味得多，只是辛苦了立孙，这屋子里的事都是他在主持。哪知这样的生活只有一个来月，我忽然发现慢性盲肠炎，寻到了上海疗养医院的Dr. Miller为我诊治，他主张立即要开刀，那是汉口已开始在疏散，资源委员会已在重庆看定会所，而且一部分同事已经西上。在这种状况之下，立孙为我策划，以去香港进医院割治为佳，他为我购机票，打长途电话给俞鸿钧，立刻就启程飞港，及至我飞抵九龙，凝和鸿钧都来机场，已为我定好房间，在跑马地养和医院，并已约好该院院长李树芬为我开刀，因此下机后，经过家门，仅仅在大门口和四个孩子见了一面，直接就驰往医院，休息两天，第三天就施手术开刀，其经过极为顺利良好。我在医院住了十余天，凝日夜在医院陪我，而且最小的女儿要自己喂乳，幸谭文庆家就在医院附近，就把孩子和女佣寄住他家，凝就可以天天跑去哺乳，亦真煞够辛苦。

自此以后，我便在香港休养，费了相当时间才把我在资源委员会担任的职务辞去。在这期间都亏我们的家已经迁定在香港九龙太子道，找到了一个相当理想的顶楼，我得以安心的养病。其实盲肠炎并不算甚么了不起的大手术，但对我最大的影响厥为动手术以后，视力突然的衰退。我素来并无近视，从未戴过眼镜，但在开刀的第三日，在拿起报纸来看时，凝发觉我拿得很远，而且还是看不清楚，这样才知道我已突然开始远视了。后来过不多时，远视的程度更是加深，不戴眼镜简直无法阅读书报。可见虽是一个小手术，其影响亦属不小。

我这一病化去我在上海历年的储蓄三分之一，而我病后又不能立即回汉任职，以我的立场言，自不得不请资委会停薪。说也可笑，资委会的态度妙得很，一方面对我的辞职一再挽留，而一方面却立即接受我的请求，停止我的薪水，于是我和资委会就在这种深堪玩味的情形之下，告一结束。

但翁先生当时系经济部长兼资源委员会主任委员，他托杨公兆和我来说，希望我能就该部水利司司长，翁先生的话说得十分恳切诚意，而且还以自己当年与丁文江先生创办地质调查所的经过来勉励我，应以水利视为我的终身事业，无论为培养人才，奠立水利研究基础，都希望我能允就。我为此事确也细细想了一番，我认为翁先生的话是对的，但经济部的水利司只是一个行政机构的挂名差使，不啻为名义上安插个位置，以当时的中央机关言，很难有事可为，我因此不曾应允接受，但对翁先生的好意，我是十分感谢的。

水利司的事过后，铁道部的张公权部长，由于沈立孙的从中拉拢，忽以叙昆铁路一事相属。当时后方有两条新的铁路准备建筑，一为滇缅，一为叙昆，铁道部因此特组了川滇铁路公司，以立孙为该公司总经理。我和公权先生在抗战前因有一点渊源，他当时十分希望我能辞去上海市工务局，改就该部任何一条铁路局局长，主持一条新路。在抗战前夕政府锐意建设，特别在交通方面，有不少铁路均待筹备兴工，我国铁路人才本不算少，但在此种情形之下，未免顿感缺乏，因此公权先生便想到在铁路界以外找人，我当时因种种关系未曾往就，于心不无歉然，这是第二次，使我对他不无知己之感。但到了最后，我还是不曾就叙昆之事，而由立孙自兼，当立孙兼此职时，还一再和我商量该路人事，他的意思希望我病恢复以后，仍能往就，我感于其诚，便介绍了两位朋友，一为叶鼎（刚久），一为郭则溉（铁梅），这二位都是铁路界人，与立孙素不相识，但因我的关系，刚久即被派为税务处长，铁梅则为某段的总段长，都与立孙成了莫逆。我叙这事，以表我做事的原则。

　　过了一个时期，翁先生又给我一电，希望我为资源委员会筹备云南钢铁厂；我以此事既非专门，而且离题实在太远，诚使我无法考虑，只能驰电婉谢，但翁先生对我之种种美意，我是永铭于心的！而我与资源委员会这段因缘亦就仅至于此而已。

甘肃水利林牧公司

我家在香港不知不觉一住就是三年，及至民二十九年六月间，港九的局势显然的渐趋恶化，是月二十八日港政府广播有疏散英妇孺消息，不少旅港友人均作遣家去沪之计，亦有直接转往内地昆明及重庆等地，七月五日，果然第一批英侨撤往马尼拉，人心愈形惶惶，开往外埠之船只纷纷定票一空。当时我和凝商议，假如大局就此恶化下去，那是无话可说，我们只有坐以待变的一法，设或竟然好转，人心必然会松弛下来，但我们必须下决心，立即作离港之计，路只有两条，一回上海，二去内地，去内地是正办，但必须预作布置，我的主张凝携四孩先回上海暂住，我则去内地选定卜居之处，可以从容布置，但无论如何香港决不能再住下去，因为这是事实问题，我们的经济条件实已无法支持下去。

有了这个决定以后，凝便于八月三日携带四孩及大孩的乳母搭德生轮去上海，岂知船尚未启碇，三儿忽患痢疾发高烧腹泻不止，船上又无医生，真是狼狈焦急不堪，幸凝尚记得一秘方，即向船中厨房要了大串蒜头，捣碎了不停的给他灌蒜汁，船到上海，病已霍然，这真是莫大的幸运。

我自凝等行后，还在香港留了一个时期，和江季平、张师竹同住在一起。在这期内，我只是赶编印着那部《中国经济建设纲领》初稿。九月二十二日（旧历八月廿一日）是我四十初度，凝特地一人由上海来港庆贺我的生日，这一小别重聚，真有无可言喻的滋味！到了十月十一日凝即回上海，我则于十月三十日半夜由九龙飞渝；此一时期的客机，为避免敌机击袭，均改于中夜飞行，这完全为安全的目的。

到了重庆，我就下榻牛角沱资源委员会，一直到年底都未离开重庆，只在十一月下旬，曾偕乙藜、汪楞伯及若干资委会同人循公路到成都一次，顺道游自流井、灌县诸名胜。自流井的地下盐井，真是天造地设，好像专为抗战准备的。那时沿海尽失，若无自流井，后方食盐必将成为问题。在灌县瞻仰离堆、李冰祠、二郎庙，二千年前的灌溉工程到今日效用依然，在全世界恐怕寻不出第二个来。

我在成都一直等过中国工程师第二届年会，该会于十二月十二日九时开幕，十时半忽有警报，立即停会，纷纷向城外奔跑，一时秩序很乱，但不一会就即平定。那时四川省政府主席为张岳军，我在这次年会中以工程师副会长资格出席，会长为陈立夫。那天开幕之时，我曾发表《中国工业化的几个根本问题》一文，次日重庆、成都以及香港各报均皆登载。十五日年会闭幕，假励志社宴请各界，由我代表学会致词。那天说话的来宾很多，有邓锡侯、刘文辉、张岳军、黄季陆等。许多人赞誉说我的致词最为动听，这是因为我事前问谢济生应当如何措辞，他说四川人爱恭维，走这条路线就对了。我就采用了他的意见，但亦不太过分，叙述一些年会的收获以后，我还夹说一个临时编出来的笑话，好坏我不知，我只注意全场五六百人，屏息静听，一点声息都没有，却是事实。

早在香港时，我已接亚民来信，希望我能去西北办水利，恽荫棠亦有信来敲边鼓，我自到重庆，就不断为这事交换意见。亚民对事一向有些粗枝大叶的作风，对问题不太深入的想，只是一味对我打气，他能看到西北水利问题的重要性，这是很难得的。我和他说，我对这问题的认识，决不亚于他，但问题在如何做法，我不能同意他设立公司的主张，我承认开发水利以后的效果，尤其在这向来缺水的西北地方，一旦水的问题得有解决，其利益之大简直非言语所可形容，但这种利益多半是间接的。因此开发水利一事，须由国家办理，才是合理，因为国家可以从远处大处着想，不求近利。公司则不然，盖公司乃以营利为目的之企业组织，虽有大笔资本，必须能保本付息，而办的却偏偏是于人民有益，于公司无利的水利，我真想不出怎样去办，此其一。他们这次要我去办的，乃甘肃的农田水利，有不少人看到了近年关中水利事业的发达，但不知陕西的地利远胜甘肃，因为甘肃多山，不但工程上之困难重重，尤其因缺少平原，使灌溉之水无用武之地。例如陕西任何一渠起码可灌数十万亩之地，但在甘肃，能灌三五万亩者，已不可多觏，甚至有少至万余亩者，就工程经济言，实在大大不利。此其二。再者论到森林、畜牧，此二者皆须要下大本钱之事业，如此使公司更难进行，此其三。再论到我自己，生平从未尝试过从事商业方面之事，今希望于我接受一个商业方式的公司，而我的任务是总经理，办的是水利、森林、畜牧三项，其中只有水利是我内行，并且局于技术方面，这付担子不轻，只怕对股东不能交代，此其四。我倒多方的为银行想过，总觉期期以为未可，但身在银行的亚民，却毫不在意。他说银行有的地方大笔大笔的挣钱，就该在有的地方大笔大笔的花钱，这才像个国家银行。他甚至说："这是中国银行准备为国家向西北地方送的一笔礼。"他又表示，一切有他，叫我尽管放大胆子向前去做。讲到亚民，这个朋友的一股子劲实在难得。最后我们达成谅解，先去西北实地一行，再决定就否。

三十年（一九四一）四月四日我和亚民二人便坐了汽车沿公路由重庆出发，当晚宿内江，五日至九日在成都，十日继续北行，经旧驿道，两旁古柏成行，长逾一百公里，遂至剑门关，晚宿广元，十二日经沔县，所见有正在兴工中之汉惠渠，又经武侯祠及马超墓，晚宿汉中，这一路上的一草一木无不是三国时的古迹。十五日经褒惠渠，公路沿马道行，马道者，相传即萧何月夜追韩信之捷径，过庙台子，有张良庙，风景幽绝，晚宿双石铺，十六日宿天水，十八日抵兰州，我和亚民都住在中国银行，其时中国银行的经理是郑相臣。

到了兰州，即忙于拜访第八战区长官朱绍良和省主席谷正伦。谷来此未久，朱即其前任。当下谷、霍便大谈开发甘省水利计划，四月二十二日即发表甘肃省农田水利林牧事业合作办法，由甘肃省府与中国银行合组甘肃水利林牧公司，资本为一千万元，行七省三，并决定即于四月廿四日举行公司成立大会，并且不由我分说，强我担任公司总经理。职在这种形势下，我已无法再事推却，只有勉允担任。成立大会在省府大礼堂举行，朱长官、谷主席、亚民及我都先后致词。朱、谷对我说了许多推崇的话，朱甚至说，他早就想我来甘，但翁先生不肯放，这次却是蒋先生特地派来帮助甘肃办水利，这是何等难得的事。这些话实际都是信口开河，毫无根据，完全是他编出来的。亚民致词更是令人发笑，他说起灌县的二郎庙，不说他希望我做西北的李冰，却说希望我做二郎，可见他没有把这段历史弄清楚。我那天的致辞只举了下列几点：

水利之益极大，今以公司方式出之，则公司所能得到的利益恐将极小。甘肃水利林牧公司的组织空前，但由是益见前途工作之艰巨，甘肃并非水源不足，但平地太少，陕西则异是，论条件自大不如陕，但人力未尽，仍大有可为。

凡甘肃可灌溉之农作地当尽量开渠，以谋开发，将来公司羽毛渐丰，当继之以水力之开发，在发展农田水利时，同时亦须着重森林畜牧，假想五十年或百年后之甘省，山上有树，路上无灰土，农业现代化，交通便利，而与本省农业相配合之各种工业，亦有长足之发展，此事必须技术家努力，社会加以辅助，以完成西北经济建设之重大使命。

开幕之成立大会过后，接着就开第一次董事会，推宋子文为董事长，并通过聘我为总经理，规定以三个月为筹备期间，这样我便匆匆的非赶回重庆不可，于二十六日即离兰去渝，因为关于人事部署及其他种种非重回重庆不可。一路我仍是和亚民同行，绕道西安，游华清池，晚宿蒋先生蒙难之室，次日登华清宫后山，远眺秦始皇陵，返西安游城外大雁塔、武家坡及宣帝杜陵等。二十九赴泾阳参观泾惠渠，原拟谒李宜祉先生墓，因中途桥断未果。归途访周文武陵，三十日赴王曲访胡宗南将军，这是我第一次和他相见，胡在当时为众望所属之一代人物，不太多说话，与我等见面时常有坐立不安之态，甚为可怪。我们在西安虽仅三四日，而且赶路心急，但我带有一册日人所著之《长安故迹考》，按图索骥非常有用，且为旅途平添不少兴趣。五月一日抵华阴,我和亚民还抽二日之暇同游华山北峰,中途遇雨,遂宿五云峰,次日上金锁关,备有轿子,但我还是走路较多,当晚回西安。次日与亚民访长安酒肆,不见其所,未免失望。五日由西安搭陇海铁路车到宝鸡,这是抗战以来我第一次坐火车,自是另有一番感觉,至是西安之行遂告结束。六日由宝鸡仍坐汽车沿来时公路南下,十一日抵渝,经歌乐山,适二姊、平妹均在此,遂未入城。二姊甫于不久前由李庄来,相见甚欢。

我以公司所限筹备期仅只三月,不宜耽误,在重庆二星期,分别约定郭则溉(铁梅)为公司协理,暂兼水利部经理,赵世暹(敦甫)为水利部副理。郭、赵皆为我同济同级同学,但出校以后从未在一起共事。郭一向在东北办铁路,为人精细,可惜健康不佳;赵精于水利掌故,一直在水利实验处担任编辑工作。公司设协理二人,我拟得一人懂技术,一人则须懂经济,因此约定郭以后,即访蔡承新于南宁,恳其出而相助。我识蔡系在游美时,彼为经济学家。彼曾语我,回国后,拟去西北发展,因此我想到他,希望他惠然肯去,但结果却未能如愿。然而最使我高兴的莫过于公司要邀请的三位主要部门的主管,居然全被我邀请到了,都是知名的专家,尤其水利部门的总工程师,那是何等重要的一个职务,我聘请的是周礼(致平),那时他在广西农贷会担任总工程师。森林部的经理是邓叔群,清华出身,留美习林,曾任中大教授、中央林业试验所副所长,学问、经验俱臻上乘。畜牧部经理乃是甘肃建设厅长张心一所推荐,惟人犹未到兰，张本人是畜牧专门，他所保举的人决不会错。其他人员大致都已请定，故内部可算已安排妥当。我因人事部署大致已定，便于六月八日抽暇由重庆飞香港，与凝面商今后居家问题。

我到香港，凝已先一日到达，我把西北的公私种种情状，以及普遍的民生生活水准都一一详细的讲给她听，凝毫不犹豫的决定回到上海后立即作移家去兰州的准备，这时许多朋友都劝我们不如仍是搬回香港来住为是，何必路远迢迢去到如此闭塞的西北。说来有趣，当我住在香港这几年，偶尔去重庆勾留一时，住惯香港的人，都觉得这是一件了不起的事，如今我在重庆住了一时，正将作西北之行的打算，重庆的朋友们又都为我关心，怎样好去得这样荒凉的地方，他们认为这一去虽无当年苏武、李陵追奔逐北之况，但人人都期期以为未可。这次我到了香港，许多人向我争来问讯，他们大有点"不知有汉，无论魏晋"的况味，我尽管一一详告实况，但闻者皆为之摇首叹息不止。我和凝原定六月底各自分别乘机飞渝去沪，适遇台风过境，迟至七月三日才同日启行。在重庆我未多停留，即去兰州，经成都停一宿，十日即到兰州，下榻于中街子五十三号张心一家，那时铁梅与敦甫已先到达，同住一起。

七月三十日和甘省府签订了两件契约，一为省府委托公司办理工程合约，又一为移接甘省各渠工程及查勘队办法。代表省政府签字者，为当时甘省建设厅长张心一，公司方面则由我代表。甘省一向不曾设水利局，所有农田水利之事均归建厅直接掌管，自此以后，建厅就把这一部分的事业划归公司办理，公司不但替它计划、施工、保养，而且还替它垫款和尽筹款之责，全国当时没有第二省有这样办法的，可说这是一个空前的尝试。三十一日我和心一交换意见，决定八月一日起对外宣布公司正式开始办公，其时公司已觅定马坊街二十四号交通银行旧址为办公地点，但因交行须至八月中方能迁出，为免于耽误时间计，暂设临时办事处于中街子五十三号。开始办公的第一日，全公司办事人员只有我、铁梅和敦甫三人，此外则有向西北公路局临时借用了一个办事员傅宾来君，而傅照旧每日在路局办公，仅下班后来帮一会忙，但这一台戏就此开锣上演了。

关于公司营业方针有如下之拟定：

（一）水利：不以牟利为目的，但须能保本付息。

（二）森林畜牧：以牟利为目的，但不斤斤于近利，平时须能保本付息，日久须有利可图。

（一）下心一复加注解释"公司并非不以牟利为目的，所不同于一般者乃舍近利，谋远利，舍小利谋大利"，此言实获我心。

"置之死地而后生"，此言大有至理，关于水利部分之保本付息，居然被我们想出了办法，订在委托公司办理工程合约中，这是一个总委托合约，因此条文内容中无非就是若干重要原则，如前所云，甘省府不必设水利局，而有人替他办这部分事业，在事实上每月替省府省了一大笔开支，但在公司方面却实实在在请了一大批人为省府服务，而这笔开支又从何而来呢？于是我们便和省府当局交换意见，准许公司按实支工款，收取百分之七的管理费，即在贷款内扣除。负责供给农田水利的贷款为中国农民银行。关于此层处置，农行最初颇有异议，但因省府实在拮据，只得作事实上之默认。公司有了这笔管理费的收入，经济方面的难关才告突破。

公司成立以后，我们即开始接办正在进行中的湟惠、溥济二渠，和正在筹备中的汭丰、兰丰、永荣、平丰四渠，同时即接办水利勘队。关于甘省渠工的名称，过去抄袭陕省办法，于取水河名之第一字之后缀一"惠"字，此虽小节，我却和甘省府当局表示了一些意见，我以为已完成之渠如"洮惠"及即将完成者如"湟惠"及"溥济"殊无再事更名之必要，但对于新渠之题名，我建议不用"惠"而改用"丰"字，其上则冠以地名或河名，倘一地而有二渠者，则第二渠用"乐"字，第三渠则用"京"字，实际很少有三个渠以上的任何县份，这样定名方法显然有好几种，其好处第一，一望而知为甘省之渠道。第二，一望而知为某县或利用某河之水之渠道。省府当局闻此甚为欣赏，竟提出省府会议中郑重其事的通过这个定名提案的办法。

我在甘肃三年余，在河东经手的各渠列表如下：

渠名	水源	渠长（公里）	受益田亩	
湟惠	湟水	三一	三〇、〇〇〇	（续办）
溥济	洮河	一九	三五、〇〇〇	（续办）
汭丰	汭河	一三	一〇、〇〇〇	（新办）
永丰	黄河	二五	二三、〇〇〇	（新办）
永乐	大夏河	二五	四六、〇〇〇	（新办）
靖丰	黄河	一八	二〇、〇〇〇	（新办）
洮惠	洮河	二八	三五、〇〇〇	（整理）
兰丰	黄河	七五	一二〇、〇〇〇	（筹备）
平丰	泾河	八三·五	八〇、〇〇〇	（筹备）

甘肃省在地图上有一很长的地带，介于宁夏、青海之间，这就是有名的河西，也就是我们的祖先和匈奴累年争夺，卒被汉武帝所征服的这条走廊。河西与甘肃其他部分（姑名之曰河东），论地势迥然不同，河东犹如上文所说，全是高山，只有在河岸两旁偶然有些平地，大半为两山所束，成一条狭狭的带形，展布不开。河西则不然，从兰州向西北走，不知不觉的爬过乌鞘岭，这是一个分水岭，岭以东为河东，岭以西即河西，一望无涯，完全是一个大平原，这分水岭不仅区隔河东、河西，更重要的它是中国全部河流的分水岭，因为岭以西的河流全部流入沙漠，而岭以东的河流，全部朝宗于海。乌鞘岭三字有时尚不见于地图，有之亦只有小小几个字，但其重要性却有如此。我

前后来往此岭，不下七八次，岭顶有韩湘子庙，而每次过岭总是忽晴忽阴，忽风忽雪，这岭是出名的气候变幻无常。过了岭以后，一路都是平原，左首祁连，西首为大沙漠，但在河西公路上行走，经常是看不见沙漠的。河西走廊内较重要的城市，至今还是武威、凉州、张掖（甘州）、酒泉（肃州）、玉门，这几个地方。敦煌（瓜州）地位在古代甚为重要，今则已非昔比。但自发现唐代藏经石窟以后，已成为中外闻名的地方，凡旅客经此必要细细观摩，其原因自是"很有神秘"了。

三十年（一九四一）抗战第五年正月二十一日，蒋委员长约我在曾家岩官邸午餐，同座仅顾孟余先生和纬国。事前我并不知约吃午饭，最初的通知只说约上午十时往见，后来又有电话改十二时，并未提吃午饭，因此我急急忙忙吃了一点东西。这时我住在牛角沱资源委员会内，离曾家岩并不远，但由大路口至官邸一段路相当长，而且五步一兵，十步一岗，为避免检查麻烦，任何人去官邸都是设法坐了汽车去。那天我借的是资源委员会汽车，有特别通行证，更是方便，到时，正是客已见完，只顾孟余先生在座，我自十二时起至下午二时半散出止，一共二个半小时，这是我和蒋先生在一起时间最长的一次，饭前饭后，他问了我许多问题，兹就记忆所及记录如下：

　　问：顾先生说起，你不久要去西北，你怎的会有此兴趣？你对西北的看法如何？

答：委员长在这二十年来一直领导反共，用军事力量想把这问题来解决，由于您看到共产党是今后中国的一个大问题。但共产党何以如此"猖獗"，简单说来，当前没有饭吃的人太多了。因此我从工程师，尤其在水利工程师的观点看这个问题，觉得今后国家倘能多多注意水利建设，尤其在地广人稀的西北能广事发展灌溉事业，这无疑对于人民生计及国家前途有莫大的助益。我之愿去西北工作，其原因在此。

问：你认识的工程师一定很多，你们对这几年的抗战有些甚么感想？

答：这几年来，一般的工程师实在太兴奋了！因为他们在抗战国策之下，都有贡献其能力于国家的机会，同时他们更期待胜利到来之后，国家建设工作必将大规模地展开，届时工程师将有更多的机会贡献国家，因此他们的兴奋更是无以复加。目下一般人生活虽苦，但都能埋头苦干，毫无丝毫怨言，即因对国家未来存着一种美丽的远景，无限的希望。

蒋先生听我说时总是含笑颔首，显然的脸上满露着一种欣然色喜之情。再加那天蒋先生特别高兴，因为正巧那几天新四军的问题有了解决，苏俄方面并不见任何反响。

在这次见过蒋先生以后，不久我便去了兰州，如前文所述。到了次(三十一)年,即抗战已进入第六年,这年八月是很可纪念的一个月。缘八月一日乃甘肃水利林牧公司成立周年,但并不曾举行任何仪式,只是集合全体同人在一起拍了一张照。八月二日起中国工程师学会及各专门学会在兰州举行联合年会,在省城大大热闹了一场。

年会方过,在八月中旬,蒋先生来西北巡视,是月十七日先在西北训练团训话,听者为西北党政军全体人员,其后随即又在甘肃省政府分批召见人员,我亦随班候见,只是少少谈了几句。二十二日蒋先生忽来电话,要我去兴隆山行辕见他。兴隆离兰州又有好一段路程,整个西北恐怕只有这一个处所才接触得满山茂树,鸟语花香,确是个幽美风景的所在,甘省府为蒋先生特备行辕于此。是日下午我搭别人的车前往,我到时,候见者才寥寥数人,直到别的人散尽后才传见我。在这时我便趁此机会向蒋先生提出了发展河西水利的意见。我在来以前已归纳我想陈述的计划,写在一张小纸条上:

> 拟于五年内在河西一带开发及改良灌溉面积一百五十万至二百万亩,以供应三十万至四十万人口之常年粮食需要为目标,如能利用兵工,每亩工程费以低于一百万元计,共需经费一万五千万元至二万万元。

蒋先生听后当时只说我一定帮助你实现这计划,他问我要了这张小条子去。果然不出数日蒋先生还未回重庆,在九月二日行政院会议中通过每年补助河西开发水利费一千万元,十年为期,所有工作责成甘肃水利林牧公司负责办理。那一日蒋先生和我二人在房间里谈了大半天,已是引起人们注意非常,而今过了不多几天,又这样的划一笔巨大经费给公司,人家更觉得是一件破天荒的大事,公司中所有的工作人员都为之有不可名言的兴奋。

三十二年三月公司便在酒泉、张掖、武威三处各设一工作站,而以酒泉为总站。次年九月安西工作站继之成立,我于工作站同人出发之前,和他们说有这样一段谈话:

政府把开发河西水利的重任交托给我们,现在各工作站即将分别成立,我们大家都觉得此去必须把这事情办好,这是不消说的。我们现在有了人,又有了钱,可是这件事应当怎样去办,才不致失败,这着实需要有一番检讨,我所要贡献于各位的意思如此:我要提醒各位,下车伊始,切不可太刻板,太是一般工程师作风,当然我也明白,一切工程设计均须凭借水文数字,但如我们一到,就只注意测地形,搞水文测量而忽视了老百姓迫不及待的需要,缓不济急,一定会使他们失望。因此我不是说水文站不必设,测量不必办,但我主张你们到了当地以后,最要紧的,先来一个下乡访问。西北最最缺的是水,水是老百姓的命根，有了水就可种地，种地问题由此解决。河西这一带本来有不少渠道，你们就可于访问之中，弄明白问题的症结何在。依我猜想，乡间有的是人力，他们对这一点是不感缺乏的，所缺少的，不外经费、材料、技术，如果缺的只是钱，则我们就帮助钱，缺材料，我们就帮助材料，再或有技术问题可能他们将认为最难的，你们便可告诉他们，你们都是工程师，只要他们出力，任何技术问题都可为他们解决。

这一队工作站的几个同人倒是很接受我的指示，的确全照我所叮嘱的实行下乡、访问，结果果不出我所料。于是在第一年开始，即分别性质，一一根据需要以补助之。这一工作我们确获致相当的成功。甘肃水利林牧公司的前后经过附录兰州中央社电讯于下，这也可作我在甘肃从事水利的四年报告。

附录：甘肃水利林牧公司

甘肃有六百七十多万人口，有三十二万五千方公里面积，但可耕地仅为六万五千四百五十二方公里，占总面积百分之二十，其中之已耕地则仅一千七百六十余万亩。黄河流域，弱水流域，渭泾流域及白龙江流域，本来都可以成为"塞外江南"，如今则为"人间地狱"，黄土上最缺乏的就是"可灌田之水"。

一、介绍甘肃水利林牧公司

中国银行在抗战中间的最大成就，是在西北奠定了经济的基础。一个是从事工矿运输的雍兴公司，一个便是甘肃水利林牧公司。

甘肃省政府的建设厅长张心一，本是由中国银行成长起来的人，他有了政治地位之后，对于省内的建设，决心鼓励资本主义的发展。在水利一方面，他委托省与金融界合组的甘肃水利林牧公司来办理，该公司同时还负起中央委托，有开发河西水利的全责，在举国重视西北的民国三十年八月宣告成立了。

甘肃的地形像一个扯长了的变形虫，而甘境的水利分布，则像一条多头的蚯蚓。这里有十三条渠水，计划陆续兴工，巨款来自四联总处，由各行贷出。三十一年贷款二千万元，省政垫头五百万元。三十二年贷款四千零五十万元，水利委员会拨垫头四百五十万元，共四千五百万元。三十三年各项贷款超出万万元，但是以物价飞涨，四个渠因而停工了，本年度虽为二亿八千万元，以法币恶性膨胀，人事上的变动再加上天旱，各项工程更不能如意推行。

十三渠中第一完成的，要推"湟惠渠"，原由建设厅自办，跨永登、皋兰两县引湟水，渠长三十一公里，支渠二十道，已于三十一年五月放水，灌田约二万五千市亩。甘主席谷正伦鉴于陕西的水利所及，完全被地主收买，农产丰收，不能达于人民，决定将土地征收归公，重新分配，虽然施工期中，有大地主到省府大礼堂咆哮，谷氏以宪兵司令精神，作反封建行为，屹然不为所动。今年三月十二日兰州中央讯电称：

"耕者有其田，为本党土地政策之最高理想，经甘省当局三年来之努力推行，已于湟惠渠特种乡获有初步实现。该渠灌溉区计达二万五千余亩，现有农民一千余户，除老弱将另辟合作农场收容救济外，依其耕作能力，以二十至三十亩为分配标准，可划分为一千个单位，农场约需征收地价二千五百余万。新渠落成后，着手实施所有地籍整理，农民调查，地价调查，公地、民宅及农场单位之划定，均经逐步完成，并于去秋向农行贷款四百余万元，征购土地一万二千余亩，划分农场四百余单位，现已放领完毕。当地农民在家家有田种，人人有饭吃的口号下，对本党土地公有、平均地权之目的，已有普遍认识。请领耕地，极为踊跃，对维护新渠，尤为热心，本年整修工程，即由农民自动筹款百万，集工万余名，土车六千余辆，经昼夜赶修，不久当可竣工放水，至其余价款二千一百万元，正由地政局长周之佐赴渝洽贷，本年秋前可全部完成，堪为全国楷模。"今年天旱，该区放水，灌田二万亩。

溥济渠，在临洮引洮水，渠长十九公里，支渠九道，与湟惠渠同时放水，灌田约三万五千市亩，投资二百一十万，每亩工程费约六十一元。

洮惠渠，也是在临洮引洮水，渠长约三十公里，本来已在二十七年竣工，但以支渠未挖，兼以多年失修，一部工程待修。该公司乃于三十一年起积极整理，三十二年恢复放水，计灌田二万七千市亩，投资一百八十万元，每亩工程费六十六元。

三十三年度以工款不继宣告停工的永乐、永丰二渠，本年度先后恢复，先者贷款一万万元，后者贷款为七千万元。水利委员会特派视察工程师李清堂到渠督工，希望早日有裨益于农事。

永乐渠在永靖县，引大夏河水分灌东西两干渠，三十一年一月开工后，一年半总干渠百方开通。西干渠长八公里，三十二年七月试水；东干渠长十七公里，延未完成，因有建筑物三十余处，今年西干线放水，六月九日放到渠尾。渠首一带民众，对于灌用渠水，甚为热心，西瓜田、果园及苜蓿地均浇过；麦田也灌了五六百亩，只有沙田上年用了渠水，据说收成并未转佳，相率不肯再用。渠首一带人民则因受益很大，除于规定期间放水外，仍日夜偷水，防不胜防。甘境今年天气亢旱，北园人民多在渠内驮水饮用。全部完成，又可灌田五万四千市亩。

永丰渠也是在永靖引用黄河水，渠长二十五公里，计划灌溉二万三千市亩。三十一年十月开工，至三十四年已大半完成，永丰之四公里以上徐祁寨，自五月十日至十八日放水六次，二十三日起续放二次，截至三十一日耕地七百余亩，均已灌完。徐祁寨民众代表徐某在六月八日午刻赴工程处向郭主任表示谢意，据称：

"本村今年引渠浇麦田瓜果，共已三遍，青苗茂盛，高与人齐。本村民众，见各处亢干，苗皆枯死，始知开渠之利，男女老幼，均感欣慰，今天来城为旱地祈雨，益感开渠大有利于农田灌溉，特代表全体民众致谢。"

本年施工的尚有靖丰渠的施工费八千五百万元，登丰渠的一千四百万元。

靖丰渠，在靖远北泺引黄河水，全部工程分堤坝、放淤、灌溉三项。三十年冬开工，现堤坝工程大部完竣，放淤工程正积极实施，三十二年起，放淤后再进行灌溉工程，全区受益者两万市亩。

登丰渠在永登引大通河水，渠长七公里，土工由人民自办，石方建筑由湟惠渠工程筹备处施工，本来预定三十二年完成，灌田五千市亩。

除上述以外，还有五条本已施工因款中断的渠道，其中有一条已经完成，那就是：

汭丰渠，在泾川引用汭水，渠长十三公里，计支渠有九，三十年春季开工，大部已完成，放水后可灌田约一万市亩。本年补四月工后，六月中移交省府接管。

平丰渠，在平凉引泾水，长七十余公里，计划可灌八万市亩，由于这是泾惠渠的源流，陕西省政府提出抗议，工程因而中断，刻经行政院水利委员会派员商同解决，局部仍可施工。

兰丰渠，在皋兰引黄河水，渠长七十余公里。三十一年冬开工，准备逐段完成。全部面积达十四万亩，环绕兰州市，将来兰州饮水及发电都可利用这个渠的水力。本年农贷未分得，仍然停工。

临丰渠，在临夏，引大夏河水，可灌田八万市亩，三十二年停工。

永康渠，在永靖引洮水，可灌田两万市亩。未兴工。

最后应当特别介绍的是在酒泉、金塔两县间的肃丰渠，引用祁连山雪水，三十一年秋开始筹备，积极测量设计，其中鸳鸯池水库工程在三十二年动工，完成后灌田至少十万市亩。主持这个工程的是原素欣工程师，他一家六口，困在祁连山下，靠着卖旧存名贵书籍来糊口。蒋主席三十二年视察西北，看到原氏在风雪中的奋斗，特别感动，特赠皮衣一袭，由罗家伦送往，深致褒辞。

鸳鸯池水库预定今年可以完成，原氏说："为了河西人民，我不能离开这岗位。"

二、介绍创办人沈怡

甘肃水利林牧公司总经理沈怡氏，因为他在甘肃这几年的努力，乃成为水工界所注意的中心。

沈怡字君怡，民国纪元前十一年生在浙江嘉兴，现在已由交通部次长改任大连市市长，年纪不过四十五岁，仍是很年轻的工程师。这位青年人当民国九年在同济大学土木科毕业，十年赴德国留学，十三年毕业于兰斯顿大学土木科，第二年又得到工学博士的荣誉。

在德国的时候，他的研究重心在黄河水利，追随世界黄河权威恩格斯教授研讨，他的博士论文就是以中国河工为题目。民国十四年由欧渡美，又访美国河工专家费礼门，参观河工设施。

虽然在他回国以后他开始并没有机会作河工事业的事业，以政治上的援引，这位二十六岁的小博士，从民国十六年到二十六年"八一三"为止，计作了十年上海市的工务局长。

在上海的十年期内，他用德国人的效率，从事设计。主持旧市区的改造和新市区的兴建，使上海能有个新区，一切和旧上海租界来竞赛，在这时期内，他一度奉派赴德参加恩格斯召集的黄河模型试验。同时，又出任我国出席第七届国际道路会议的代表。

"八一三"战事发生了以后，沈怡氏改任资源委员会主任秘书，工业处处长，技术室主任，行政院水利委员会技监，中央设计委员等职，参加了上海工业界的内迁运动。

民国三十年八月，甘肃省政府与中国银行合作，聘请沈氏出任水利林牧公司总经理，专门主办甘境水利，他自此才算是回到本行来，以全力从事于他所素习的水利工程事业。

三年来，从他手里签字花出的水利工程经费已不下五万万元，分配在十三个渠道的工程上，可灌田六十二万余市亩，若是再加上部分整理就可以灌溉的七十多个小渠，那么全部完成时，受益田亩当在百万亩以上，使甘境的黄土层上都可以有法生产。

"开发河西水利"，沈氏说："是中央交办的工作，每年由行政院拨专款一千万元办理，十年为期。"

水利林牧公司第一期的施工计划，到明年才能完成，就是先在武威、张掖、酒泉、敦煌四处设立四个工作站，从三十二年到三十五年，这四年期中，以整理旧渠为主。希望工作人员能逐步作到查勘、水文、测量、测候等基本工作的完成，以为实施新工的张本。

"在这四年之内，应当把主要的西营河、金渠河、雅木河、黑河、计赖河、洪水河、马营河、丰乐川、疏勒河、党河各渠整理完竣。

"三个查勘队是和黄河水利委员会、资源委员会合作办理的，第一队查勘黄河、大夏河、洮河、大通河流域，第二队查勘泾河、渭河及嘉陵江上游区域，第三队查勘河西各河流域，在三十一年底，全都分别组成，除了第三队现在仍在工作外，其余两队，都已在前年底分别完成了任务。"

沈怡氏非常注意祁连山的水利，他深深以水利早日完成，恢复耕作为念，这个走廊上的山坡台地，未来在灌溉上最有希望。这些台地，由于地势过高，目前都不能得到河流的湿润，可是土壤是非常肥沃的。老百姓时常采挖这些地方的土，运到几十里外有水的地方，当作肥料使用。

祁连山的测绘工作完成了，很可以设法在山内高地多筑蓄水库，这样，山坡上几百万亩台地，由荒芜立刻变为良田，为国家不知要增加几多利源。

"所以，鸳鸯池水库的设计，是非常慎重的，这对于下游人民生命财产，有莫大的关系，不仅公司的专家殚精竭虑的研究，且与美专家Barea等多人商讨，设法完成，以安全为第一。这个土坝高三十六公尺，长百余公尺，承办的是工信工程公司总工程师林同棪氏，他也是以服务地方为目的，不计资金与利润，希望能早日完成任务。我们这方面的原素欣工程师，对于这个大坝的注意与重视，自然不必多说了。"

沈怡是个学水工的人，特别注意该公司的首两个字，在他的手创下，对于基本的水文测候工作总不放松，从三十一年十一月起，先后在泾、平凉、兰州、靖远、临洮、永登、永靖、酒泉等县成立水文站十处，测记各河流量，水位，含沙量及雨量，蒸发量及气温等。河西工作站成立之后，水文工作站，由各渠工程处兼办，以期能够得到最确实的数字。

对于甘肃农业能够立即见效的，小型水利多于大型水利，黄河水车的功效尤其显著。左宗棠在陕甘时，提倡汲灌田，收效很大，遗传至今不衰。即就是在河边先用石头砌成水巷，石上对竖木柱，水车的铁承轨置于其上，水车高四丈至七丈，周围置挂水板及水斗，水流动力，推斗旋转；至顶点然后倾入水巷。水利林牧公司认为在构造上或安装上，往往有不能转动或有误农事的时候，乃自水利及构造之观点，制造模型，实地试验，俟有了把握，再扩大推广。

不论事业的新旧，有一个目的是共同的，就是为了服务人民或"遗爱在民"。

三、水利事业的远景

罗斯福总统的一个理想，TVA制度，用了十年完成了，那个区域由一片荒凉变为一片果园、菜园和稻田。此外，还有几个世界上最大的耗电工业，如炼铝、制胶等，因为水电是最便宜的。萨凡奇博士来中国，他给中国带来一个类似TVA，沈怡氏听了非常兴奋，他给它一个中国的名字叫作："扬域安"，那一个美国的叫作"坦域安"，因为是坦纳西流域由此安枕，而我们的扬子江流域，由此计划，也可安枕了。

我们口口声声要迎头赶上去，如何才能赶？我以为最好以替换赛跑来譬喻，我们好比是跑末一圈的选手，最初几圈，人家跑时，我们可说是没有动静。现在别的人跑完一圈，二圈……，快轮到最后的圈子了，这时候，我们要聚精会神的迎头候着，从我们伙伴的手里，接住那"棒"。我们要赶，拼命的赶上去，这样真给我们迎头赶上了！这样喻用来说明"迎头赶上"，仿佛很合式。我们想迎头赶上去，这"棒"是个绝大的法宝。现在要问这"棒"是什么？蒋主席以总裁名义在六全代会交议的政纲中，首段有几句很重要的话："遵照国父实业计划，制定战后经济建设总计划，欢迎国际资本与技术之合作。此项总计划之制定与实施，应首先注重交通与动力之经营。"

交通与动力，或者可以看作我们所说的"棒"。不错，尤其动力，更无疑的即是我们的"棒"！但是我们必须进一步，把这"棒"的轮廓清清楚楚描写出来，不使它有半点含糊。原来发明这"棒"的人，就是美国罗斯福总统。罗总统用了它，在短短十年中，把美国好大一片经济落后的区域变成了全国最富庶的地方，那地方就是坦纳西河流域，举世闻名的"坦域安"（TVA）便是。如今那地方，不但工业发达，矿业、农作、森林、畜牧、灌溉、航运，一齐都蓬蓬勃勃起来，甚至连教育、公共卫生、社会福利，都有了进步，美国人夸口说，这是民主试验的大成功，全世界的人，也都极为注目。

从中国现阶段的情形来说，我们更需要和"坦域安"一般的一根"棒"，好让我们抓住了，迎头赶上去。但是我们哪里去找这根"棒"呢？真想不到，美国萨凡奇博士居然替我们找着了！说平凡，平凡到如同苹果落地，说奇妙，奇妙到如过去牛顿定律的影响整个科学世界！萨凡奇博士，不愧名副其实，真不平凡！够奇妙！

自从萨凡奇氏的计划公开以后，我们的水工界对此却有很不同的意见，有人甚至站在水工立场上来反对，说怕因为上游的沙淤，使全部计划成为泡影。可能又重踏绥远民生渠的覆辙。但水工界的沈怡却毫无折扣地赞成，他这样地说：

"人人都说中国的命运全看战后能否迅速完成工业化。这战后十年真是一个极其重要的关键。如果我们把这千载一时的机会轻易放走，以后怕就不会再有这样的好机会了！我们上溯二十七年前国父手写实业计划时的时代背景，现又再度呈现，而此次与上次不同，因为美国这次战后的政策，比上次要贤明，要进步，他们决不会重蹈第一次欧战以后的覆辙。美国除了为提高本国人民的生活水准以外，他们有可能，并且准备以其余力，帮助建设别的经济落后的国家。像'扬域安'这样空前的计划，只有靠美国的帮助，才有实现的可能，而像美国这样的国家，一定也不会吝惜给我们以必要的帮助。现在不是人家肯不肯帮助，而是我们能不能自助的问题！其实也简单得很，只要今后我们的政治日益修明，能团结，不内战，如是者有十年功夫，这事便必成无疑了，换言之，我们的建国工作也就有了基础了。由此可知'扬域安'这一工程，一方面是我国工业化唯一捷径，一方面也是建国成败的关键。我们要想国家迅速工业化，很快的走上民主的路，使国家富强，人民安乐，舍此以外，别无第二条路可走！"

这里，必须赶快说明的，就是沈怡氏对于"扬域安"的热情，完全是由于这三四年中，他在甘肃水利林牧公司实干硬干的结果，他理解到，枝枝节节地建设是没有什么成就的，省单位的建设应在总的建设有了基础以后。甘肃的建设不是没有成功，但如果有一个总的动力，他的工作可以事倍而工半。

水利本是一个赔钱的事业，造林也不会即刻得利，陇南畜牧场以奶牛及养蜂为主，也感到经营不易，藏区收奶，以粮价上涨，成本加重，拟予结束，但藏民哀求，尚不能即结束。

今天，甘肃水利林牧公司的彷徨，代表了一个区域水利经营的彷徨，他们要一直彷徨到"天明"，要到整个的经济制度与财政制度能够切实配合时候，建设事业才能有计划的推动。

被征调到重庆

三年多的西北耕耘虽颇辛苦，然而出乎意外的得到了相当理想的收获，可是国家事业而以公司方式出之，由于资金的有限，运筹未免大伤脑筋，加以法币无形贬值，物价一月数变，更增不少困难。这一切我倒并不怕，使我未免气短的，乃是有些人的眼光短小，不知创业之艰，反因我做得太起劲，而生嫉妒，这是使人很寒心的。讲到我做事一向的性格，不轻易搭手一件事则有之，但一旦既负起责任，则必全力以赴，绝不见异思迁。我虽未对各方表示有脱离西北之意，但我的若干知己朋友都很清楚我当时处境和我的情绪。

民三十四年（一九四五）抗战已进入第九个年头。这年一月十三日俞飞鹏先生由重庆经兰州赴新疆，事前发来一电，希望我到兰州机场与彼一晤。我和俞只能算相识，并无交谊可言，得此通知，颇为纳罕，经一再询问，都说电报内容清清楚楚，绝无一点错误。这天俞所乘飞机因气候关系，临时须在兰州停留一天，他就邀我去到他所住的招待所，告我何以他要约晤我的理由，原来这时行政院人事正在更动，交通部长曾养甫辞职，已决定以俞继任，其二次长，内定政务为我，常务则为凌鸿勋（竹铭）。我和凌君二人都在西北工作，此一征召来得甚是突然。我便和俞说："这事至少要让我有一点考虑机会。"俞倒也老实直爽，他说："本来我原心里想推荐他人，但你和凌先生都是委员长指派的，这等于是命令，不容再有所考虑，至于谷主席处，我自会去说。"事后我见谷，他表示只想为西北留住我，但形势已定，想留也无法留了。二十日俞由新又到兰，二十二日我和他同机飞渝，我仍暂住牛角沱中国银行宿舍。

二月一日俞、凌及我三人同到交部接事，交部亦在牛角沱。二日蒋先生照例召见，并未多谈。五日在国府路国民政府大礼堂宣誓，由张继（溥泉）监誓，同时宣誓者不下十六七人，皆高举右手，有的紧握以拳预作姿势，有的张开五指，莫知所措，各人的姿态个个不同，看了使人忍俊不禁，盖明文并无规定，只有各行其道。宣誓时，领首者先读一句，众随读一句，如是者，把誓辞读毕，签上各人自己的名字，于是便算礼成。此种宣誓大半在星期一总理纪念周以后一并举行，这一形式，形如具文，我倒不以为仪式之不够庄严，只觉宣誓的意义，在我国绝无一点尊严感，试问有几人真正把"不浪费一钱，不妄用一人"的誓词做到？或是宣誓以后，时时放在心上，身体力行？

俞部长和我们受的教育和训练太不同了。他对办公无时间观念，只见他好像忙得不可开交，但仔细研究，完全是时间支配不得其法。我曾向他建议把会客、开会及同事请示公事的时间有个大概规定，省得别人老是等待，然而他无疑对这办法不能了解，而且不以为然，结果就由我和凌君试行，我们规定如此：上午八时至九时即开始办公的第一小时，不见客，不接见同事，保留作为自己思考问题及处理待办案件之用，同时我们亦不约见各司主管，希望他们同样仿照这一办法，利用其时间。上午九时至十一时，各司同人有事可以来见，我们有事亦可以电召请。十一时至十二时为见客时间，包括附属机关主管之来部请示者。上午不开会，下午二时至四时如有会议，力求归纳在一个时间内，一日之公事，有待批阅者，则于下午四时至五时行之。这样规定之后，对同事固然大大便利，即对我和凌君二人自己亦方便不少，否则无定时的有客来访及无定时的有同事来见，已足够你坐立不定，遑论处理公事。后来来客渐渐知道我们这种规定，互相传告，自然而然的都在这时间来访，我们亦从不采取硬性作风，即虽在非规定时间内，客来亦同样接见。至于有紧急性之问题，同事仍可于任何时间内来见，并不限于所规定者。自从有此一点小小规定的办法以来，无形中不知增进多少效率，但尽管我和凌君行得很顺利，而俞则依然故我，毫不为所动。

中国机关办公只讲求时间长而不甚注重效率。我说这话是有其根据，因为若讲效率，即不可把办公时间拉得太长，亦不可不给同事一点休息机会。对于这些，中国的机关官长很少能懂得此中微妙，因为连蒋先生也曾主张过要星期日办公半天。有一日俞忽心血来潮，和我来商量拟在交部实行每星期日上午办公半天，问我的意见，我故意不作正面答复，我但说依我的意思，我毋宁连星期六下午都主张停止办公，但我为表示合作，我虽不主张要全体同人在星期日来办公半天，但如若你决定想实行，我自己一定来陪。后来他抽调一部分人实行星期值日，我确是每次必到。

俞是一个很兢兢业业的人，我只嫌他对事情太无轻重缓急之分，他看公事极仔细，红蓝铅笔老不离手，一字一点，一句一圈，失之琐碎，缺少提纲挈领。他年轻时处理事情如何，我虽无从知道，至少老来不无很显得迟钝唠叨。他对数目字很是认真，用心背诵，逢人问起便能对答如流，这是他自己很得意的一件事，他不但自己这样做，还把他自以为独得之秘告诉我。因为那年七月间他公出，由我代理部务，一向他出席国府纪念周轮到数字报告，他必是应答如流，这次他出行，临走授我一稿，满纸数字，还叮嘱我必须预先背诵，省得临时一字一字的读，他还说，倘若能照着他这样做，便会十分成功。我听他言，心里不由暗笑，当然在当面我只能唯唯而已。想到俞的演讲，一口宁波官话，"这个""这个"的不离口，尤其说话不得要领，拖泥带水，听者常瞠目不知其所云，而他自己竟不自知其短，而犹洋洋得意，令人难以想像。

我第一次在国府纪念周列席报告，并没有拿出他的数字条子来利用，我是完全集中题目在战后交通如何复员，将交部已做的工作及正在进行的若干工作，一一加以分析说明，共讲了半小时，听的人都认为每一条都是提纲挈领，有未雨绸缪之必要，翁咏霓先生还问我要把底稿整理出来给他。

俞对事细大不捐，都很认真，对凌及我，虽礼貌有加，但都说不到信任，我知其不可能，但仍献议于他，我认为做部长的人只须总揽全局，为全部的政策决定者，日常事务大可分层负责，既可减其鞅掌之劳，而行政效率亦可增加，实为一举两得。甚至我还建议他不必看所有的公事，我说连我亦不想都看，当然重要公事自必须由部长亲自处理，次要及平常的大可让常务次长及主任秘书分别过目，但他听了并不以为然。我于是和凌先生说，现且不问他人如何，在我们二人之间分配工作，必须力求其合理。我主张所有到次长室的公事，先由他过目，并交一个图章给他，他认为我不必看的，即可代表盖章送出，剩下的才送我看，这样虽要多偏劳他一点，但顾名思义，责职分明，这原是常务次长分内之事。至于这个政务次长的我，该有些什么事可做，当然对外及政策方面的各类事务，我都应当多动脑筋，尽量找出有意义的题目来做。我向俞建议，在部内成立一个交通复员准备委员会，由我兼任主任委员，委员皆部内外负责同事，另设总干事，由赵曾珏担任。其时我正注意到美国所提议之善后救济法案，此事必有一日发生重大作用，我以此语俞，他笑而不信，好在他不以为这事有何道理，任凭我去推动。我的责任已明，因此我只专注于与复员有关的公事，同人中知道这情形的，凡遇到与此有关而推动不得之事，都来找我。譬如招商局总经理徐学禹为修理八条江轮，以备复员后一旦长江通航，立即得有船只直驶上海，徐确确是一个办事能手，以这件事而论何等重要，但俞对徐总是不敢信任，由于不信任，什么事都不放心，但也不能事事钳制，总是以故意拖延的姿态出之，不让他可以放手去做，我见到这种情形，总觉不可因小失大，力促其成。固然，抗战胜利，各方需要孔亟，招商局虽无大量运输工具可以供给，至少有这几条已修好了的江轮，很是得用，若照俞的初意，决不肯让徐去修这几条船的，这总算是我硬作主张的收获。

我因当时离开兰州时是那样的匆促，而且表面上只算是请假，并不曾有正式交卸水利林牧公司职务，因此于就交次后月余再去兰州。这天是三月十三日，一路大雪，坐的是中央航空公司唯一的那架飞机，抗战以来，这架飞机在昆明、重庆、城都、兰州之间来回飞行，有时还要远赴哈密、迪化，从不曾出半点问题，真是可称破航空界的纪录。当抗战时，对于飞行安全，从不放在心上，担心的只是怕买不到票子，这次我临时得能搭上这架飞机，心里得意非凡。

我到兰州以后，三月十七日开董事会，准我辞职，由兰州中国银行经理常文熙继任公司之总经理。会毕我与公司同人话别时合摄一影，数年共事，一旦话别，未免依依。三月二十七日由兰回渝，与凝同行，凝此去渝系作全家迁渝之准备，事毕后仍即回兰，盖重庆苦热，幼女适病后，大、二二女因入学关系先行，其余的人直到八月间才全部去渝。我们重庆住的地方在国府路枣子岚垭，颜曰"衡舍"，入门处即为陈果夫之寓，其上于半山中交部有楼房一座，为某附属机关办公所在，因我等无居处，便将该办公处楼下之全部分拨出给我们暂作寓所，在重庆当时殊不可多得。衡舍下面邻近就是我表妹丈沈熙瑞家，凝为筹措东下川资，就和我表妹懿大在他们家门首大摆其地摊，出售旧存衣服及家用各种日常用品，居然卖得法币四五十万元，胜利还乡的川资总算有了着落了。当时在这个一段时期中，重庆的住家区域里，沿家逐户几乎无处不是摆地摊的。

我在交部担任次长职务时，每月薪水约四万余元，合战前大约四五十银元，由于法币贬值，物价高涨，每月家用总是入不敷出，其中我的这只Kodak电影机还在手边，由于抗战时买不到电影片，七年以来从未用过一次，于是我就托人出售，卖了十万余元，听说买主即为上海王开照相馆的老板，这只电影机当年就是向这家照相馆买的，事情竟会有这样巧的。抗战时的行政当局，他们自己因受不到生活的压迫，从不把军政公教人员的待遇当一件应重视的事看，致在法币贬值的时候，同时调整待遇，其结果则使通货愈加膨胀。初时政府似并不把这个问题看得严重，致引起不良的后果，甚至政府在大陆的崩溃，原因固极其复杂，但这也是原因之一。

　　其实蒋先生未始不知道这种情形，我还记得他多少次看到我，总要问起我个人的经济情形，有一次他又再度问起我，我的回答是："承委员长这样关心，我很是感激，而我的经济情形实在不可告委员长，但今日的公教人员哪一个不是如此。"这句话我还记得是某一次在曾家岩官邸的大客厅里说的。我作此言，实在只想提醒他应移其注意于全体公教人员，蒋先生当时是否听懂我的话的含义，那就不得而知了。这一段话虽已事如隔世，但其言其景我至今犹历历如见如闻。

未到任的大连市长

三十四年(一九四五)八月十四日《中苏友好同盟条约》成立,苏方全权代表莫洛托夫(V. M. Molotov),我方签订该约者为外交部长王世杰,实际真正当交涉之冲者则为当时的行政院长宋子文,代表团阵容亦是一时之选。正约以外,附件有双方互换的照会二起。其一为谅解三点:(1)援助国民政府。(2)尊重东北主权。(3)无干涉新疆之意。其二为准许外蒙古独立。另有协定四件:一、关于长春铁路。二、关于大连。三、关于旅顺口。四、关于苏军进入东北有关行政等事项。全部内容一经宣布,虽控制下的舆论并未哗然,但群情实甚诧异而愤激,咸以为政府何以正在贯彻废除不平等条约之际,又订了这样一个新的不平等条约,而对手方偏偏是盟国之一,同时又为国父中山先生在日念兹在兹认为以平等待我之苏联。未几,日本即无条件投降,在日本投降之前,不过十日,苏联对日宣战,进军东北，唾手而捡得胜利之果。这一连串事实，在当时宛如谜一般。直到三十五年（一九四六）二月间，雅尔达（YALTA）密约公开，真相才大白于世。此一具有国际历史污点的密约，果然注定了中国战后的命运，但国际间一切纠纷，世界两大阵营的分裂，无不由此而起。关于东北的接收，其中有不少内幕事实，皆我所目睹亲历，若把这些见闻一一写下，未始不可为他日史料一助。

我自三十四年（一九四五）由西北被召到重庆担任交通部政务次长才半年光景，正值日本投降。某日，国府纪念周散会，时在国民政府门首遇到熊式辉（天翼），他匆匆告我，中央已决定派我到大连去，次日东北九省二市所有主管人选一齐都见了命令，我果然被任为大连市市长。这张名单现在抄在下面：

辽宁省主席	徐　箴
安东省主席	高惜冰
吉林省主席	郑道儒
松江省主席	关吉玉
辽北省主席	刘翰东
合江省主席	吴瀚涛
黑龙江省主席	韩骏杰
嫩江省主席	彭济群
兴安省主席	吴焕章
大连市市长	沈　怡

哈尔滨市市长　　　　　　杨绰庵

以上十一人中，有七个人籍隶东北。这样一付重担如何会落在这些人身上？尤其大连市市长如何会选到我？同是一个谜。直到一九五四年在曼谷遇见熊天翼氏，偶而谈起，才知道当时各方开列的候选人名字不下数十百人，此事归熊及张群（岳军）、吴鼎昌（达铨）三人审查，由于他们的推荐，蒋先生的最后圈定，至少我被选的经过如此。

在抗战末期，中央政府在重庆设立了两个机构：一为准备台湾的收复，以陈仪（公洽）主其事。一为收复东北的准备，以熊天翼主之。同时熊又兼中央设计局秘书长，局长蒋先生自兼，因此秘书长不啻该局的主持人。在准备接收东北之时，熊即被任为军事委员会委员长东北行营主任，九省二市均归其指挥。我和熊氏过去不但不曾共过事，彼此甚至毫无认识可言，远在十七年（一九二八）他担任淞沪警备司令时代，我适在上海任工务局局长，主持环绕租界的中山路的建筑，是他派的兵工协助筑路。其时接洽一切，只是和他手下的参谋长等打交道，很少和他本人直接接触。自我为中国经济建设协会主编战后我国经建纲领，未几中央设计局成立，首由张岳军氏担任秘书长，继之者为熊氏。他这时已交卸了驻美军事代表团团长职务，但因旅外多年，耳濡目染，加以熊氏在军人中素以机警有政治头脑著称，他倒真是一心一意办设计局，同时研究收复东北问题。我由兰州到重庆，曾经访问过他好几次，每次均作相当长时间的谈话。倘有人问我和熊氏的关系，我能说的只是如此而已。当然我不愿讳言我的熟人中有和熊氏关系极深的，张岳军先生即其一。张、熊、张（公权）、陈（公洽）这几个人，在政治方面彼此一向接近，外间都称之曰政学系。大兄（膺白）在世时和岳军先生本是总角之交，即与熊、张（公权）亦各有相当的交情，因此有某种传说，把政学系说得若有其事，硬说大兄是政学系的首领。据我所知，在民国三四年间，西南军政府时期，确实有过政学系这样一个组织，那完全是民初国会的产物，参加的都是一批无聊政客，和后来段祺瑞执政时代的安福系同是一丘之貉。及至国民政府成立，原有的这批人老的老、死的死，若说当年政学系人物硕果仅存的，只剩了一个杨永泰（畅卿）。此人搞政治确是十分来得，在江西"剿匪"时期，他参预蒋委员长的密勿，深得信任。很多忌他的人对他一无好评，也有人认为他是近代难得人才之一，我友左舜生即是此种看法。

两年南京市

我自长春归来，还是担着大连市长的名义，多少次想摆脱，但由于东北接收遥遥无期，这事遂成了僵局。事有凑巧，其时交通部长换了俞大维，常务次长还是由凌鸿勋蝉联，政务次长则由谭伯羽代替了龚学遂。一日翁咏霓和我说："你是百计求去而不得，有人却正在转你的念头。"原来龚跑去求翁，他颇有意于大连市长一缺，由于有人愿做替身，我的摆脱便有了希望。

民三十五年（一九四六）冬，我因出席中国经济建设协会年会到南京，就在这时候，蒋先生约往国府谈话。见面即问："已见宋院长否？"

答："已见过。"

又问："宋院长已将政府内定为南京市长事告知否？"

答："已尽告。"

蒋先生乃曰："然则你准备如何做法？"

我说："自闻宋院长传言后，正有两点意思想当面陈述：（一）关于人事，拟尽量减少变动。人品好、能力高的必然继续留用，即使能力稍差的，也准备观察一个时期再定去留。（二）关于经费，在此国家多事之秋，财政困难，当然大规模的建设尚非其时，但首都毕竟是中外观瞻所系，而且南京至今还是一个尚未建设完成的都市，则又未能完全置诸不顾，惟一举一动，动辄需要巨大经费，地方财力有限，必须仰赖中央多多支持。"

蒋先生闻言，即曰："首都尚待建设，诚如所言，此次中央有此任命，亦即为此。以后你常在南京，遇事随时都好商量。"

以上乃民三十五年（一九四六）十一月四日上午之事。当日下午我即回上海。五日行政院通过任命，隔日便遍见京沪各报，大连市长一职，果然龚学遂继任。事隔多年，尹仲容语我，其时蒋先生已决定要我负责南京事，正以无人接替大连为虑，以此问宋，宋首先征求仲容同意，尹不允，时翁咏霓在旁，遂以龚荐，宋表示无可无不可，但谓须语龚，倘大连果真可以接收时，他须让开，如有此了解，便让他做。并嘱仲容于电话中以此告龚。龚为人素来热中，官兴至浓，倒是毫不在乎欣然认可。此事说来相当滑稽，但实有其事。

我自回上海，少不得作些人事方面的布置。秘书长仍约薛次莘担任。十一月十四日我以普通旅客身份，搭了一架中航运输机由上海飞南京，次莘同行，此外同机搭客二十余人。我和次莘都是自己买的票子，运输机内部还是战时设备，旅客面对面的分坐左右，中央尽是堆的行李，但新闻记者偏要说这是中航为我特备的专机，好像非如此便与做官身份不合。此种心理，真是无可救药。我由上海启程时，事先并未告知任何方面，但外间已有不少人知道。当我们的运输机在明故宫降落时，警察厅长韩文焕带了一批仪仗队在场欢迎，这是我国官场惯有的一套，对于我实在无此必要。还有一些人只知我这一日到南京，不知我却搭的是飞机，有到下关车站去接我的，都扑了个空，甚使我不安。

我到南京，当晚下榻牯岭路彭学沛（浩徐）家中。浩徐时任中央宣传部长，一人独住一所花园洋房，园中树木楚楚，环境颇为幽静。因为他只是一个人，许多来往南京的朋友，都要去打扰他，他又非常好客，总是一一招待。我于三十五年十一月十四日到的南京，次日即往访前任马超俊市长。十七日上午蒋先生在其黄埔路官邸再度召见，作了许多指示，真是巨细无遗，最使我奇怪的，他郑重其事的要我注意以下两点：

第一，中山北路自下关起到山西路止，所经并非市廛，两旁全是田地，但蒋先生意思硬要把这条直线变成市面，把它兴盛起来。他要我限期两旁地主兴建房屋，违则由公家征收其土地。

第二，蒋先生很担心外国人瞧我们不起。他指出若干地方如高楼门至金陵大学清凉山和五台山一带，均为外人游览常到之处，必须维持得格外整洁。

除此以外，甚至极微细的事，他都一一关照到了。我当时不好说什么，只告诉他已定次日接事。

民三十五年（一九四六）十一月十八日上午十时，我在夫子庙旧贡院南京市政府礼堂就市长之职。马前市长亦到场，行政院派樊际昌监交，首由马致词介绍，然后由我作就职演说，其词如下：

> 市与省同为地方自治一单位，不久民主政治实现，市长应归民选，本人既在此过渡时期中来任此席，第一，乐为地方自治作一番准备，并愿与地方人士推诚相与，尊重民意，在中华民国首都为民主政治树立先声。

> 南京自下关开埠，已越百年，虽曾设马路工程局与商埠督办，但至民国十六年国民政府奠都，始从事广大之现代市政建设，至今仅历二十年，而其间又经八年之沦陷，实仅十二年耳。吾人在此时此地所见之市政规模，犹是历任市长在过去短短十二年中辛苦经营之成绩，全市建设本未完成，亦可云方在开始，自遭战争，复多破坏，本人认为目前本市设施，初步尚须视财力所及，先设法满足当前最急切之需要，然后配合时机，作一步紧接一步之扩展。

> 市政建设固赖乎人力，亦有赖乎天然环境，本市前临

扬子,中贯秦淮,玄武莫愁点缀南北,清凉狮子环绕东西,在如此山水名胜之区,益以现代化之道路,现代化之交通工具,现代化之建筑,现代化之水电供应,现代化之卫生文化等设备,将来建设大成,必为国际名都,可无疑义。吾人试悬想在复兴前途中之中华首都,有一如此美丽宏伟之远景,当皆悠然神往。

世界各国首都,类皆有数百年历史,在数百年中,投以无量数之金钱物资,济以无量数之心思才力,铢积寸累,乃有如今日伦敦、巴黎、华盛顿之市政。本市虽曾为六朝、明代乃至太平天国之故都,然几经沧桑,久成陈迹,其为中华民国之首都,前已言之实仅十余年之历史,未来之发展,至少亦当期以数十年乃至百年,本人于此正在前进之绵长历史中,得有机会为吾百万市民服务,为战后重建之新都效力,实觉无限愉快,无限兴奋,而亦无限畏惧,畏惧不克负此重任,惟切望地方父老中央长官市府同仁随时随地督教而匡助之,此则本人所不胜欣感者也。

南京《新民报》在当时虽是一家小型报纸,但拥有相当读者,次日报导称:“他的首次在市府礼堂上演讲,像一篇优美的诗的朗诵,充满了希望,象征未来南京市的光明。”还有朋友自远方来信赞美这篇演说的结构,并且说:就文字看来不像是我的稿子,谅必出于凝的手笔。实际这篇稿子是我的朋友秦翰才起草，经我和凝推敲至再，然后决定的。我于演讲颇懂得一点如何安排层次，如何抓住听众心理，以及朗诵时必须怎样抑扬顿挫，因此这篇首次在南京的公开演说，给予了人们一些良好的印象，大概是真的。

自十一月五日命令发表，以至于十八日正式就职，在这整整两个星期之中，我居然成了京沪记者访问及报导的对象。我对来访的人，无不亲自接见，虽然有些问题，必须回避答复，但和他们谈得总是很热闹，使他们满意而去。我更一反常人畏见记者的作风，相反地采取了反守为攻的态度，有时记者们的话反多过于我，因为我也提出许多问题来问他们，使他们很起劲的作答，无暇多问。这时正在中央国际宣传处服务的王家楹，他本是新中国建设学会时代的驻会编辑，我和他相当熟。据他批评，新闻界对于一个刚上场的人如此一致拥戴，实为多年所未有的事。由于我住在浩徐家里，这位宣传部长就出了个主意，要我在招待中外记者的周会席上露面一次，日期就在我就职以后的第三天。到有中外记者不下百余人，我说："我对南京的施政方针将抱定大处着眼，小处着手八个字。何谓大处？如同为地方自治作准备、完成南京都市计划及建设下水道等等皆是。何谓小处？如修理马路、改进公共卫生等。尚有不大不小的问题，如解决屋荒、学校荒及增进公共交通之便利等，更有些小之又小的问题，如修理小街小巷，通沟及增建公厕等皆是也。总结说来，今后南京市市政建设之成败，关键有四：一为市府本身之健全与努力，但须记住巧妇难为无米之炊。二为市民之合作与协助。三为中央之体谅与支持。四为舆论之监督与指导。"词毕，在场记者纷纷发问，集中在禁舞一事。我告诉他们，自我来南京，几乎人人以此相问，使我得到一个印象，好像南京当前除了开放舞禁以外，就再无其他更重要之事。实际此事应列于我前述"小之又小"的问题中，我于此不想作何主张，但愿以大多数人的意见为意见。第二天报纸上都载"舞禁是小小问题，沈市长并不坚持"。这确是一件小事，但在当时的南京，却看作一件了不得的大事。

蒋先生以一位日理万机的人，实在太注意小事，如同禁舞，即其一端。南京禁舞完全是蒋先生一人的主张，马前市长不过奉命执行而已。我自受命，第一个在上海访问我的中央社记者，就以此问我，我当时对他说，我对这问题本来有些意见，现在我却不便说了。我的话虽没有说出，意思却很明显。换言之，等于说我是不主张禁舞的。当然我也想弄清楚蒋先生对此事的真正态度，是传闻过甚其词呢，抑或确是持之至坚。一日我得到机会问蒋先生的意见，他给我答复确是毫不游移，斩钉截铁的一个"否"字。终国民政府在南京的时期，南京市不曾解除舞禁，这便是唯一的原因了。

我自问对任何人说话都是言必由衷，即以人事一端而论，无论我对蒋先生或对记者表示的，句句都是实话。我对南京市政府的人事，确不曾有太大的变动，其中最使人感觉奇怪的，南京市银行经理周励庸原是马前市长所用的人，很多人以为别人可以不动，这一位置非用自己的亲信不可，岂知我的想法完全不是那样。第一，我以为市银行并非行政机构，而是一种企业，倘如经理随市长进退，这事业一定难以办好。第二，经管银钱必须用自己亲信，这其间含有要不得的观念在内，在我并无此必要。第三，我不问过去人事关系，只注意他的为人及在职成绩如何，倘如人品好，办事又有成绩，我何乐而不继续留用？当时市政府之下，包括秘书处、各局、市银行、公共汽车及自来水管理处大大小小不下一二十单位，我只更动了二三个人，这是事实。我在初受命时，曾向来访的记者说："吾人应树立新作风，不应因一人之迁调而大事更张，现任工作人员，在不久将来均将为余之友人，首都市政建设前途即立基于此种合作之上。"及至我就职后一星期，我趁首次出席纪念周的机会，坦白告诉全体职员说："小小的人事更张，在上周已成过去，自今以后，便须安定下来开始工作。"当时南京某小报以《市长变不变？》为题，有这样一段小评："在一朝天子一朝臣的旧习惯没有变以前，人事是很难不变的。要真是这次人事不变，那就除非是这个市长变了。"一方面，我一反旧习惯去做，但像南京市政府那种衙门，因循泄沓的风气早已根深柢固，如果不给它一点刺激，如何振起精神办事，当时的上海《大公报》曾有一段通讯，标题为《沈市长的作风》，对我很是恭维，内容如下：

沈的作风是相当精明实干，为政不在多言，一切讲效率。他主持的市政会议，每次不超过一小时，纪念周不超过半小时，公文简单明了，尽量避免繁文缛节，他并且强调了用人制度，只要用人得当，就不一定事必躬亲，像一般官场的习惯，反是于事无补的。他这一些办事精神博得了他属下的赞美。

以上所说，只是想靠我自己的振作精神，给这机关上下一些些刺激而已。可叹国府定都南京，不过短短二十余年，但暮气沉沉以及高度的官僚作风，已笼罩了所有大小机关。加以不合情理、不顾事实的法令规章，层层束缚，使有志之士，纵欲有所作为亦不可得。国事一败涂地至此，诚非偶然。

前已提到蒋先生于许多面命之中，特别要我注意那些洋人常走的道路，他自己却不知，他身旁的一些亲信如陈希曾，却好意告诉我，那些是蒋先生常走的路，并且还说，倘如把这几条路维持得很好就够了。使我听了真是啼笑皆非。尽管这样那样的叮嘱关照，我心中自有我自己的打算，我当时确是如此想，如果我要讨好对象，不是外人，也不是蒋先生，而是南京大多数的市民。我在上海首次接见中央社记者时，曾肯定地对他说以下这几句话：

我到任后对于南京的小街小巷，必定像对大马路一样的注意，许多人只顾表面不讲求实际的作风，我是最最反对的（见当时南京《中央日报》）。

我这些话不是随意说的，我向南京市参议会第一次大会提出的施政方针，再度发挥这个意见，接着就见之于实际行动。说起这些小街小巷，不但路面已有二三十年未修，甚至多少年不曾通过一次阴沟，而大多数的南京市民，皆生活在这些小街小巷之中。因此我于注意那些重要道路以外，决心要把全市小街小巷一并分期修理。自民三十六年（一九四七）起实施分区管理制度，将全市分为六个工务区，各设工务管理处。任务十分简单明了，只是经常修理保养路面及通沟两项主要工作。六个工务区共辖小街小巷六百余条，修理步骤以两个月为一期。第一期修了九十二条，第二期七十八条，第三期九十九条，第四期一百〇五条。八个月之中就翻修了三百七十余条的小街小巷，占总数百分之六十光景，所有坎坷不平及雨后积水情形，较之过去很有显著改善。这工作终我在任两年期间，一直继续不停的做。

蒋先生对于南京市政，实在关心，也可说这几乎成了他的嗜好和兴趣所在，他是把这件事当作公余的消遣。我于三十五年（一九四六）十一月十八日到任，二十二日下午他就约我同去下关，二十三日下午复去城南一带，十二月九日下午再赴下关，这次为的是访问苏北难民，十二日下午到雨花台，每次出巡时间总在下午四时以后，每次一小时半至二小时。我和蒋先生同坐一个车，我坐在他左首，冬天副官拿毛毯替他盖住腿部，连我也一起沾光。一路总是他说我听，他说够了，我也表示我的意见和做法，这实在是我陈述意见的最好机会，而且他此时也最能用心倾听。

市政已是一项专门学问，蒋先生对南京市如此关心是件好事，但也不必因他是领袖，事事唯唯是从。我如有所见，我必须老老实实的告诉他。为说明他对市政的关切，我试把他三令五申关照我的一些话记在这里。

一、马车夫口含纸烟，随地吐痰，须要禁止；小骡儿样子实在难看，不准进城乱跑。

二、中山北路两旁不准种菜，特别指出由挹江门进城后那些菜园地须提前征用。

三、高楼门至金陵大学、清凉山、五台山、中山北路国际联欢社一带，须特别注意整洁，防为外人耻笑。

四、中山北路，自下关至鼓楼两旁，限业主立即建造房屋，违则征收其土地。

五、学校区可设于金大至海军部一带地区，所有倚城山地均可利用，未来之中央政治学校及天主教大学即可设于该处。

六、下关火车站至燕子矶路上有坑，某处沿河滨须做二三尺高之石驳岸一道。

　　七、自挹江门入城过六角警亭后，凡有水塘地方，一律围以冬青，水塘旁设石凳供人坐憩；某处之冬青杂乱难看，设法拔去，此种水塘如美化不了，即以广告牌蔽之。

　　八、中山北路两旁每隔一公里，在隐蔽之处各造公共厕所一座。

　　九、挹江门外左右两个大水塘，可加点缀使成小公园，望得见的地方须无草棚。

　　十、市内东西南北各设公园一处，城南可设于雨花台，西南可设于莫愁湖，设法先办；城北已有玄武湖公园，西北山地多皆可利用。

　　以上所举不过口头指示中的一部分而已，还有亲笔写成手令的，在我初到任的半年收到最多，大半是临时想到随手写来，其内容也有不脱于以上各点的。

联合国远东防洪局

三十七年（一九四八）十二月三十一日下午我正整装待发将和凝搭京沪路车赴沪，这时忽接总统官邸的电话，谓总统有事将派人来访，嘱我务必在家稍候，有顷便有人到来，交我拾万元支票一纸，以作不时之需，初时我颇为踌躇，继思这乃是总统的德意，不可拒绝，当即亲写收据道谢。总统对我之用心使我铭篆五中。说实话，这时我囊中尽其所有，已不足二三月之粮，这种情况除凝外，决无第二人能想像得到。

我和凝即于三十一日晚抵达上海，下车即径往湖南路公寓，这公寓原是江季平从公家领到的，一切器皿用具俱全，后季平赴美国任事，遂将此寓借与顾孟余先生会客之用。我自交卸京市，必须早日离京，但急切无一住处，这样便向顾先生商借，得其同意后，有了这退路，我在年底以前，便将所有的孩子先送去上海。搬家时，行李、零碎及箱笼以外，连未用尽之燃料、粮食一并交运，这一行径未免寒酸，帮我们押运的人，亦颇有"清官难做"之叹。可见公道自有人言，并不以"小器"见讥。

我在那时原意到上海后，精神身体或得稍稍松散，谁知一抵家门，才知沁儿患病已有多日，连日由陈卓人姨丈为之诊治，他是上海有名的小儿科之一，原属再好没有，可是他不知沁儿去年患病系因服Sulfa Drugs而起，这次偶感风寒，姨丈授药以外，另注射了一针Sulfa，于是热度陡高，其病况竟和上年在南京一般无二，我和凝因有了过去经验，内心虽焦急，但较能镇定，当晚即急电延请京医来沪，用上次的治疗进行，乃得转危为安，诚可谓不幸中之大幸矣。沁儿这次一场大病，幸有总统的赠金为助，否则真不堪设想，然此一病后已化去大半，上海生活不易，衣食之虞，亦大足烦心，但我这人生来不知为衣食发愁，深信绝处必可逢生，我恒以此慰凝。

果然事有出人意外，一天中美农村复兴委员会蒋梦麟先生及Mr. Baker先后来访，希望我参加该会工作，特别对于当时洞庭湖的水利纠纷，要我尽速能去该区一行，这时我反正闲着无事，而对此事倒也很有兴趣，便欣然答应，但我告诉他们，我和联合国曾一度有默契，他们要提名我为联合国远东经济委员会的防洪局局长，直属总部，我已表示接受。至于防洪局将于何时成立，以及是否还需要我，则均不得而知，但设若旧事重提，我自当要履行诺言，故对农复会只能以非正式职员的名义从旁协助，同时为使水利事务处理有人，我介绍了周礼（致平）

参加该会，梦麟先生对此二点均欣然同意。过了几日，沈宗瀚自广州来信，谓农复会已决定聘我为技术顾问，主理该会水利工作。三十八年二月一日又晤梦麟先生，希望我即能赴广州一行，正在此时，季平忽自美国来信，欲索回其公寓，并言三四月间将回国，且告防洪局事殆已无望。实际此公寓并非季平私产，他是向政府分请而得，我初意为既可转借与顾先生，则我既非久居，暂时借用应无问题，不意事有未尽然者，最初他只是写信给他三哥叔逵对我示意，后即直接来信索屋，急于星火。我即复信必于他回国前将屋交还。适于此时梦麟先生又再来电，催我速去穗，当时我之处境实属狼狈。幸沈熙瑞表妹丈已为我们部署了随时可以移居他家之处，有此一退步，自是使我安心不少。

我于二月十九日由沪飞穗，致平适已到上海，遂与同行，时农复会早已迁来沙面办公，因此沈宗瀚、钱天鹤、樊际昌、蒋彦士等咸在此。二月二十五日我即由广州搭CAT包机飞长沙，水利部派谭葆泰同行，此外同机尚有周致平、章元羲及樊际昌等。到了长沙首访当时省主席程潜及其秘书长邓某，此人不明我等来意，对我大发牢骚，语无伦次。后来我们又去建设厅，从厅长王恢克处调阅全卷，对问题多了不少认识，当地各方代表，又误以为我来自中央，纷纷请愿，其中夹入不少私人利益关系，相当复杂，使我不得不十分审慎，不能轻率作任何表示。二十七日由长沙搭小轮出发，沿湘江北上，经临泚，转入资水支流，原拟绕道湘阴，为省时，改直放沅江，这一段水路据船子言共有二百五十华里，晚宿舟中，睡殊酣。次日即驶入洞庭湖沿湖岸行。连日除视察工程外，在舟中与葆泰、致平交换意见，备作报告，由我作提要，致平执笔，这便是各种报告的要点集中。

在这一段短短时期中，论私人方面的种种已如上述，论国事则变化尤为不小。在元旦那日，蒋总统发表文告愿国事和平解决，个人进退在所不计。这一文告发表以后，一直没有反应，直到一月十五日中共才由广播提出八点和谈条件：（一）惩办战犯。（二）废除宪法。（三）废除法统。（四）改变军队。（五）没收官僚资本。（六）改革土地制度。（七）废除中美所订条约。（八）召开政治协商会议。就在这个时候传来消息，谓在北方中共已攻下天津，使北平处于孤立，在南方则蚌埠亦已陷落，南京益危，政府机关纷纷疏散，并作迁都准备，外交使节仅苏联、捷克及波兰愿随政府南迁。

三月一日由洞庭湖回长沙，三日由长沙搭粤汉铁路车南行。我还记得在"一二八"事变后，膺白姊丈即着眼于此路之尽早完成，曾嘱我起草写信给当时担任铁道部部长顾孟余先生，后经顾先生多所擘划，并派凌鸿勋（竹铭）先生主持工程，卒于抗战发生前通车。我这次还是第一次在此路旅行。五日抵广州，在农复会晤蒋梦麟先生，彼出示外交部董霖（为公）致彼之信，略谓接纽约张彭春代表电告，联合国秘书处决定聘请沈怡为远东经济委员会防洪局局长，即将径电上海等语。当晚又接凝自上海来电，亦同为此事，三月九日我就在广州电复纽约联合国秘书处接受其聘，并告以赴曼谷接事的约期。

在联合国经济社会理事下，设有三个区域性的经济委员会，亚洲暨远东经济委员会（ECAFE）即其中之一。防洪局（Bureau of Flood Control）则为亚远经会的直属机构。考防洪局的产生，可以说完全由于我国出席远经会代表团的提议，当时我国首席代表是李卓敏（C.M.Li）当ECAFE成立之初，中国代表团在会议场中声势异常浩大，一言一动，各国代表无不马首是瞻。在一九四七年ECAFE 2nd Session在菲律宾的碧瑶举行，即有设立防洪局之提议，一九四八年三月经Economic and Social Council（ECOSOC）讨论结果，主张交秘书处会同专门机构FAO研究，报告下届ECAFE（3rd Session）及ECOSOC 7th Session研究。本案分两种途径进行，一为与FAO交换意见，一为请求中国政府派员协助草拟报告。FAO之意见认为成立BFC似嫌过早，中国政府水利部所派二人提出之报告，则强调BFC应即成立，并对其编制及经费均有详细假定。一九四八年ECAFE 3rd Session在Octamond（India）开会时，遂即议决成立BFC，内定防洪专家三至五人，遇需要时可临时聘请Consultants。本案在ECOSOC再度提出时，意见颇为分歧，其分歧之原因，显然由于FAO的反对未成。缘它一意主张BFC的主持者应由FAO的Director-general予以任命，经小组会议讨论未能通过，这样一来便与FAO完全无涉，且规定防洪局为一独立组织的单位，主持者必须学有专门，而当时最重要的了解，即此一机构的首长必须为中国人，联合国方面倒都是如约而行，故这一经过双方都十分愉快圆满。我所请的两位助理一为法人，一为印度人，都是水利界中闻名之士，故彼此相处得很是融洽。

其实在防洪局犹未正式成立以前，我国政府所推荐的临时主持者乃为须恺（君悌），他于一九四八年十一月一日到任，从事筹备一切，可是须君的表现，不知何故不为当局所满意，坚决表示对任命须为正式主管一节决难同意，经李卓敏力争，对方乃同意由我国另行推荐人选。于是李于致外交部的电文中建议推荐清华大学工学院院长施嘉炀，或即举荐我，才有当选的希望。

以上种种事前我都绝无所知，仅仅记得在三十七年（一九四八）冬，时我尚未卸除京市职务以前，一日水利部部长薛笃弼（子良）来访，告我他不久将摆脱水利部，希望我能继他之任，我即表示此等事非我二人间可以私相授受，再则即使我能摆脱现职，我亦绝无意接受此职。于是他又说，然则另有一事不知我是否有意，说着他便从怀中掏出外交部致水利部的一封公函，内容即商讨联合国防洪局局长的推荐，我听后便不加思索很坦白的说："这事我到很有兴趣考虑，只是我现职犹未辞准，但我已决心摆脱，容我稍作思考，一二天内就给你答复。"我很快的就作了决定,愿意接受此聘。第二天我就去告诉他,这样外交部就通知驻纽约我国代表正式提名。此乃一九四八年十月间的事。自此以后大局形势日非,我自以为此事必已成泡影,代表团中季平来信亦说难有希望。我这人对得失向不在意,时日一久,亦渐淡忘。后来这事居然会成事实,诚大出我意料之外。

在我正式接受联合国之聘以前,于三月十三日由广州回上海,摒挡一切,在沪虽仅二星期,但强抽了一个时间到溪口去看蒋先生,凝亦同行,搭的是江静轮,这时徐学禹还是招商局的董事长,他替我们安排一切,招呼极尽周到,次日一早便到宁波,换坐小汽车到溪口,上午十一时半步行上山,蒋先生留吃午饭,同席有王东原、黄镇球、倪文亚、蒋经国。下午二时凝亦上山,寒暄片刻,遂即下山,临行蒋先生还备了礼物一份,嘱转带大姊,一份送给我们,话别之时,彼此都未免黯然,下山仍搭原船回上海。这时蒋先生下野不久,蒋夫人已去美国,山居情况未免落寞。我往谒的目的,无非借此告以将去曼谷并申问候之意。

我于四月四日由上海动身先去香港,临行前数日和各处亲友告别,自有一种难以言宣的情绪。其时政府和谈代表张治中、邵力子等一行正于四月一日赴平,和平空气虽隐现不定,但人心总还是惶惶难安,而物价之上升更是惊人,一日之间米价可增数倍。我经港仅停一日,次晨即转航泰国,这是我第一次到曼谷，时为一九四九年四月六日星期三。方显廷、谭葆泰、黄开禄，均来机场接我，下榻于Ratanakasin Hotel。当日即往访远经会执行秘书Dr. P. S. Lokanathan，次日上午八时即去Paruskawan Palace办公，这是远经会的办公所在，位于Rajadamnem Avenue，是一条相当宽阔的林荫大道上，路之尽头为泰国国会，两旁尽是政府机关，当时ECAFE办事处亦设于该处。ECAFE的秘书处的Administrative Officer Mr. Barbosa已为防洪局预备好一间办公室，相当大，但我到后就只我一人办公，这情形一直延续二星期之久，不但无人办公，且亦无公可办。

ECAFE的秘书处成立于一九四七，原在上海办公，由于时局不稳才于上年（一九四八）年底迁来曼谷，其时尚系草创，规模不大，只有少数几个Divisions，重要职员多数都已到达。在战后我国以四强之一的姿态出现于国际舞台，远东各国无不刮目相看，因此ECAFE第一次大会就在上海举行，第一任大会主席便是蒋廷黻，那时我国只知争面子而忽略了实际，因为做了大会主席便不得不把执行秘书一席让给他国，结果便落入印度人之手，其不知大会主席只是开会短短数日中的事，而一切实权却一把抓的反而落入秘书处的执行秘书手中。印度由于做英国殖民地太久，一般人的奴性特别根深柢固，一旦独立不知不觉都有一种自卑感，对人处处疑忌，毫无半点合作精神。即以这位执行秘书而言，表面一副笑脸，背后则处处挑剔，是一个极难合作的人。例如我初到办公之日，和他商量关于防洪局的一些人事问题，依照规定有Expert三人，一为我本人，一系法人即为Albert Normandin，在我抵曼谷前已经决定，另一空缺则事前已有了解，将为印度保留，我见Lok，彼即告我印度政府曾送来名单，共有三人，那三人中，二人因故皆不能来，另一人名M. Narasimhaya。Lok的复电则谓"not considered"，并请印度政府另行保送。其第二张名单已到，他即随手出示，其上共列四人，叫我表示意见，我说这四人我都一无所知，实无法批评，此事何不让我到印度调查明白后再作决定，他觉得我的理由充足无可反对，遂亦同意。我鉴于防洪局之成立虽由我国一手推动，但时局忽然急转直下，形势全非，此时亚洲论大国，首推印度，故我必须与印方取得良好联络，故我决定以印度为第一个访问的国家，我很重视印度的Expert人选，认为这人对防洪局有莫大关键，这样我便于一九四九年五月初偕法顾问Normandin作首次旅行，目的地即为印度。这时K. P. S. Menon正在印外交部任职，地位相当重要，我和他因在南京时有一段渊源，故我心目中要访问的人，第一个就是他，此外则为A.N.Khosla, Chairman of CWINC（Central Water, Irrigation and Navigation Commission），我虽不相识，但久知其名，同样是我访问的主要对象。我初到第一日即和此二人见面。Khosla告我，他不解何以Loknathan将第一次名单退回，其实依彼意见M. Narasimhaya很是理想，印度政府曾有一度相当生气，这是Menon说的，其不预备送第二次名单，只因鉴于印度若放弃此缺，其势必为巴基斯坦所得，此非印度所愿。于是我便告诉他们，我对此Expert只有两条件：一为学问经验，俱臻上乘。二为能与人和谐合作。此在国际机构是极其重要的，其他均非所问。至于第二张名单之四人，我均一无所知，究以何人为最合格，请君等代为指定。于是Khosla便说第一名N. Govindarajan系Lokanathan同乡，同为Madras人，完全出于Lokanathan授意，第二名B. K. Kapur，他以为很可入选，我觉如此甚好，便即决定。这事有了解决，其余只是些访问参观等节目。Khosla为我和Normandin举行了一个晚餐招待，又陪我拜会尼赫鲁，地点在国务院总理衙门。他的办公室很小，和普通公事房毫无分别，我的这一拜访实为一种礼貌，并未多谈，仅三五分钟即辞出。但当日的无线电即有广播，在曼谷的人也都听到。我和Khosla虽属初见，但他的态度言辞都很是诚恳，他乃是印度水利工程界的权威。我向他请教有关BFC今后工作的若干问题，他特地召集了全体高级干部和我及Normandin作了将近二小时的讨论。日后尚有许多事实，甚可证明我们这次的访问印度是很成功的一次旅行。在BFC最初成立的数年中Khosla对我始终是一个精神上的支持者。

BFC Experts一共三人，除我以外，便是Albert Normandin，他是法国人，于一九四九年五月到职，另一位即B. K. Kapur，印度人，于一九四九年八月到职。Normandin生于一八八四年，到职时年龄已超过六十，六十岁在联合国的规定说来，已是退职年龄，但他多年在Indo-China的防洪经验，经法国代表的推荐，由SG特准任用。他自一九一〇年起到一九二七年止，一直在Indo-China，最后十年，他的名义是Cheif Engineer，他在BFC任职二年，我们时常共同出外旅行，他年事虽高，但身体极健，经验丰富，尤其对问题有独到之见。二年任满，我还想继续留他，但格于章程，再加这执行秘书很不喜欢他，不予支持，结果便于任满后回国。我和Normandin还有一段渊源，即当一九三四年，于德国明兴举行国际道路会议时，他是法国代表之一，我则为中国首席代表，事后发现两张照片都有我二人在内，但在当时却是不曾相识。

Normandin在安南工作时，法代表Henri C. Maux即在其手下做事，讲起Maux这人，他常自称为防洪局之母，这确是一点不假，他自己是工程师，当年由国际联盟派来中国工作，与他同来的还有荷兰人M. Bourdrez（蒲得利），也是工程师，不幸在抗战时，蒲因查勘水利，死于云南金沙江，蒲与Maux和我都有相当认识。ECAFE成立后，每次法国代表都由Maux担任，这人对我国很热心，他很想对中国的水利问题，特别是黄河问题，找条出路，因此在ECAFE大会中提出一个成立临时性的三人以至五人小组，以从事研究远东防洪问题的提议，他的原意并不在设立一个永久性的组织，这事和中国代表团交换意见之后，中国方面立即热烈响应，并力主成立永久组织，印度代表更从而和之，这样才演变到Bureau的出现。这一段经过，于防洪局历史自是有莫大的关系。

我于一九四九年四月六日抵曼谷，七日正式接事，若谓防洪局即于是日成立亦无不可，但这时整个防洪局就只有我一人，如是者达二星期之久。五月十三日Normandin抵曼谷，二十四日我和他便相偕赴印，归途并顺道至缅甸及East Pakistan，六月五日返曼谷，是时谭葆泰及保紫宸应余约亦先后到达。谭葆泰在未获得正式任命前，暂以Consultant名义在BFC工作；保则担任秘书工作。在五月至十二月这一段时期我几乎没有一个月不在东南亚这个区域中作访问的旅行。

我们这种的旅行，不是没有意义的。第一，由于这种个人与个人间的接触，在很短时间内BFC和所有ECAFE region里面的水利机构以及主管人员发生了密切的关系。第二，对于各国水利问题经过实地考察以后，增加了不少的认识。第三，旅行中所搜集的资料以及可发现有共同性的问题，经过整理和研究以后，不断以防洪丛书方式予以发表。防洪丛书（Flood Control Series）截至一九五八年止一共已出了十二种，有的只出英文版，有的英文以外尚有法文版。BFC的防洪丛书由于技术水准相当高，深受各方重视，BFC在国际间声誉日隆，与此很有关系。

设立防洪局虽出自法国代表Maux的竭力主张，但其卒底实现，还是因中国的全力推动。当时我国方面想法，以为有了防洪局便可通过UN帮助，解决我国迫切的水利问题，其时UNRRA甫告结束，这种国际援助方式，人人都对它有了深刻印象，我国对防洪局的组织如此热心即由于此。无如在半年之内形势日非，及至BFC成立，"政府"已由南京退至广州，最后则迁到了台湾，我国的大陆已不能成为工作的对象，我适于此时以中国人一分子，负起了这一国际水利机构的使命，不得不改弦更张，以期适应当时环境的需要，这样BFC便起草了一个工作大纲（Work program），这是一件够伤脑筋的事。缘防洪局不比国内一般机构，如果无法以事实来证明它有继续存在的价值，则一年以后随时可有被取消的危险。一九四九年秋天，HQS的Wladek R. Malinowski于星加坡大会以后，在Bangkok停留几天，我和他谈到防洪局的工作，他首先指出防洪局是中国作成的，言下颇有面目全非的讥嘲，而含有倒要看看你怎样做法之概。此人原籍波兰，在Ho's主持Reginal Commissions Sections，为人刁诈异常，但颇有小聪明，表面上一团和气，骨子里专好找人"错误"。照说对这种人最好敬而远之，无如由于工作关系，不得不虚与委蛇。我当时很坦白的告诉他，防洪局的工作不可一味局于纸面文章，必须切合实际需要，使得ECAFE region的国家感到这防洪局的存在，乃有多种的意义。

其时U. N. Expanded Technical Assistance Program方在开始，我以为一方面我们尽可能以family doctor的身份到各方

巡回访问，发现了问题配合ETAP尽量予以技术援助，我又说，如果防洪局打不开这条出路，则这些Experts都可毋需请教，只要几名Clerk办点交换情报和收发的事，已是足够。事后我将我的想法讲给Normandin听，他也深以为然。

我万不料以联合国这样伟大的机构，其内部重要位置竟尽被这些国际官僚所霸占，这些人大都只知自己饭碗为重，工作则在其次，其不识大体，绝无工作的抱负，实实令人齿冷。我们这小小单位，包括书记、打字员，以及绘图员在内，一共才不满十人，由于我们工作认真，并且对任何事都饶有理想，从无办法中找办法，而且总有事实表现，因此渐渐为各方所重视。凡是Bureau所出的刊物，自始即受各国工程界一致赞美，声誉闻于遐迩。在我个人说来，还是时时有誉过于实之感。

我自到达曼谷，接事远经会防洪局之职以后，内心最感沉重的，无过于如何来进行此一区域对水利发展的步骤，于是我便和若干顾问到各国访问视察，交换意见，众议金同，我便决定了这个"湄公河水利发展计划"。这十余年来孜孜于此的奔走游说，终于得到了寮、泰、柬、越的共同合作，不能不算是一大成功。兹姑以我在亚洲暨西太平洋营造业公会国际联合会第三届讲辞附录于后，略记我在联合国远经会任防洪局之职的概括经过，文如下：

湄公河水利发展计划——国际合作的示范

主席，各位先生：

今天我有机会对贵会发表演说，深感荣幸。由于我被邀请报告一些关于湄公河水利计划的背景及其最近的发展，更觉这个机会难得。湄公河计划系由联合国亚洲暨远东经济委员会的远东防洪局所推动，自该计划创设之始以至一九六〇年七月我返国之时止，我一直主持是项工作共达十一年之久。

湄公河上游在中国西南部为澜沧江，下游流经缅甸、寮国、泰国、柬埔寨由越南入海，全长四、三〇〇公里（二、六〇〇哩），居世界大河流的第十位。下游流域面积为六〇九、〇〇〇平方公里（二三五、〇〇〇方哩），其中百分之七十七对于寮、泰、柬、越四国一千七百万人民的生存及将来具有莫大的关系。

湄公河下游流域位于亚洲季风区的中心，因此，雨量甚大，而且分布不匀，数百年来这条河流一直是一股强大的破坏力量。每年受洪水泛滥的土地达数百万公顷，仅少数地区才有灌溉之利。交通不便是经济发展的最大障碍，这条富有重要性的湄公河，只能部分通航。乡村地区没有电力，城市纵有电力，收费高昂。该河的伟大发电潜能可说一直未被人发现。

在柬埔寨、寮国和越南未获得独立之前，法国工程师们对湄公河曾作了一些有关雨量、地形和空中摄影的实测。泰国方面亦对流经寮国边界的部分作相同的研究和测量。然而，在一九五一年联合国远东防洪局开始推动此一计划之前，事实上湄公河从未为人所重视。其时该地区的政治纷扰尚未获得解决，因此当时的工作只能以河流潜能的研究和调查为限。

一九五四年日内瓦高层会议将越南问题解决之后，该地区的情势渐行好转，重新引起人们对湄公河的注意。当一九五五年四月亚洲暨远东经济委员会举行第十一届大会的时候，再度强调国际河流开发的重要性，并决定了这一方面以后的工作步骤。一九五六年专家们在亚洲暨远东经济委员会主持之下，开始就灌溉、航运、防洪和水力发电种种，对湄公河的潜在资源从事研究。

一九五七年二月这批专家们提出一项报告，详述它的调查结果。这个报告，当时有人讥笑为"幻想文书"（Dream Document）——力求将专家们的研究，能对两个以上国家发生有利的作用，从而遵循国际合作方式制定以后的湄公河发展方案。

当时基本数字（basic data）几乎完全缺乏，因此当前最重要的工作就是搜集有关河流的基本资料。虽然如此，但在亚远经委会的报告中仍指出一点，认为该河下游

沿岸四个国家可以设法增加的耕地面积共有五、七〇〇、
〇〇〇公顷,而目前有灌溉之利者不足百分之三。

　　湄公河的重要计划之一是截储水量以灌溉一百万公
顷以上的耕地。再者,流域沿岸的耕地百分之八十六是稻
田,因此,灌溉和防洪不仅可以改良稻作,而且可以种植
其他各种农作物。

　　该报告已明白说明了湄公河三角洲的水资源富藏,同
时选出几个有利地点认为应作进一步的详细调查,其中最
主要的是柬埔寨的金边湖(洞里湖)(Tonle Sap)和松巴
(Sambor),寮国的喷恩(Khone)以及寮泰边境的凯马里
(Khemarat)和巴蒙(Pamong)等五处。该报告认为以上
五个计划一旦完成之后,将可生产一百三十七亿瓩小时的
电力,而其成本则相当低廉。

　　最后,亚远经委会的报告说,当进行建设上述五处或
其他计划时,自应同时注意灌溉、防洪,和疏浚河床以利
航运等工作。

　　约在同一时期,在美国国际合作总署赞助之下,对湄
公河也进行了一些勘测工作。

　　一九五七年湄公河下游沿岸四国因亚远经委会的报
告所引起的注意非同小可,此四个湄公河下游沿岸国家遂
即于一九五七年五月举行一个会议,审查了亚远经委会的
报告,并建议设立一个"湄公河下游建设协调委员会",该

委员会于同年十月正式成立。

协调委员会在联合国赞助之下进行工作，它是上述四国政府的合作机构，亚远经委会的防洪局则相当于它的秘书处。

当协调委员会于一九五七年九月举行预备会议和同年十月举行第一次会议的时候，曾请求联合国聘请若干国际知名专家作进一步的探讨，以草拟发展湄公河的具体工作纲要。不久，一个湄公河下游的勘测团在联合国技术协助总署下就成立了。

该勘测团系由美国惠勒中将（Lt. Gen. Raymond A, Wheeler）担任团长，经三个月实地陆空勘测之后，于一九五八年二月提出有名的《惠勒报告》，详细规定湄公河应在多目的计划开发之下，从事进行各种必要的调查工作。

惠勒报告再度证明湄公河的伟大潜能，并强调如果草拟任何计划，搜集基本资料是非常重要。惠勒报告特别建议一项为期五年的调查计划，预算所需费用为九、二一一、〇〇〇美元。采用国际合作的方法以发展一条国际河流——湄公河——的工作，实际上于沿岸四国合组协调委员会和请求联合国协助的时候已经开始。

虽然此四个湄公河沿岸国在种族上，政治上，甚至在地理上有不同之点，但它们却在这条大河流，以及祈求经济和社会进步的共同目标下团结起来。由今以往，湄公河计划的发展无疑的将更有助于此种团结的加强。它们不断的合作和共同运用资源，以开发这条巨大河流，成了国家们为共同福利而合作的一个好榜样。在联合国之下进行着这样一件有意义的工作，亦是我们时代中的一种新征兆。

也许这是柬埔寨、寮国、泰国和越南合作精神的表现，或者这是联合国综合各方面技术和经济援助所促成的结果。除了上述沿岸四国之外，有十一个国家对于湄公河计划正在提供具体性的援助，这十一个国家是澳大利、加拿大、中国、法国、印度、伊朗、以色列、日本、纽西兰、英国和美国。同时亦获得联合国各专门机构的协助，如国际劳工组织、粮农组织、科学文教组织、世界卫生组织、世界气象组织及国际原子能机构等。

协调委员会的任务，主要是审定各种调查的项目，换言之，如何利用各国及各专门机构的协助来完成这些项目。在经过周详讨论之后，已决定以如下的协调方式运用各种援助：

运用英、法、纽、印的援助及美援的大部分，建立水文站和气象站的系统，购置测量汽艇及器材，训练水文测候工作人员。

剩余的美援，则指定为完成由缅甸边界起以至于海口止湄公河整个航道的水平测量之用。这一切工作系由一家美国工程公司运用美援款项去完成，该公司于一九五八年十二月即已开始工作。

日本的援助指定用于湄公河各重要支流的勘察，日本政府曾选择专家组成一个勘查队，并于一九五八年十二月开始实地勘察。第一期的工作已于一九五九年四月完成，全部勘察工作预定于一九六一年初结束。

加拿大的援助，指定用于湄公河主流及支流的空中测量。该项工作实际上已于一九五九年十一月开始，预定于两年内全部完成。

澳大利的援助，指定用于湄公河主流预定建筑水坝地点的地质调查，包括钻探工作。

经常有人问，湄公河主流及支流各项建设计划于何时始克完成？谈到这，似乎为时尚早。截至现在止，一切工作均依照惠勒报告进行中。据推测主流的第一期建设工程可能于十年至十五年内开始实施，支流分面的工程，则五年至七年内或有着手之望。

由于上述，我们可以看到为完成这种建设计划将费多少的时间，在工程未开始实施前，多少工作须先事准备，不能有一点疏忽。……

上月我去澳大利旅行，当地许多政府官员、国会议员和新闻记者曾以中国大陆的各种工程建设问我意见，我作了如下的答复："现在中国大陆正进行着一个巨大的黄河防洪计划，我们都知道黄河的问题，全在泥沙处理一事，如果事先没有能把这件事解决，仅仅靠建筑一个蓄水库是行不通的。……

几年前当我在曼谷时，有一天我读到一份大陆的报纸，报导有关淮河某地洪水位的情形，对一般读者，这种洪水位的数字是不会发生什么兴趣的，但对于工程师的我却不同。由于这个报导使我怀疑他们所造的润河集水坝出了毛病，否则洪水位不会那样……

最后，我可以说，湄公河计划不只是一个建筑几个大水坝和几座水力发电厂的计划，它的伟大处，乃是使有关国家由此紧密地合作和和平地共同生活。这是一个国际合作的良好榜样和一件努力追求经济发展的具体事实。无疑的，这是对于亚洲人民改善生活，增进福利的一项重要贡献。

主席，各位先生，末了，请允许我引述一句中国谚语，这就是："远水不能救近火。"现在可惜的是湄公河的建设计划仅在开始阶段，它正如遥远的水，它还不能担当起救助当前正在寮国燎原的大火。

"交通部"七年

征召"回国"

一九六〇年春我接受征召，毅然决然辞掉了担任十一年又三个月的联合国亚洲暨远东经济委员会防洪局局长职，回到台湾，其中经过颇值得一述。

在我服务联合国这一段时间中，当局要我回台工作，前后共有五次之多。第一次在一九五一年十一月，那是我首次返台度假。原来联合国有一种规定，所有职员除在当地聘请者外，均得于任职两年之后，回他的本国度假一次，并得偕家人同行，来往川资不论远近均由联合国供给，它的目的在使在联合国服务的人和他的本国不致脱节，用意是很好的。那年我和懿凝带了育培、育莱、育沁三个孩子一道回台，不仅在台北住了一段时间，还到台中、台南、高雄去走了一趟。在台北先住初期时代的圆山饭店，设备一切与今日的比较起来，真是有天壤之别，最后我们住的是北投台湾肥料公司招待所，地方很清静，风景也好，那时汤元吉兄是台肥的总经理，每次不论我路过台北也好，度假也好，总要打扰这几位好友，元吉兄以外，还有黄显灏兄，这种友情真是令人可感。

这次在我们临动身离台那天是一九五一年十一月十七日的一大清早，忽接陈辞修先生电话，说他立刻就要来北投看我，我对他说，北投路远，而到招待所这段山路很窄，坡度又陡，特别的不容易走，请他不要劳步。然而他终于匆匆的来了，见面就说要我来台担任"经济部长"，我即婉言表示不能接受，再三谢他的好意。犹忆当他在湖北任省政府主席的时候，曾有一次要请我担任建设厅厅长，那是在二十六年冬，抗战才开始，我方到汉口，因已就了资源委员会的主任秘书兼工业处处长，未能接受，这已是再次辜负他的好意了，我内心不仅感谢，而且十分歉疚，幸而辞修先生颇能谅解，这样我就当天回了曼谷。

第二次在一九五二年年底，我在曼谷忽接驻泰"大使馆"转来陈辞修先生的一个电报（四一、十二、二十五），说要我立即去台湾一行，未言何事，接着就收到严静波（家淦）、吴国桢两位联名来信，说台湾即将开始它的第一个四年经建计划（一九五三——一九五六），以四年内增加农工生产一亿美元及每年增加国库收入新台币五亿元为目标，这样自一九五七年起，即可不再需要外援，并拟成立工业建设委员会，以督促四年计划工业部分的进行，其主任委员一职，希望我能担任。次年正月二十一日我去台北，当天就见到辞修先生和吴国桢。吴是当时的台湾省政府主席，所说的意思与来信完全相同，仲容不作表示，倒是严静波先生把内情细细分析给我听，他说陈先生主张的人，吴不赞成，而吴提出的人，陈又未必同意，你是难得他们一致同意的人。随后我去见辞修先生，就说我对此事不是没有兴趣，可是不想就，原因有二：第一，我在联合国推动的工作刚开始，还无法告一段落。第二，台湾有现成的人才，何必外求。辞修先生就问我你倒说说看，是哪几个。我说严静波、尹仲容、杨君毅，他们三位中任何一人担任此事，都能胜任愉快。辞修先生觉得我的话也不错，但说他们各有职务，我还是发表你，你暂时不来，由人代理亦可，我说这万万不可。说实话，我对此事确不是没有兴趣，依我意思，这个工业委员会应当仿效农复会的组织，我并无意想挟外人以自重，但在台湾当时的环境，要想把事情办好，实非如此不可，农复会何以能有如此成就，和它的组织有莫大关系。我自到台北，从各方面所得印象，大家并不重视这一点，而且也无意这样做，如此，我便拿定主意，决计不就，当然对于辞修先生和许多人的好意，我还是非常感谢的。

第三次是一九五五年的事了。早在一年以前，当局已在积极筹划兴建石门水库，是年五月初，我适有美国之行，五月一日道经台北，晤见陈辞修先生，他再三要我担任此事，徐行健（世大）兄对设计石门水库出力最多，亦竭力怂恿。我对辞修先生只是说，我正要去美国，愿意利用机会，作一番考察，特别对主持水库工程的机构，应当如何组织，我将提出一个建议，供他参考。我的意思工程执行机构决不可采委员会制、委员会的一套，说负责，负责的人太多，说不负责，人人都无责任。自民国十五年以来，我们已吃足它的苦头，因此组织必须紧凑健全，才办得好，我对这一点，看得十分重要。换言之，如果能照我的意思来组织，我才愿考虑就不就，辞修先生当时似颇以为然。但我抵美才不多几天，就接着他来信说，石门水库建设委员会已告成立，他自兼主任委员，而希望我就该会执行长一席。我考虑至再，一面答复辞修先生，我不能担任此事，一面再度推荐仲容。其时仲容正因案闲居在家，而且也有朋友暗示我，把事情让给仲容，我就毫不迟疑的这样做了。

这几年之中，我不是度假，就是因公经过台湾，平均每年至少一次。一九五七年秋，又因述职赴美，经过台北，谒见蒋公，当面嘱我早日回台。张秘书长岳军先生为此多次和我通信，一九五八年正月，又接来信说，蒋公在我的去信上亲批"请其于本年春季回国服务"，但并未说明要我回来做什么。其时湄公河下游开发计划，正在积极进行，我回信表示，此时提出辞职，难邀联合国总部的批准。二月初，又接岳军先生信，谓蒋公意欲以"经济部"事畀我，力促余归，我表示对"经部"事无兴趣。未几，"内阁"改组，俞辞，陈继，此事即未再提，若论次数，则应是第四次了。

由于蒋公不断促归，我于一九五八年六月有信向在美国的大姊请教，姊回我的信说：

> 能先平心在台下与幕前看得清楚，则不顺时可少懊恼，一入毂中，光线不同，个中人自己的宽容，与台下观众之责望，亦不同。
>
> 从政有两个方式：安分守己求进步，理想远见立风气。二者均必要，而非常时期，后者更要紧。
>
> 但怕一入此中，后继为难，倘不作官而为民如何？中国人打得开一条不作官而报国之道，比上台报国之功将百倍。

我复姊信，略谓：

> 安分守己求进步，今非其时，理想远见立风气，颇有此心，还须看如何努力，能不作官，而以其余力报国，同有此想，但尚想不出如何做法。

有一段时间，台湾似乎每次都是立即要我回来，但经过我说明在联合国我所做的工作后，则又搁置下去，可是过一时，却必然又要旧事重提。至于报章杂志，捕风捉影，更是时有所闻，譬如说我将出任台湾省政府主席，就不知有多少次。现在要讲第五次，亦即最后一次，我是怎样毫不迟疑接受征召的。

一九六〇年三月二十九日由驻泰"大使馆"转来辞修先生电报一通，内容甚简，只是说蒋公面嘱，要我即回台一行，并不说明何事，此电来得很突兀，但猜想必与要我回去工作有关。当与凝细细商谈，原则上先作了一个决定，就是这次不再提以前那些话，因为台湾必已仔细考虑到，把我从联合国召回以后的后果，这样说来，只要我能做的事，我就决定接受，再不推辞了。四月五日我由曼谷飞台北，所有几个熟人，像辞修先生、岳军先生、鸿钧、仲容、亚民（即霍宝树）兄等，都首先一一看到。七日上午十时，蒋公召见，以下是我陈述的大概。

蒋公一定很明了我在外的情形，我在联合国工作虽已逾十载，但尚未届退休年龄，而且有事可做，并且做的是一件在国际间很受重视、有相当意义的事，即湄公河下游水利开发计划，在这一年来，这计划又有了不少进展。

现在蒋公有召，为赴"国家"之急，我无论公私均属义不容辞，个人本身现已无所考虑，但不能不深入的想，即对事情是否有裨益，否则无以对蒋公知遇，抑且难以自解。

我颇有一些想法与做法，想陈述，蒋公在听了我的陈述以后，如以为可，我就遵命去做一个时期，譬如说，一年或二年，一年二年之后，如果道理还是对的，但却做不通，则问题不是别的，而是我这个人不适合于这个环境，为事情着想，最好能准我辞职，蒋公知道我原是学工程的人，而且学的是水利，连年所做都非政治方面的事。

在"总统府"召见，向例名单上必有一大批人，每人时间最多十至十五分钟，因此我表示希望能再请见一次，并且希望时间能多一点。果然次日（八日）下午五时，又蒙召见，地点改在士林官邸，蒋公首先语我，要我出任"交通部长"，并且说这是一个大"部"，我便说了下面一段的话：

蒋公现在命我做的事，我如接受下来，我就必须想我应当如何去做，依我现在的想法，简单说来：

第一如何精简这个机构（包括其附属的一切），使之运用灵活，有高度的效率。

第二如何振奋这个机构的人心，使人人踊跃将事。

第三如何把握这个机构的业务的重心，急其所急。

以上是属原则性的，至于办法，则我以为：

一、"中央"专理政策、监督、考核，少管琐碎之事，多多授权地方。

二、集中全力研究并筹划一旦恢复大陆后待做之事。

三、路、电、邮、航四者之中，拟将重心放在航运。平时为发展对外贸易所必需，战时可补军事运输的不足。

四、现在每一机构的公务员人数太多，至少可以省去一半，其办法非裁员，亦非强迫退休，而是停职留薪的退役，保留其现有待遇，从此却不再增加，此事办妥以后，便应改善公务员待遇，使真正工作者，获得勉可维持生活的薪给，同时又能放手做事，则行政效率必可大大提高。

蒋公听了我的陈述，特别对于最后一点，以慈祥温和的口吻说：你的意思不错，但我以为你一到就这样做，对你并不好，好在你来了以后，自会明白一切，能做就做。我告辞退出后，把所说的一切告知陈辞修先生，他却连说：好，好，非如此不可。我又见到岳军先生，他一心一意只在告诉我这次的事怎会落在我头上，还说，这次蒋公下的这着棋，实在太高明了，因为你是陈辞修所欣赏的人，他不好意思反对。我听了这才恍然大悟，正如大姐所说，我殆已落入台湾政治圈的彀中了。我虽不后悔，但未免要想辞修先生多少次要我回来，我都未答应，偏偏这次答应了，却未必是出于他真正的希望，假如岳军先生早把这情形告诉我，我的决定也许就不同了。

落入彀中，我不能怪谁，因为我对台湾的情形并不如一般久留在外的人茫然无所知。然则我居然肯回来，这其间自有不少因素：第一、我对蒋公不寻常的知遇，不能不有以为报。第二、我们的孩子虽尚有两个小的还在读中学，但大多数都已修完大学，我们的负担已日渐减轻。第三、趁我还未到退休年龄，体力尚健，苟有可以为"国家"效劳的事，再不接受下来，尚待何时？一切我只是尽心去做，至于做得好做不好，非我所计，我只求心之所安，如此而已。

我在联合国服务不为不久，而且地位相当高，待遇更是优厚，以我当时的情形，若干年后退休下来，即可获得一笔数目不小的退休金，在一般人的想法，不妨就在"国外"找个地方住下来，这是很顺理成章，而为多少人求之不得的事。因此，当台北盛传我将回台的时候，蒋梦麟先生和沈宗瀚兄打赌，断定我决不会回来，还有关心我的人，为我个人打算，也都不主张我回来，大姊一直是反对我回来的，俞鸿钧兄也再三劝我不必回来，岂知我和懿凝却另是一种想法，最最难得的要推凝，若在他人，对此举一定不会赞成，而凝则处处鼓励我，以为这样，我们才能心安。当我们作这个决定时，也把我们的意见告诉在"国外"的几个孩子。以下是凝当时写给孩子们的信，告以我这次从台北归来为凝讲了这样一段话：

> 此番我"回国"，完全抱着牺牲精神，尽我做国民责任，只知耕耘，不问收获，至于个人生活，只能当它从此已没有收入，吃饭须靠自己，做事乃为别人，而且还要准备有勇气受气挨骂，任何委曲，在所不计，只要能做一二有意义的事，于愿已足，甚至一点也做不出，亦无所怨尤。

凝于此段之后说：

　　我一定也不计一切，本此精神，同甘共苦，我必时时
祷告，求神给我们勇气，给我们力量。

　　我在离台北时，曾声明我在联合国尽管立即去办辞职手
续，但并不能说走就走，至少要有二三个月的时间，方能脱身。
及至我回到曼谷以后，我就向亚远经委会执行秘书乌农（U
Nyun）说明此事，然后经过联合国总部主管经济社会事务的副
秘书长Philippe de Seynes 向秘书长 Dag Hanmarskjold 提出
辞呈，对于我的继任人选，一方面则由我方蒋代表廷黻正式向
联合国秘书处表示，希望此席仍能由中国人担任，一方面我亦
以书面力保谭葆泰兄，但未为总部同意，结果遂为日本所得，我
的后任安芸皎一博士（Dr. Koichi Aki），日本帝大教授，原是
我所认识，论能力不如谭君远甚，但大势如此，亦是无可奈何。
　　我向总部辞职的信去了不久，就得到秘书长哈马绍的批
准，现在把他的原信照译及附印于后。

　　沈怡先生：
　　读一九六〇年六月一日来书，藉悉你决定辞去在联合
国的永久性职位，这是使我在诚挚的惋惜下才接受你的辞
职的。

UNITED NATIONS 　 NATIONS UNIES

NEW YORK

CABLE ADDRESS · UNATIONS NEWYORK · ADRESSE TELEGRAPHIQUE

PEU 60 22 June 1960

Dear Mr. Shen-Yi,

I wish to acknowledge your memorandum of 1 June 1960, in which you convey to me your decision to resign your permanent appointment with the United Nations. I is with sincere regret that I accept your resignation.

By your devoted and excellent service to ECAFE as Chief of its Bureau of Flood Control and Water Resources Development from the time of your appointment to the United Nations in April 1949. you have indeed made a very valuable contribution to the work of the United Nations. I am pleased to know of the high esteem in which you are held by your Government and wish you happiness and every success in your new assignment as Minister of Transport in the Government of the Republic of China.

I greatly appreciate your expression of continued interest in and support of the work of the United Nations.

Yours sincerely,

Dag Hanmarskjold
Secretary-General

Mr. Shen-Yi
Economic Commission for Asia
and the Far East
Bangkok, Thailand

在你自一九四九年四月起担任亚远经委会防洪局长期内，所有忠实与优越的服务，使你对联合国的工作，确实作了极有价值的贡献，我非常高兴得知"中国政府"对你的高度重视，并祝你在担任新职时愉快与成功。

你在来函中表示对联合国的工作将继续关切与支持，使我非常欣赏。

秘书长哈马绍　一九六〇年六月廿二日

我何以要把联合国秘书长的信附刊于此，其目的只是要说明我在接受台湾征召之后，是向联合国辞职，而不是退休然后"回国"的。的确朋友中有人曾替我打算，我如果能多待一时等退休了，然后回来，这对私人经济方面来说，将要划算得多，而我却不待退休就辞职回来了。我回到台湾以后，有一次在"立法院交通委员会"答复质询，竟有人提出这个问题来问我，我已记不清问者的姓名，但当时的一问一答，都还一一记得。

某委员问："沈部长，我想请教你一个问题，听说你在联合国已届退休年龄，你是退休了以后才'回国'来的，你能不能告诉我们一些关于这方面的情形。"

我当时先请教主席，这问题涉及私人，已越出质询范围，是否需要答复。主席当即说：

"这问题沈部长可以不必答复，但你如愿意答复，也未始不可。"我就说：

"我是愿意答复的。"我首先说：

"我可以告诉某委员，我在联合国尚未届退休年龄，我自奉政府征召，是正式辞了职回来的。"接着我又说：

"某委员提出这个私人问题来问我，他是否觉得我这人已届退休年龄，显然已没有什么用处，贵委员的意思，政府何必还去用这样无用的人。"

这时这位委员有点不自然起来，连声说绝对不是这个意思，还说政务官并无年龄限制等等。问答至此，已到中午散会时间，主席就宣布散会，大家遂一哄而散。

当我们在曼谷的时候，每逢星期日，我常以慕道者身份随同内子、儿女到沙吞路附近的教堂去做礼拜，讲道的牧师，常年总是那一位英国籍高大个子的中年人，人很和气，口齿清楚，讲的内容常是很精彩，我特别欣赏他有一次的话，那是在某年年终最末一次的礼拜。他说："商人到了年终都要结账，看看生意盈亏如何。其实每个人到了年终，都应当想想这一年做了些什么事，哪些做对了，哪些做错了，是做对了的多？还是做错了的多？这也是一种结账。"我现在要结的账，是我自一九六○年七月二十三日就职"交通部"起，至一九六七年十二月十一日卸职时止，一共七年四个月十八天，我究竟做了些什么。我打算把这一篇流水账先列举一下，然后再就用力独多的几件事，另作专文叙述。

甲、关于航运者

    一、轮船汰旧换新

    二、整顿招商局

    三、为招商局造船向日本商订贷款

乙、关于航空者

    四、兴建松山机场大厦

    五、协助中华航空公司添购新机

    六、CAT停止客运

丙、关于邮政者

    七、巩固邮政储金信用

    八、邮政第一次五年建设计划

丁、关于电信者

    九、增加电话消灭黑市

    一〇、兴建人造卫星地面电台

戊、关于联合国者

    一一、邀请世界银行来台考察运输

    一二、向世银申请铁路借款

    一三、向世银申请电信借款

    一四、与联合国合作设立航业发展中心

己、关于"外交"者

一五、出席亚远经委会大会三次

一六、友好访问澳洲

一七、友好访问中东各国

庚、关于水利者

一八、台北地区防洪

一九、石门水利经济学院

辛、关于其他者

二〇、交通同人福利

二一、故宫博物院迁建

二二、台北市区交通

回到台北

一九六〇年七月十五日我由曼谷回台北，飞机于清晨七时起飞，害得许多人天未明就来送行，幸而知道我确实动身时间的人不多，但仍有杭立武、王立森（森）、丁宪薰（琴南）、陈昌蔚及亚远经委会许多同事，如Rashid Herahim（副执行秘书，巴基斯坦籍）、Ahmad夫妇（巴）、Boonrad Boonchak夫妇（泰）、Khana（印）、谭葆泰夫妇、保紫宸夫妇、杨叔进、胡元璋、S. L. Tan（印尼）等。杨（叔进）、胡（元璋）、保（紫宸）三君都开了自己的车来送我们到机场，这天只是我一个人先走，凝和珊、璇、莱、沁四个孩子则要稍迟几天才去台北。

我没有把动身日期公开，和取道马尼拉转台北是有其原因的。本来由曼谷飞台北，香港是必经之地，我因要避开香港，才绕道马尼拉，我何以要这样走法呢，其中自是有一番道理。原来自从台北、香港、曼谷等地报纸上登出我将回台的消息以后，一日忽接一位朋友自港来信说，我的舅舅葛湛侯（敬恩）突然由大陆到了香港，表面上以医治目疾为名，并且说在港将有好几个月的停留，恩舅确患有目疾，但令人起疑的，他一直在上海住家，可是这次却是从北京坐南下的通车，经过广州来到香港。我的朋友觉得这情形有点蹊跷，就把这消息透露给我。我从小称恩舅为寄伯，他对我一向关切，我一生得他训导的益处很多很多，若在平时，真是巴不得能有机会见到他，这次却使我要设法避他，这是使我十分难过的一件事。果然在我这样到达台北以后，他不再医目疾，又突然回大陆去了。后来我看见蒋公，也报告了这段经过，蒋公听了，反而说你为什么要避他，应该见他可以了解一点大陆实况。蒋公当是说得轻松，当真我和恩舅相见，不知要引起多少谣言，惹出多少是非呢。

　　到台北后，最重要的就是决定人事，以下是我的安排：

政务次长	张寿贤
常务次长	费 骅
主任秘书	王开节
总务司长	傅德卫
航政司长	曹省之

机要秘书　　　　杨祖庆

　　若论我和以上几个人的关系，寿贤在南京市政府做过我的秘书长，自那时起，我才和他相识；费骅一向在美援会工作，也是近年才相识，他来曼谷开会多次，请他担任"常次"，这是我和仲容兄商量以后才决定的；王开节则是出于谭伯羽兄的推荐，过去我和他素无一面之缘；傅德卫是邮政方面的人，以前并不相识，出于霍亚民兄的介绍，俞大维兄对他十分赏识；曹省之同济大学工科第一期毕业，是我的同学前辈，并不熟，且已失去联络多年，到了台北，才知道他在招商局任船务部经理；杨祖庆则在重庆交部相识，那时他是凌竹铭（鸿勋）先生的秘书，此时正在台航公司主管人事。从以上所说的看来，所有的人除了寿贤，几乎都是交通界的人，费骅虽在美援会当第二处处长，管的也是交通，而且他过去曾一度担任过台湾铁路局副局长。

　　除了以上名义上算是新人以外，其余的一概都是旧人，路政司由帮办朱延光代理司长，不久，我就将他真除。邮电司长于润生、会计处长朱汝淦，技监二人一为夏光宇，兼交通研究所长，一为钱其琛，兼电信总局局长，后来光宇退休就把萧庆云补上，萧兼了这个名义，还是做他的"交通部"驻美代表。至于当时几个附属机构的主管，有如下列：

　　招商局董事长　　　黄仁霖

　　　　总经理　　　李颂陶

邮政总局局长	何纵炎	
副局长	许季珂	
电信总局局长	钱其琛	
副局长	陈树人	

间接的附属机构亦即省属的有：

台湾铁路局长	莫 衡	
副局长	修 城	段品庄
台湾公路局长	林则彬	
副局长	钱 益	
基隆港务局长	徐人寿	
副局长	胡景枌	
高雄港务局长	王天池	
副局长	段其燧	
台湾航业公司		
董事长	王 洸	
总经理	陈舜畊	

在这许多省属交通机构之上，有一位交通处处长，初为谭岳泉（周至柔任内），后为陈声簧（黄杰任内）。

前任"交通部长"袁守谦先生，军人出身，通文墨，一般都把他看作是陈辞修先生的智囊，我到台北，就和他见面，决定于一九六〇年七月廿三日星期六在长沙街"交通部"办理交接，"行政院"派余井塘监交，余、袁两位首先致词，最后轮到我讲话，大约讲了十五分钟，先说我与"交通部"的渊源。

第一次在民国九年冬，应征专门人才，录取入部，在路政司考工科办事，那时交通部在北京。第二次进部在三十四年春，担任政务次长，那时部在重庆。这是第三次了。

我又讲我对"交通部"的认识：

论管理——制度健全

论人事——基础良好

论业务——社会关系密切

非以役人，乃役于人。交通乃是真正为人民服务的事业，努力保持良好制度和传统精神，乃是我和内外全体同人的责任。树立一种制度和养成一种风气，非一朝一夕之功，但摧毁起来非常容易，因之我们必须戒慎恐惧，格外警惕。

我又说，报载我已着手拟订发展台湾交通计划，不知此说何来，许多人以此问我，我只能说此时言之，未免过早，我一向主张为政不在多言，与其说在前，做在后，不如做了再说，甚至做了不说又何妨。最后我还引用了蒋百里先生的名言"不尚空谈，避免妄动"，换言之，把握重心，全力以赴，愿以此与全体同人共勉之。

我于七月二十三日接的事，二十六日在"总统府"补行宣誓，同时宣誓的有中央银行总裁徐柏园、驻西班牙"大使"黄少谷、"外交部政务次长"许绍昌。这日蒋公未出席，由陈辞修先生代表监誓，宣誓人各举右手朗诵印好的誓词，由柏园先读一句，余众随即照读一句，全文读完，并就誓词上各自签字盖章，仪式至为简单。宣誓礼毕，接下去就是举行月会。廿八日我首次出席"行政院院会"，以下是当时"内阁"全体的姓名：

"行政院"院长	陈　诚（"副总统"兼）
副院长	王云五
秘书长	陈雪屏
政务委员	余井塘　王世杰
	薛　岳　蔡培火　蒋经国
"内政部长"	连震东
"外交部长"	沈昌焕
"国防部长"	俞大维
"财政部长"	严家淦
"教育部长"	黄季陆
"司法行政部长"	郑彦棻
"经济部长"	杨继曾
"交通部长"	沈　怡
"蒙藏委员会委员长"	田炯锦
"侨务委员会委员长"	周书楷

除以上诸人外经常列席的有：

"中央银行总裁"	徐柏园
"外贸会主委"	尹仲容
"台湾省政府主席"	周至柔

"总统府副秘书长"　　　黄伯度

　　"行政院主计长"　　　　陈庆瑜

　　"院会"每星期四举行一次，逢到陈"兼院长"主席，则时间必长，因为照例，军事、"外交"或其他报告以外，他自己要讲许多话，这样报告时间总要占去二三小时，轮到讨论时间，已无多，草草结束，散会总在下午一时以后了。我当时很奇怪，陈先生何以如此不会控制时间，不过他每次讲话，也常有很警辟和感慨万千的，他本不是太擅于辞令的人，遇到他讲得很有内容的话，我总是把它做成记录，如果整理出来，倒是颇有意思的。

　　会开到中午时候，就有人来分点心，每人一碟，外加咖啡一杯，点心不是饼干、蛋糕，就是包饺、烧卖，我坐的席次和君毅（杨继曾字）紧靠在一起，我不太有吃零食的习惯，就送给他吃。"院会"中大维从来没有出席过，总是由他的"副部长"梁序昭代表。"院会"时常爱发言的要推君毅，他一向是喜欢说话，不自今日始。仲容也是说话很多，而且异常率直。照规定，台湾省政府主席每次均须列席，但在周至柔任主席时，从未见他自己到过一次，后来黄杰做主席，就不同了，几乎每次必到，从不请人代表。

　　我初到台湾，许多事情看不惯。第一开会多，而且时间很长。开会多的原因，由于各种小组太多。时间长，则由于不准时开会，等到开会，又是废话太多。第二，办公时间太长。一星期办公六天，每天八小时（上午八至十二时，下午二至六时），连星期六下午亦须办公。第三，小组太多，许多小组，等于永久性质，有固定办公室，有经常工作人员，有预算，极叠床架屋的能事。我看了这种种情形，耐不住要表示意见。但只有一件极小的事，经我发动，总算结果给做到了，就是星期六下午不办公。此外我不仅提倡准时到，还主张准时退。台北记者们的报导中，对于准时退，不甚了解其用意何在，认为我未免过于洋派。其他我无法推动的，只有自己来实行，如同少开会，开会时间要准、要短，取消了许多小组，但都限于"交通部"范围以内，发生不了多大作用。

我接事才半月，同时"立法院"已快休会，但交通委员会还是决定在休会以前开一次会，要我出席报告。我的前任对许多"立法委员"因应得很好，所以"立法院"和"交通部"关系良好是一向出名的。现在换了这个不会和不肯敷衍人的我，很多人确替我担心。寿贤兄是很了解个中底细，他曾给我一本"立法院"的委员名录，并且特地在每个委员的名字上做了记号，好让我多些了解，心理上有个准备。我很感谢他这番用心，但仍旧和他说，我不能管这些，我只问事，不问人，对我来说，我还是以不知道这些人的渊源来得更好。我在台北这些年，一直保持着这个态度。如今想来还是对的，倘如我敷衍一方面，那就面面都得敷衍，结果一天到晚尽是敷衍人，什么事都不必做了。

金婚忆往

幼时随父母去杭州休假，在西湖某一别庄住了相当长久的一段时期，从此我对杭州就有了极大的好感。当民国元年就学青岛时，同学中恰巧有好多的杭州人，日常相处既久，我便学会了一口地道的杭州话。从此西湖的水色山光便时时使我为之向往不已。

我在上海同济大学毕业前一年的春天，教我们测量的一位李孟博（厔身）先生带我们到杭州去实习，在那里住了一个多月，这样我便把西湖四周以及山中所有的名胜，都走遍了。后来在我出国那年，于启程的前几天，我还一个人特地去杭州逛了一天，仅仅就是在西湖上雇了一只划子（西湖上的小游船习称曰划子），面对南北二高峰，漫无目的任舟子泼浆缓缓而行。那时雷峰塔犹未倒塌，时正傍晚，夕阳满山，炊烟四起，南屏的钟声从远处一声声的传来，真使人有出尘之感。这一幅画面，至今还历历在目。

我不独对杭州有特殊的情感，甚至对那里一般的教会学校的女学生也有极好的印象，觉得她们态度大方中另有一种质朴的美感，此一情操的由来，连我自己都说不出其所以然。由于我和同学们谈笑时这种感想常常会不知不觉的流露出来，惹得他们不时的要来和我开玩笑，说我将来的对象必然会是一位杭州小姐，而且也必然会是教会学校出身。我当时听了，内心确也默然其说。但再也想不到造化的安排，竟会一一如我所望，后来我居然会和懿凝会合，结成美眷，姻缘岂真有前定耶！懿凝祖籍虽是浙江永康，但出生于杭州，生长于杭州而且读的都是教会学校，事之巧合，无过于此。

时为一九二七年一个夏末秋初的傍晚，气候高爽晴朗，我兴冲冲的整装应赵叔雍兄夫妇之宴，内心于喜悦中不免也略略有自己控制不住的紧张，因为这是一个具有目的宴会。席设于向以豪华著称的戈登路大华饭店。这天恰巧是男主人的三十华诞，可是事前谁也不知道，更是谁也不知道这个宴会的最大目的之所在。

这天邀请的来宾并不多，有我的姊丈黄膺白（郛）先生和我的大姊亦云、张岳军（群）先生夫妇、郭复初（泰祺）先生夫妇，以及我的姨丈朱炎之（炎）先生和我的姨母，此外就是我和还有一位叔雍夫人的忘年好友应懿凝女士。这位女士前在某处曾一瞥而过的见到过一面，但这次却经二位主人殷勤介绍，才算正式通名认识，在我固已有心照不宣的了解，但对方却懵懵然一无所觉。

客到齐后，大家都进入一间极精致的玻璃室，顶上挂满了一串串紫绿相间的玻璃制成的葡萄，低垂屋顶。这间小室中间相对的摆了两排英国十六世纪式的雕花锦缎坐椅，等所有的来宾坐定后，侍者便托着杯盘进来倒酒。这时我注意到这位应女士的表情立刻显得很不自然，因为这两排椅子距离很近，我正坐在她的贴对面，只见她那温文仪态，雅淡服装，衬着她白皙隽秀的姿容，真是清丽出俗。她的一双白嫩的纤手带了一只翠绿戒子，尽是握着杯子左顾右盼，目光从不来和我相接触。

饭前酒过后，全体的人便进入大饭厅。这家饭店完全是十足的西洋格式，餐台是一张极长的桌子，应女士坐在女主人的左首，我则坐在另一头的男主人左首，虽同在一桌，但遥遥相对，距离得很远，在这种情况之下，我和她除了有时目光偶尔一瞥外，却绝无机会有交谈的可能，然而遥遥相望，也极有味。

自从这次大华饭店宴会以后，就此有好久没有见到叔雍夫人，而关于介绍说婚的事竟是消息杳然，我心里未免有些着急，但又不好意思去问，倒是膺白姊丈很是关心，他认为大姊不妨到叔雍夫人那里去探听探听，大姊深以为然，可是这一去探听，却探出问题来了。原来叔雍的尊人赵竹老（即赵凤昌先生，字竹君）对这位应家的小姐一向十分关爱，盖赵府和应府乃是世代相交。他老人家听到他的儿媳妇正在要为应家的小姐做媒，心里很是觉得不放心，认为他自己有亲自来鉴定的必要，因此他要他的媳妇在进行作合之前，要我去见一见他，于是叔雍夫人特地单独来约我去到他们的南洋路居所谒见老太爷。我自然只好应命往谒。然而心里未免有点战战兢兢。见面时，凡老人家有问，我无不必恭必敬的一一作答。事后老人家表示对我的印象甚好，而且还赞誉有加。叔雍夫人因有了老太爷的准可，于是才敢放胆进行。即此一端足见上一代对后辈的爱护是何等周到、慎重。我经这一番的考审之后，心才放松下来。

就在这时我的舅父母葛敬恩很想有机会见见这位应小姐，我便商之于叔雍夫人，她建议不如由大姊夫妇来请客，她有办法把应小姐去邀得来。议既定，一切都由她去见机行事，因为她是应府上最信任的人。

日期定后，大姊把我们最接近的几位长辈都一起请来。至时叔雍夫妇果然陪同应小姐翩然而至，我的所有长辈看见以后，都是赞不绝口。这次的请客和那天大华饭店，则不相同了，大家都很随便，所以我和应小姐也略有交谈的机会，但她总是十分矜持寡言，我思索了半天想和她多谈谈，可是她恒以微笑答一二语即止。后来自然而然的说话慢慢的多起来，我只觉得我们间谈话时的称呼很是别扭，我便声明要改称她懿凝姊，她听了很自然地禁不住笑了出来，她那样子十分天真而带稚气，但一下子她就敛笑，正经的说："我比你小，怎样称起我'姊'来，你就叫我名字好了。"

叔雍是一个善于言笑者，席间他忽拿出一小卷纸来说："这里是咏上海四美的四首诗，是从古诗集中选得来的，请大家来猜一猜，指射的是些什么人？"其诗为："生花五色香奁华，只有冬郎识内家，小妹自称前进士，待嫁只为惜春华。"传观了一会，没有一个人能猜得出来。于时叔雍只好自己来宣布说："第一位即是本宅风光的应小姐，第二位是上海闻名的交际花唐瑛女士，第三位是刚从北国来此的名女人陆小曼，第四位是南来不久的名女伶琴雪芳。"大家尚无任何反应，我偷偷的看了一眼本宅风光名列第一的应小姐，只见她已怫然于色，双颊绯红，微嗔着说："我不是美人。别和我来开玩笑。"叔雍一看情形不对，知道得罪了他的这位世妹了，赶忙倒满了一杯酒，道歉的说："世妹，我一时糊涂，比于不伦，我自己来罚一杯。"说着便拿起杯来一饮而尽，然后又倒了一杯酒手颠颠的说："世妹这一杯是我敬你的。"但这世妹似乎犹是有点余怒未消的样子，勉强的说："我是不会吃酒的。"这一下大家便哗然的叫起来说："这杯应让君怡来代！"这个使命我当然乐于接受，立刻把酒杯接过来，也是一饮而尽，还把空杯在应小姐面前稍稍晃了一晃，这时她的怒容似已消除，对我微微颔首一笑，仿佛表示她的谢意。

叔雍一心想要挽回刚才不愉快的气氛，一下子他又大声嚷着："饮酒无乐，未免不够热闹。今天座上能吹箫者，大有人在，我们可否要求凡擅于此道者，各奏一曲，以助今天这个不平常聚会的雅兴？"这时叔雍夫人立刻自告奋勇领先吹了一支短曲。于是我也义不容辞吹了一段。我的舅舅最擅开玩笑，他拿去我手里的箫说："我也来试试。"但左吹右吹怎么也吹不出声音来，便笑着说："它不让我'吹'也没办法。"大家便大笑了一阵，觉得他的一语双关，极饶情趣。这时叔雍夫人忽然立起来说："这里有的是箫和笛，我们这位应小姐对两者都是能手，这下该轮到她了。"大家闻言都鼓掌欢呼，凝的样子虽很是紧张，但一下就镇定下来，迟疑了一会便按箫轮指吹了一曲《梅花三弄》。果然名不虚传，她的指法、运气、音节，自是高明。叔雍夫人说她在学校里的中国音乐队中是领首的一位，大家听了自是赞不绝口。这天她穿的是一件黑缎双镶滚的藕红色旗袍，映着她那肤如凝脂的皮色，那种风韵真难以描写。

这晚宴会以后的第二天叔雍夫人就去赫德路春平坊应府，她原是应家的入幕之宾，据她说这天她到应家不等佣人通报，就直冲大道的飞奔上楼走进凝的卧室，一见面就开门见山的问她懂不懂昨天晚上这一局为的是什么，接着她就把要为凝说媒的意思讲了一遍，不等凝回话，她就把手里拿着的一张相片向凝晃了晃说："我去看你母亲去。"不一会她又上来说："我已把沈君怡的相片交给了老人家，她已同意约期见面。"

第三天就把请帖送去，是由大姊夫妇出面邀请凝的父母及其大哥，当然凝亦在内。我们这边作陪的人，叔雍夫妇自是主要人物，其他则为我的舅父舅母和姨父姨母，这是我初次谒见凝的父母及其兄长，我是何等小心翼翼的注意自己的言语及动作。说句笑话，我见我的师长及长官，都没有这样的小心过。这晚席间因有叔雍的谈笑生风，诙谐百出，故此宾主都是极尽欢洽，而议婚的初步推动，虽绝未露诸于言辞，而双方自是都有着心照不宣的了解。

但事情往往欲速则不达，谁知这次会面以后，应府方面竟是消息寂然，一无反应，后来才知凝的父母对爱女的终身大事非常郑重，其所以迟迟无消息者，因他们正在各方面打听我的家世及为人。现在正已得到了一条路线，因为应府与中华书局的关系甚深，所有该书局的大股东和主持人多数是杭州人，和应家都是亲戚，而我父亲自应中华之聘后，虽当时因病到事不久，但该书局大部分的重要人物对我父亲都十分器重，应府这才弄清楚了我的家庭背景，和我父亲的学问道德。经过了这番明确可靠的调查以后，凝的父母才放了心。

这段经过乃是叔雍夫人给我的报告，我总以为这下我们的婚事就可以有个分晓了。岂知正在这时，凝的外祖母忽告病重，急电来叫凝的母亲赶速去杭，这样我们议婚的进行又停顿下来。照说我和凝已见面多次，我若去她府上拜访，总不至于认为唐突。我就向叔雍夫人请教，但她认为未妥，因为应府的规矩非常严格，不如耐心些儿为是，所以我就不敢造次。

叔雍夫妇毕竟可人，在这消息杳然的等待期中，有一天晚上，他们来了个便条，说他们家的昙花忽然盛放，因此邀请了许多亲友同来赏花，也邀了大姊夫妇及我，我们自是欣然前往，到后不久，叔雍夫人忽然的想起来说："我们何不把应小姐也去请得来！"于是她便立刻亲自写一便条派车去接，我也为之欣然色喜。但其时虽非深夜而时间却已不早，我只是担心惟恐请不到，很是有点坐立不安。叔雍好像看得出我的神情，他走过来拍拍我的肩笑着说："放心，一定会来！"

叔雍家的南洋路和凝家的赫德路相距咫尺，不一会，只听大家齐声说："啊，应小姐来了！"只见凝翩然而至，但她一进门脸上显然露出一种惊讶之色，及至我急忙进前去和她握手，更是使得她局促不安，看样子她是很急匆匆而来的，头上鬓发蓬松绝无修饰，穿一件黑绸隐花旗袍，显得她更是玉立亭亭，秀色照人。我虽没有机会和她交谈，但她那种落落大方，而又略带娇羞的神态，越发给我一种更深刻的印象。我只想抓住个机会和她略略谈几句，但总是被人占据了去。这一晚唯一有所得的，就是大姊和她交谈时，问她的外祖母的病情，她说已日见痊好，大概再过几天她的母亲就可以回上海来。我听了不觉暗暗心喜。

果然，中秋过后，凝的父母都已回到上海。叔雍夫人就来通消息，于是大姊便亲自去拜访凝的母亲。大姊是最娴于辞令者，她婉转其辞，曲尽形容的讲了许多二亲弃养后她弟弟的那种飘零无家的苦况，竟说得凝的母亲同情得为之泪下。这一席话谈下来，老人家居然一口把这婚事就答应了。次日叔雍夫人以介绍人的身份去应府作礼节上应有的接洽事宜，凝家毕竟书香世家，对行聘绝无提出任何繁文缛节的要求，大家气派，自是不同。

我和凝遂于民国十六年十月二十七日在上海订婚。

我十五丧母，十六丧父，自此孑然一身，到处飘零，不复有家庭之乐。订婚以后，我几乎没有一天不去凝家，看到她家父母子女其乐融融，那种亲爱欢睦的气氛，真是使我有无比的羡慕，但我暗暗自庆，如今我也成了这个家庭中的一分子，从此我的生命史也就有一个新的幸福的开始！

凝的父亲名德五，字备之，是应敏斋宝时公最小的儿子。敏斋公是道光举人，和俞曲园（樾）及李鸿章同年，官至江苏布政使、署藩使多年，在上海苏松太道任内建树尤多，政声布遐迩，深为曾国藩所器重，但因才气横溢，见忌于同僚，而李之见忌尤甚，他积愤之余，毅然以亲老告归，从此便散财普助于地方公益及教育事业，遂未再出仕。凝的父亲为人极谨厚，幼藉父荫，偶尔担任公职，但为时甚暂。家居则以莳花养鸟以自娱，他这一项种花的嗜好无形中却传给了凝，因凝对花草的癖好较之乃父似有过而无不及，这乃是我根据我和凝订婚以后第一次进入她家的内室，只见凡案头几架之间到处皆有盆栽和瓶花的点缀，我暗度这必是凝的作品，一问之下，果然如我所料。

凝的母亲姓金名荇芳，出自名门，美而慧，吟咏、绘事、刺绣，无所不能。叔雍夫人每次和我谈到凝之好学，总是激赏不止。有其母，乃有其女，凝的这一遗传无疑是得之于母。再加凝的祖父好刊版，藏书甚富，有藏书楼名"射雕山馆"，当年名闻一时。凝出自这样一个背景的家庭，其好学盖来有自。

然而凝的家庭之古老守旧的程度，未免有些过分的太距离时代了，然而这次对我已是大大的开放，竟容许我可以随时去他们家，故此我每日下班后几乎总是天天去春平坊凝家，和凝总是要谈到饭后夜深才回去。她家里每个人对我都是十分亲切如家人，使我这多年无家的人从心底感受到一种无比的温暖。然而这么多的日子以来，我总得不到准许让我可以和凝二人有单独出游的机会。

有一次我想邀凝去法租界逸园看赛狗，竟遭凝母亲峻然的拒绝，而且还隐隐的给了我一顿极温和客气而含有教训的意见。自此以后我就不敢再作此种尝试了。凝母亲为人极温和慈祥，但她偶尔发表一点意见，辞令之中很具有分量，她总是"礼"与"教"兼施并用，使人无法不折服。

有一天是膺白姊丈和大姊的结婚纪念日，中午他们在大华饭店宴客，因亦邀凝参加，我去请示凝母亲竟获允纳，让我陪同前去。这天凝盛装而往，博得人人注目，我内心自是有说不出的得意。这是我和凝订婚以来第一次得到一同出行的"照准"。

午饭以后，膺白姊丈提议，大华饭店的花园在未建饭店以前颇名闻一时，今天何不藉此来个园游，大家都欣然同意。当众人纷纷在园中各自徜徉时，谁知一刹那间，这群人都一个个的溜走得不知去向。这必是姊丈和大家预定的计划，有意要让我和凝可以多聚一会，这番好意真太可感了。

这下我们二人在树间花下，并肩缓走，细语喁喁，大谈心曲，这是我们订婚以来从未曾有过的甜蜜的片刻！当正在要步出园门时，凝忽然从衣袋里取出一个信封纳入我手中，含羞微笑轻轻的说："等回再看！"她那倩兮盼兮的情态是为我第一次领略，未免使我心旌摇摇，但我仍是必恭必敬的接过来放入衣袋，然后一起上车，直送她到春平坊大门口，因我下午还要办公，仅匆匆的说："等会我来吃晚饭。"

我遵守凝的话，一直到了办公室才赶忙拿出那封信来看，原来是一页短柬，委婉其词的说明她母亲不愿意我们单独出游的种种原由；她信末的两句有："来日方长，乐事弥多……"读后，我反复咀嚼，益觉凝之可敬可爱。

自从这次有了当面交信的办法，从此我们便每次到临别之时必然会交换一封短笺以尽未尽之言。当在交换信的时候，我们总是手中各挟一信紧紧的把手互相握住做出犹如临行握手的状态，这时只觉从手中到心中仿佛有着一股电流交相奔驶，这种滋味，真是只可意会，而无以言传。

说来可笑，我们二人总是在前厢房凝的母亲的书房里谈话，而凝的母亲总不时地要叫凝的大哥来作陪片刻，老人家认为这是应有的礼貌，而我却觉得十分杀风景，因此我把这种感觉在我和凝交换的信中说了出来。不料某次在交换信时竟被凝的二哥看到了，第二天他趁凝不在的时候偷偷的到她卧房去搜索，竟被他在凝的枕畔看到了这封信，于是他便去挖苦大哥说他太不识相，大哥不禁大怒，从此他就再也不肯来担任这个任务了。

　　自从大哥不来作陪，我们的谈话便自由活泼多了。一天凝和我大谈其对诗词之兴趣，滔滔不绝，意兴飞扬，只是我对此道一窍不通，实在无以为对。她发觉我尽是默默的不出一语，便忽然的说，叔雍夫人告诉她，说我的父亲曾写有许多诗集，想我一定也很有研究，说着，她就从书桌上的一堆书中抽出一张抄好的诗来交给我说："这次我敢于大胆的献丑，实怀有抛砖引玉的希望。"我拿着她这张诗，真是诚惶诚恐，我只能老实告诉她，我对诗实在一点也不懂，我也从来没有看到过我父亲的诗过。凝听后讶然了半晌，很有些失望的样子，我也觉得惭愧非常。这时两人默然相对不晓得说什么话才好。凝沉吟了片刻，忽然展开笑容的说："其实我也不是会做诗的，就不过对这一门'别才'很有兴趣，我的做诗好如盲人骑瞎马，自己在胡乱的摸索而已，请你不要见笑。"她这样爽朗的一讲，我立刻也就如释重负。从这件事上，我对凝又多了一新的认识，觉得她倒是个很洒脱豪爽的人，而我不如她。

　　她送我的这首诗题名《咏菊》，我对此道虽不了了，但觉其命意遣词有着不尽的含蓄，其诗录如下：

经年冷落隐东篱，应候标芳独后期。

品格有谁如汝劲，淡妆惟尔比人奇。

何嫌老圃飞霜肃，甘共寒枝向日披。

率性本来殊百艳，秋心岂为俗情移。

不久凝二哥的结婚日期到来，对方是本地一家富商的独女，俗礼异常繁多，为了聘礼，发生了许多争执，凝的父母很是气恼，但为免伤和气起见，都一一照办，但这项聘金，归并起来却是一笔很大的数目。我听了为之一惊，但凝的母亲说："书香之家，从无此种陋习，所以一般人家结亲很看重门当户对，就是为此。"这几句话使我心为之一松，要不然，我这一介书生何来如此力量！

凝的二哥的婚事过后，接着就临近凝和我的婚期，凝的母亲为凝制办嫁妆又大忙而特忙，老人家的用心真是无微不至，衣饰固不必说，凡家庭日用所需，可说是内外俱全，粗细兼备，我不晓得该作何表示，但内心感到非常不安。

民国十七年二月十二日下午四时，我和凝假上海静安寺路卡尔登饭店举行结婚典礼，证婚人一共有四位，都是膺白姊丈所代邀请的，第一位请的是我的同学好友谭伯羽兄的尊人，当时的国民政府主席谭组庵（延闿）先生，组庵先生虽一口答应，但我姊丈唯恐他万一事忙，临时无法由南京赶来，因此又添请了李石曾（煜瀛）先生，但继而一想，石曾先生是个来去无定的人，更不可靠，这样总要有一位靠得住而绝不会缺席的人来做预备才好，于是又约了吴震修（荣鬯）先生，他是膺白姊丈的老友，做过上海特别市政府的秘书长，如此安排应该是千妥万妥了，这原是膺白姊丈一向办事的方式，哪知正在这个时候，上海市的张伯璇（定璠）市长自动表示认为上海市的工务局长结婚，安可不请他证婚？这份好意，未便拒绝，于是又添请了他。到了举行婚礼那天，不料四位证婚人均准时出席，一个也不缺，第二天报纸上称之曰"证婚人团"，一时传为佳话。

这天卡尔登饭店的礼堂布置得很是庄严大方，没有悬挂喜幛、对联之类，只在礼堂正中台上置一长桌，上覆红绸，自礼堂入口起之两旁墙边细竹夹道，直至礼台正中。台下一行行的座位坐满了观礼来宾，秩序井然，绝无一般婚礼那种嘈杂的气氛。婚礼准时举行，四位证婚人在台上正中站成一排，懿凝的父母亲和膺白姊丈及大姊则以双方主婚人身份分立左右，其旁则为介绍人赵叔雍先生夫妇。主婚人公推组庵先生致词，来宾则由胡适之先生代表致词，殿以膺白姊丈的主婚人代表男女双方致谢词，他说话时一会儿内弟，一会儿小女，初时来宾们皆纷纷耳语，莫知其所以然，随后便立即恍悟。预定婚礼时间为二小时，居然准时完成。于是就在礼堂铺设桌椅，以茶点款客，不曾大张筵宴，在当时说来，这是十分从简的。但当晚男女双方仍是各别宴请少数至亲友好，也着实热闹了一番。

这是我双亲故世以后终于自己又成家了，心里自有难以言述的一种悲欢滋味。从卡尔登回到家里，我挽着凝的手跨进大门时真觉飘飘然有说不出的兴奋，及至步入客厅，看到大姊和平妹正忙着在布置祭桌准备我和凝一同参祭二亲，在这一瞥之下，我的眼泪禁不住夺眶而出，抱住了大姊和平妹泣不成声！凝见状也不禁为之泫然。

晚上的节目排得甚紧，尤其凝家一切都要遵照旧礼，晚宴前须先"回门"，所谓"回门"者，即新夫妇招待来宾坐席前须先去母家祭祖，及行大礼参见父母，以及其他长辈和平辈，所以我们在家祭完父母之后便急匆匆的更衣去岳家。我们到达时，他们那里已是宾客盈门，正厅上已摆好了祭祖的桌子和供菜。我们一到，便立刻点燃香烛，地下铺了大红毡毯要我和凝共行跪拜礼。这是我自留学回国以来，穿了西式大礼服行跪拜礼的第一次。拜祖完毕后，又要和岳家的尊长及所有的至亲以及各同辈们行所谓"见面礼"。我对这种礼节的仪式深不以为然，但实逼处此，我还是一一照行。我对岳父母行的是跪拜礼，以博二亲的欢心，同时我也为表示我的至诚的感激。但对其他的长辈我都是行鞠躬礼，和平辈们则彼此就只都握一握手。岳父母对我这自作主张的办法，倒是十分欣赏满意。

这一行礼的节目化去的时间确是不少，我因这晚宴客乃是借用炎之姨丈的家里，等这里诸事完毕后便立刻促凝赶快回去，好早些去招待那边的客人。不想凝临行时忽然的大哭起来，上了车还是抽抽咽咽的停止不住，使我窘极，不晓得该说什么是好，只得轻轻的拍拍她的肩背，正正经经的问她："那哼？""那哼"是上海话的"怎么会事？"她听了我这句"那哼"倒刹时间破涕为笑。凝至今还常常要提起我这个"那哼"以为笑柄。

到了炎之姨丈家，客已到齐，酒席亦都已摆好，大家入座后，我和凝到每一桌去敬酒一巡。因为人人都晓得我能喝酒，一桌桌的人都好似短兵相接，对着我来挑战，凝是不会喝酒的，为了替她解围，我只得鼓足勇气，作孤军之斗，至席终，我总算尚不致"弃甲曳兵而走"。

席散回家已近午夜，哪知凝家派来的伴娘（即旧习惯陪伴新娘之女仆）已准备好一套洞房宴，这是我岳母的再三嘱咐必须遵行的古礼。这时她们已拿一对凝嫁妆中的高火烛台，插上两支缀以五彩龙凤的大红花烛，明晃晃的点起来，放在卧室的五屉柜上，床旁的一只小几上则放了两套酒盏盘筷，居中有一盘染了红色的鸡蛋，要我和凝坐在床沿上把盏对饮，但酒杯中的酒只可各饮一半，然后把各人留下的一半交换再各自饮尽，这就是古礼所谓"交杯酒"者也。这任务对我是很轻松，就是觉得很是新奇，但凝的这一杯酒吃下去后，立时双颊绯红，颇有玉山其颓之概。饮酒既毕，各须取红蛋一枚，徐徐食尽，名之曰"子孙蛋"，至此这项礼节遂告完成。我在被导演这个礼节时，真是想要笑出来，但看到凝温柔顺服的样子，立时使我起一种尊严感,便暗暗自语,这是凝家重视的礼节,为了凝,我必须要服从到底。

我们的新居是在法租界西爱咸斯路,十七弄七号,那是一幢比较新式却十分简单的单开间三层楼小花园洋房。凝对室内布置兴趣甚浓,似乎有天生的独到之长。每一间房的家具器皿一经她稍加搬动,其趣味与风格便迥然不同。她极不以豪华取胜,而喜朴雅中具有风格,故亲友们看了她的布置都称赏不绝。

结婚以后,我和凝原拟去杭州蜜月旅行,而且计划在去杭州以前,首先去谒我父母亲墓,墓址在嘉兴九里汇,那是完全在乡下。其时地方尚欠安定,有人说千万去不得,膺白姊丈和大姊更力阻此行,这样不但去嘉兴谒墓未成,连去杭州度蜜月也只得取消,我心里很是不自在,只为我有行不得也之苦。原因我每月所有的收入,除了个人零用以外,全部都交由大姊收管。此时手头余款无多,难以行动,心里非常懊丧,同时对凝更有无限抱歉,但她倒比我看得开,并没有什么太不愉快。

蜜月之行虽未去成,但过了不多久膺白姊丈忽发起作天目山之游,邀我们同去,此外他也约了几个至亲好友作伴同行,他的用心及目的,他虽不明言,我们自是能深深领会而有说不出的感激和感动。

其时适在三月初旬,正是春光明媚的好天气,行程起点,由上海坐火车到杭州,然后越钱塘江沿公路登天目,入山以后，改坐藤轿，一行不下十余乘，地方当局还派了一支卫队护送，以策安全。我们这样的大队人马登上西天目，就在寺内过宿，寺僧招待甚是殷勤。山上无所事事，就去到处游览，这时正是满山杜鹃花盛放的季节，膺白姊丈着令轿夫们采了无数的各色杜鹃花插满了凝的轿子周围，大家都说美极了，宛如一顶花轿，而这顶花轿里面却坐着一位如花似玉的新娘。

游罢天目归来就赶程回到杭州，这时各人便各自行动，所有的人当日或次日即回上海，就只我和凝二人留了下来，一则为要去谒见凝的亲长，一则还可以借此畅快的一饱游山玩水之乐，后者都是我做向导。凝虽是杭州人，但一向住在上海，对本乡的名胜，尚未有机会畅游过，这次时日虽暂，但意兴甚浓，同时也可算补足了我们不能及时度蜜月的遗憾。膺白姊丈此番为我们特别造成这样一个机会的用心和美意，真是使我们感激难忘。

杭州人习称环西湖而近闹市的这一带为"旗下"，又称"旗下营"，大概这一区域当时为旗人占据时用作筑营之地，现在已成为游客必到之处。此地虽有大大小小的旅馆甚多，但都是嘈杂不堪，因此我们住在公园附近的一家西式旅馆名叫新新旅社，开设已有多年，虽不华美，但相当整洁清静，并且地临湖滨，游湖相当方便，然西式旅馆只供应西餐，故我们总是在外面吃小馆子，如楼外楼、杏花村等等都在近旁。有一日我们在吃过晚饭后坐划子去三潭印月，因天黑未曾上岸，只是绕着湖缓缓而行，然后又循原路慢慢归来。

这一片湖面上都是重重密密的荷田，微风吹处，澹香扑鼻，仰望旷阔的天空，只见那一幅月明星稀的夜色荡漾在湖面上，使人好似入了梦境。在湖心中盘旋来去，不觉渐有凉意，我们只好紧紧的偎依在一起相顾而笑，遍是这个倚老卖老的舟子面对着我们有说不完的山海经，滔滔不绝的越讲越起劲，叫人真是奈何他不得。后来他发现凝原来是杭州人，而且又是忠清里应道台家的小姐，他更是兴致勃勃的大讲其应府的故事，我们无法拦阻得住，只好让他去唱独脚戏，无奈他坐的地位偏偏正贴对着我们，使我们的行动很受拘束，二人仅能交互着紧握双手作会心的目语，倒也别有滋味。

这次三日的湖上之游虽甚短暂，但我们每日放浪形骸于湖光山色之中，其情味诚无殊于蜜月，甚至有过之而无不及。

这年旧历除夕前十日即民国十八年一月二十六日我们的第一个孩子出世了，居然"一索得男"，当然合家皆大欢喜。可是凝这次怀孕几近十个月之久，其生产时之困难真是惊险万状，拖延到两日一夜之久，使得全家惊惶失措。所幸我的留德同学中，有好多是产科名医，群集斟酌，用最妥善的手术终于得以大小脱险，而在最危急时医生已申明保大不保小，那时我心里之忧急真是有生以来所未有。婴儿的重量竟超九磅，头胎有如此的重量，可谓少有，而凝这次的受苦，可以想见！其最使我感动的莫过于我的岳母在这两日之中，她老人家真是不断的俯伏在洋台上叩头求神保佑，额上不知叩出多少大大小小的青块，我看了这一幕诚觉母爱之伟大真是无可比拟！

第二天早晨膺白姊丈和大姊来我家，一看见我，就说："恭喜！恭喜！沈家有了第三代了！"姊丈手里捧着一封大红帖子交给我说："昨天晚上我思索了半夜，替你们这个儿子取了个名字，不知道你们还合意否？"说着就把这帖子翻开来，只见居中写着大大的三个字"沈壹志"，他接着说："你的小名叫志，此乃'一志凝神'之谓也。你们父母的名字都包括在里面了，余意让你们自己去领会吧！"于是这孩子就以"壹志"为名。

壹志是一个极壮实的孩子，白皙清秀十分可爱，每次我们推着小车带他去法国公园去玩，走过的人看了总要说："好个漂亮的孩子！"他不到周岁已能很稳的走路，只是说话总是咿咿呀呀讲不清楚，过了一岁多只会叫一声"爸"或"娘"，其他总只会指指点点以手作势。谁知刚到十八个月，一天去外婆家佣人们给他吃了一小片西瓜，回家就泻肚，发高烧，连请名医，总不得治，终至夭折。我和凝的哀伤悲痛，互难相慰，直至次年生一女，这创痛才算慢慢平复下去。

后来我们一共有六个孩子，五女一男，最小的是男孩，五个女儿都是在抗战前和战争中生的，最小的儿子乃是在胜利第二年出世，我们所有的孩子的名字都以育字排行，讲到用这个"育"字之来由，其中却有个小小故事。

凝第二次生产虽非难产，但分娩时所受的磨折时间也相当长久，在她阵痛最剧烈的这段时间中，只是力竭声嘶的叫"啊唷哇！"等到上闷药后，呼声渐弱，但竟还会说："这个孩子的名字应该叫'唷哇'，乃是教育的'育'，中华民国的'华'。"她的声音虽已是很低，但咬字还是十分清楚。待孩子出生后药性渐渐减退，在昏迷中她忽又开始说起话来，仿佛是在演说，起初声音很微弱，后来愈说愈响，愈激烈，最后忽然大声的说："日本鬼子一定要受到'骄必败'的后果。"她这句话声音之响亮，连手术房外的人都听得清清楚楚，大家都说："这样的产妇，如此关心国事，倒是很少有的。"

这个孩子未曾出世，先有名字，而"育华"二字论字义亦很适当，后来我们又给了她一个小名叫"愚愚"，因为那时候我们已迁居沪西愚园路愚园坊，这个名字乃是炎之姨丈给她取的，用地名的两个叠字来配合以喻"大智若愚"之意。又二年，我们第二个女儿出世，其时我们已迁居在法租界亚尔培路亚尔培坊，我们便根据前例，这第二个女儿就取名育培，小名培培。

育培生后不数月，江湾的大上海新市中心区适告完成，我家就在这年春天移居江湾市中心，民府路九十一号。这是自己买的房子，是一座二层楼双开间的小洋房，略有小小花园，这是上海银行的兴业信托社所造，分批租售的住宅房子，我们承购了最小的丁种一宅，土地面积七分五厘，售价为法币七千五百元，先付三分之一，分十年期完清。那时我们是住进市中心区住宅区的第一家住户。这是我们自己的房子，意识上自是有一种特别的味道！

　　迁家方定，不想就在这年，即民国二十三年夏，政府派我去德国出席国际道路会议以及参加德国水利专家恩格斯氏为我国从事一项黄河试验。恩氏乃为我留德时代读博士学位的主任老师，我自是欣然应命，凝亦偕行。我还和凝说笑话，这也可算是我们的一个大蜜月旅行，为时虽仅六个月，但我们借此游历了不少大大小小的国家，连苏联也去了。苏联之行，乃是很偶然的，因我国政府适有军事考察团去苏联，其中熟人很多，因此把我的名字也列入其中，不但签护照免去许多麻烦，甚至到了那里还可以享受许多外交上的便利。

　　凝是素来未曾离家远行过，游历各国固属难得，但她那种思亲念子之情却与日俱增，常是悒悒寡欢，使我无以为慰。后来我灵机一动建议她在行程中，除了写家书以外，何妨把一路上所见所闻都记录下来，以为游踪之记实，藉作他日之留念。她即从我说，自此遂每日以写日记为自遣，归国后居然写成《欧游日记》一册，起初是应潘公展先生之请，在他所办的《晨报》副刊上逐日连载，后来全书由上海中华书局出版，初版为民国二十五年十一月发行，再版为民国二十八年七月，当时颇受读者欢迎，因为它的体裁不袭别人之窠臼，而自成一格。我的表弟沈立孙（昌）告诉我，他的姨丈国学大师章太炎先生对他说，他很高兴读这本日记，他的批评是"文笔颇秀，只是一片孩儿话"。

回国后第二年的春天，我们又得一女，凑巧行三，便取名育三。亲友们有笑我们"连中三女"之谑语，但我们毫不介意，甚且乐其言而自好之。我们正在为"连中三女"庆祝双满月之后不久，大局的情形日见恶化，住在租界里的人借重洋势力的卫护，自可安之若素，然而住在中国地界及市中心的居民却无不人心惶惶，都有山雨欲来之恐慌，老百姓搬去租界的不绝于道，因此人心更是浮动不安。市中心区的一般人对我们的行动特别注意，因此我们更不敢稍露可以使人起疑的形迹，幸而我的岳家在租界，尚可以有一万一的退步。所幸这次日本军队就不过做了一下剑拔弩张的形态，一下子也就偃旗息鼓了。

早在我们搬到市中心区的三年以前，我们和俞鸿钧兄合买了一块乡下人的田地，约有八亩光景，人各一半，这块地原是我们的朋友唐宝书兄所转让。凝因为她母亲很喜欢乡居生活，就把那块地整理了一番，掘了一个鱼池，种了些果树花木，盖了一所完全用旧木料造起来的前后三开间的平房一幢，造价仅三千余元，我岳母对这所平房很是合意，完工以后即刻就迁居于此，我还记得她进屋这天对我说，她生平还没有享受像这样一个可以遗世独立的环境，现在她真可以达到她的"晚年惟好静，万事不关心"的目的了。但我岳母性格异常高傲，坚决的和我讲定每月必须要付租金，否则她绝不能接受，连凝告诉她这屋价是她给凝的饰物去换了钱来造的，她还是不能同意，问题是因为她听到我的家庭方面的人有了闲话，使她非常气愤，而凝的气质也一如其母，因此我只得同意了接受租金，这样一件很美的事兴起了如此的一个波折，实在遗憾之至，使我始终觉得这是一件不能去怀的内疚。这宅房子定名为"怡凝小筑"，还是岳父母出的意见，这小筑离我们的住处步行可达，凝得以晨昏定省，是为她最最快心之事。

第三年的春天凝又将生产，不想就在医生指定可能会分娩的那一天，岳母突然患脑冲血病故，为避免凝于临产前受过大的刺激，医生主张，不让她知道，先遣其去医院待产，四日后产一女，取名育全，直到一月以后才把此恶耗透露，凝之哀哀欲绝之情，自可想见！

这年七月正是上海市政府成立的十周年纪念，虽则大局的前途已是岌岌可虑，但市民筹备庆祝仍是十分热烈的进行，谁知芦沟桥的一声炮响，震撼了全国人心，但那天上海市政府十周年纪念日的庆祝队伍仍是热烈进行，踊跃无比，而且惟其如此，每个人的心情更显得激愤悲壮，当一组组庆祝的队伍以严肃整齐的步伐通过市府大厦看台时，俞鸿钧兄和我并立在看台中央，真是涕泗不能自制，几乎失声而号。所有站在看台上的市府同人亦无不泪下如雨，而最使人感到愕然的，莫过于凝站在我的后面掩面悲啼的那种情态，很引起人的注意，其实我很懂得她的情绪，她是有双重的伤心之事。

太平岁月终于被敌人的炮火席卷而去。八年抗战，居无定处，由沪而港，由港而远去西北兰州，又由兰州而迁重庆，这完全因我的职务迁调的关系，实际上当上海将濒于沦陷的时候，我个人已早只身经港去汉口，应翁文灏先生之邀，担任资源委员会的主任秘书，不久又应宋子文先生之再三情商，要暂借调我去广州，从事一项军事上的据点工程，故在这一段时期中我总是经常往来于港、粤。时俞鸿钧兄全家已来港定居，他建议我何不也把家眷先接来港暂住，免得两头牵心。乱世自无法作定居之久计，我觉得他说得很有道理，便立刻急电告凝，尽速携儿辈拼挡来港。哪知安家粗定，同时军事工程也很顺利地甫告完成，我正自鸣得意，这番能调兵遣将，把我上海工务局的这支旧劲旅召集得来，将这一紧急工程如此迅速的完成，但谁也想不到未及一月，这道防御阵线犹未启用，而粤省则已为一般人所传说的银弹而告沦陷了。

　　未久汉口的形势亦日见紧急，政府各机关均已纷纷作迁渝的准备，那时我已回汉口资源委员会，不想正在这兵荒马乱之际，我忽患慢性盲肠炎，本预备送我去湘雅医院动手术，但大家商量之下，认为不如直截了当送我去香港养和医院，而且那边有俞鸿钧兄调度一切，而家人又在近旁，是为再妥当也没有，于是就照此计行事。我病中的一切都很顺利，但自动手术到复原，却拖延了四个月之久，因我那时身体甚虚弱，幸有凝的悉心照护，无微不至，故复原后体重反稍稍增加。一天我的一个老同学来看我，说笑话的讲："你看，爱的营养，多么伟大！"

　　其时资源委员会已全部迁渝，但名义上我还是算驻港技术室主任，而事实上就只不过是个名义而已，熟人中像我这种情形的很多，而且都是学有专门的人，那时却都成了废材散员。我们这些人常常聚会以谋自用之道，每次总是大谈其战后建设问题，各抒所见，愈谈愈觉斯事之重大，未雨绸缪实有必要。于是就由霍亚民兄转述给宋子文先生，宋亦认为此事值得好好来推动，并表示愿意全力支持，我们得了这样一个有力的后台真是喜出望外，于是我便把资源委员会的本兼各职一起辞去，便认真地和我们这群志同道合的朋友们正式联名发起组织"中国经济建设协会"，从事战后经济建设的研拟工作。宋先生指定要我主持其事，我也就当仁不让了。这下我们的家也就此在香港定居下来。

可惜未到三年，敌人的战火已有伸展到香港的趋势，所有我们在香港从事这个组织的朋友也都纷纷分散各处，其时我应亚民兄从中撮合，应聘去兰州任甘肃水利林牧公司总经理之职，时凝与儿辈已早去上海，盖当时香港之情形随时均有爆发战事之可能，但我们亦已早为之备，凝携儿辈此去上海的目的，乃为准备在日军犹未对香港采取明显的行动前，凝即可携四儿一仆兼程由沪经港转渝飞兰州，因此那年他们能幸免于十二月二十八日日军对香港的大轰炸，可谓幸运之至，然而他们所有交陆运而犹未运出的全部箱件书籍，则已在日军猛烈的轰炸下全部损失殆尽。

最不可思议的事，就是在凝和孩子们到达兰州的前几天，日军连续不断的来猛烈轰炸了十数天，这是在辽远的西北从来未有之事，而被击落的敌机的数量之大，亦可谓在所有的大后方各区中极少有的。说也奇怪，兰州自从遭这次的数昼夜连续不断的轰炸后，直到抗战胜利，敌机从此就没有再光临过西北。凝和孩子们经过这样一个长时期的抗战，竟从来未曾领略过空袭的镜头，和逃防空洞的滋味，这是在万万千千大后方的群众中很少有的，说是幸运吧，但也可以说失去了可遇而不可求的见识。

西北是一个极落后荒凉贫乏的地方，兰州虽是一个大省，其简陋姑不去说，即其民生的艰苦亦非言语所能尽，总之这地方凡目之所接，无不是一片黄土——黄土城，黄土墙，黄土地，黄土屋，其枯燥乏味的景象，自可想见。

我到水利林牧公司接事后，因为需要大量专门人员来此工作，住的问题不能不尽速解决，于是便在一个大果园中建造了若干职员宿舍，名之曰"水林别墅"，其涵意倒是十分典雅，一般的本地人目之为兰州第一流的住宅，其实还不过就是几幢较时代化格式的土墙土屋而已。房子里面都是泥土地，纸糊窗，用木条糊纸的屋顶，起风时屋子里面全是一片哗喇哗喇之声。我到之后把每间房中的纸窗的当中装上一块小小的玻璃，房间内的泥地上完全覆以苇席，上面再铺一层土产的绿色毡毯，倒也相当舒适别致。其后我又访到了一家所谓上海木器公司，定做了几张板椅板桌和几张床架子，这样的布置了一番，看起来自是顺眼多了。及凝到后巡视一周,她倒反欣然的说:"在上海、香港那种样子看得太多了,倒反觉得这里的一切别有一种风味。"接着她又笑逐颜开低低的对我说:"只要和你在一起什么都好。"

回国十五年以来,一直是所学非所用,犹记得在"九一八"那年,清华大学梅贻琦校长来邀请我去担任该校的水利系主任,凝得此消息后,兴奋若狂,竭力的劝我接受此一邀请,甚至还加重了语气的说:"一个人学以致用,才有意义,才对自己有了交代。"我亦深然其说,无奈那时当局决不肯放,而一方面我自己也因为上海新市中心区的工程在积极进行的过程中,这时决不能半途而废,所以只得辞谢了。凝当然十分失望,我对她自是有无限的歉意。

这次西北之行总算我这个学水利的人终于得以归队回到了本行,虽则这还不是我真正的本行,但无论如何毕竟是走上了我本行这条路线的起点。关于这一工作的使命及其经过,在我以前所写《从事西北水利一页史》(载《传记文学》第十五卷第三期)中已详尽的叙述过,故不再多讲。惟这《一页史》中有凝寄我的一词一诗,这二者对我去西北之行是有极大的影响,前者给我以无比的鼓励,使我毅然决然承担下这份工作;后者则予我以勇气,敢于去把娇妻幼子接到这辽远荒凉的苦地方来,这不但是我事业上的一大转捩,亦且为我们生活史上一段值得纪念的经过。此一词一诗录如下:

满江红

扰扰名扬，自不愧书生本色，行又看，征尘飞处，陇西南北。立业何需金印大，拯危尤在群心一；更平生，无畏是精神，身唯国。儿女泪，君休滴，井臼事，吾之责，但直驱河朔，化患为益，束泛趋流循故道，攻沙借水谋良策，待他年，丰足见民生，功无匹。

代　书

拥褐怀珠岂是穷，书生本色但清风。同心自有安贫妇，慰境环看绕膝童。

居陋只须人不俗，地荒端赖事为功。沈腰潘鬓消磨尽，何苦愁成白发翁。

现在我想要叙一些我们在兰州的生活状况。记得在我们未来兰州之前，朋友们听到我们要去兰州，简直认为我是在发疯。其实西北的荒凉，民生的艰苦，虽都是事实，但传言有时也会过甚其词，而表面上的看法，和它本身具有的条件更是大可讨论。一般人都说西北穷，其实西北可以很富，就是有待开发，若一旦加以事功辅导，西北之将来其富源真未可限量！现在我不想去谈这些大题目，单以我们在此实在的生活状况来说，姑以兰州作本位，这里"食"的问题比我所有到过的几处大后方要富庶得多，而基本的问题就是因为老百姓实在太穷了。

最有趣的凝和孩子们到兰州的第一天，我特地叫厨子炖了两只鸡，晚饭分给四个孩子各人一只大鸡腿，这下把这些孩子看呆了，"啊呀"连声的大叫起来。原来凝在上海时，曾写信告诉我，他们在上海很难吃到鸡和肉，一来因物价日涨，二来则以开支日绌。这天晚上我看着四个孩子每人手里抓着一只鸡腿，笑逐颜开的狂吞大嚼，那种高兴的劲儿，使我看了既觉有趣，又觉酸心。

兰州地方虽苦，但食物的出产并不算少，特别是瓜果蔬菜类甚多，价亦低廉。那天晚饭，我拿出一大盘的梨、枣、苹果放在孩子们的面前让她们尽量的吃，这又使她们惊讶得狂叫起来。凝说她们在上海这两年来，很少有水果吃，顶多买点小摊子上的小橘子和半烂的香蕉，哪来有这样好的水果吃。泊来品水果虽然有的是，可是怎么买得起，只有偶尔到阔亲戚家去，才能享受半只不烂的大香蕉或半个梨或苹果，听了真叫我感触万状。

我们所住的宿舍是在一个大果园中，大宗的果树为吊儿梨，即如北平的小白梨，味极甜嫩，其他则有枣树、胡桃、葡萄等等。这园子除果树外，其他多余下来的面积还足够可以栽花种菜，甚至还可以养鸡鸭饲猪，其灌溉之水的来源，全赖四周的山水，每家按地的面积规定以点几炷香作为计时。我们的住处离黄河边很近，如若限定的水量不够用时，可以雇人去黄河边挑水来补不足，工资极为低廉。总之只须各家勤于操作，蔬果鸡鸭等等足可供一家四时之需。

凝所好甚多，她居恒仍守其惯习，于写作读书之余，间亦稍习绘事，余下来的时间几乎都消磨在室外的园艺工作，连饲鸡喂鸭也亲任其事。她觉得这个天地真是充满了生气和活力，而且她认为这个环境可以导致人启发一种开拓新天地的精神。那时只听得到处一片"开发西北，绿化兰州"的呼声，而我们屋前这片小黄土堆，经凝年余经营以后，倒确是处处绿阴，重重花树，有池塘，有草坪，可说确是实现了绿化。

我到兰州的第三年，中国全国工程师学会到兰州来开年会，这是轰动全兰州的一件大事，第二件轰动的事乃为会议闭幕后，全体工程师及眷属凡擅京剧者均将粉墨登场，彩排京剧二天，以作余兴。许多熟人中知道凝对此道深有研究，再三的要求我务必要请凝参加，我以众情难却，再加我自身又是会长，只得大胆的替凝答应下来，这下更是起哄得不得了，因为人家再也想不到凝会来这个玩意儿。凝学任何方面的事，都是很认真彻底，故这次她尽管是初出茅庐，但很博得意外的好评。

讲到凝学平剧这件事，当追溯到抗战初期，我们住在香港的时候，我认识的朋友中有位中国银行的老前辈汪楞伯先生，他乃是一位顾曲的方家，他和梅兰芳有很不寻常的交情。某次我们在朋友家便饭，汪先生也在座，饭后有几位朋友忽发雅兴，谈谈笑笑之下，大唱起歌曲来，凝便唱了一段京剧《骂殿》，那是程派戏，汪先生听后赞许不已，只是他很觉可惜，认为凝有如此的天赋，设若改学梅派，必将有更大的造就。过了几天他就以请客为名邀了梅兰芳在半岛饭店和我们见面。这天宾主就只四人，这顿饭足足吃了好几个钟点，彼此谈得很是畅快投机。汪先生建议凝可以常去向梅氏请教，梅亦很表示欢迎，但是我们想而又想总觉不甚相宜，故未实行，但自此以后凝对梅派戏的兴趣大为增高。

事情就有这样凑巧，恰在这个时候我的上海工务局的一位旧同事何珊元先生来香港做事，他对平剧极有研究，也是最崇拜梅兰芳的一个，而且操得一手梅派胡琴，自此他就常来我们家和凝大研究其梅腔，而且来则总替凝吊几段梅派戏，彼此常常为了一个腔，或咬一个字眼，反复推敲的非到完全搞通，绝不罢休，其认真有如此。

凝的全家弟兄姊妹几乎全是戏迷，而且多数都能粉墨登场。在上海时他们请的说戏教师个个都是北方来的内行，排身段的教师也都是很有名气的，但那时凝对此道并不像她的弟妹们那么着迷，她真正对此道起了浓厚的兴趣，还是从香港开始的。

从前我在北京时，偶尔也喜欢去戏院作几次顾曲的消遣，甚至有时兴致来时也会胡乱地放声喊上几句，直到后来何珊元先生来了香港，他对余派戏也很有研究，我就跟他学了好几段余派名剧，如《打渔杀家》，《四郎探母》的《坐宫》、《出关》和《武家坡》等等，居然也能唱得有板有眼。我和凝兴致来时，尽管没有胡琴，也常常会放声合唱几段。这也可以算是我们闺房之乐的一件新韵事。

讲到我不顾一切的来到西北，内心实怀有极大的志愿和决心，打定主意非做出一点事来不可。凝寄我诗中有"地荒端赖事为功"句，这确是给了我极大的"打气"，后来又听到美国威尔基氏经过西北说过的几句话："今日之西北，即五十年前美国的西部。"这更增强了我的意志，所谓"彼能是，我何不能是！"，那时我常常对人说，设使政府能让我专来从事开发西北的水利，我愿终其身以毕其事。然而事与愿违，在此只让我留了短短四年，就只做了部分的修旧渠、筑新渠的工程，虽是已恢复了几百万市亩的灌溉面积，但连修筑酒泉鸳鸯池蓄水库的工程都犹未及完成。就在三十四年春，政府下令要我立时去渝担任中央的工作，当时我要求可否容许我考虑后再决定，但派来的人极干脆的说："这是命令。"我在无可如何下强作自慰的想：四年西北总算替老百姓增加了几百万市亩的灌溉面积，也不能不算是一小小贡献，而在我个人的生命史上也算是值得纪念的一页。

我离开兰州那天怀中抱着我们最小的女儿，将上飞机时，只见送行的人中有位甘肃朋友，飞奔的走过来大声的带着感情的说："沈总经理，这四年你为甘肃做的事，我们甘肃人永远不会忘记的！"我感动得说不出话来，禁不住噙着眼泪，高高的举起我手里抱着的小女儿，强带开玩笑的说："我从甘肃得来的这个一千金，我也是永远不会忘记的！"原来这个小女儿是去年在兰州出世，取名"育莱"，小名"兰兰"。

广岛投下的这颗原子弹，终于迫使日本自动的无条件投降了，其时我就任交通部政务次长才不到几个月，正是兴致勃勃的在进行如何可以使全体部属及各单位表演一个有秩序有计划的胜利还都。谁知就在此时政府又把我转到接收东北九省二市的队伍中去。于是历经艰险，出死入生的做了约有两年挂名而未能到任的大连市长，直到三十六年秋末才转任南京市市长。在这过去的一段时期中，我们的家大有濒于居无屋、食无粟的境地，这种困苦狼狈的情况，外面人恐怕决不能相信，而凝之独力在上海支持这份支离破碎的家，同时又要周旋于富有的近亲富戚之中，其困难与委屈可想。

这年十二月三十一日凝在沪产一子，取名叫育沁，这名字的来由可谓十分偶然而巧合。盖凝这次生产我无法在家，所以一切的事我都拜托了我的二内兄请他照料。那晚凝分娩前她二哥恰巧有个饭约，那饭馆的名字叫"沁园"，凝看到这个"沁"字立刻就触念这"沁"字乃"沈应"二字很巧的凑合，她就暗自想定，这次不论生男或女这"沁"字为名决不改动了。哪知事情会这样巧，凝竟在当晚的夜半产一子，就取名为"沁"。这是凝非常得意的，再加生的又是个男孩，更是家庭中一件皆大欢喜的事。更加意外的，我第三天回来，告诉凝这天我接到她分娩的电报时，正是要上车去总统官邸参加为美国马歇尔将军庆祝生日，我到后亦便宣布我今日凌晨得一子，大家听了，都哄然的向我道贺，马歇尔将军还和我相互举杯称庆，这下又频添了一番热闹。后来育沁在曼谷上英文学校读书，取名用马歇尔就是这个来源。

事实上首都市的地位并不比其他特别市为高，但一般西洋人总喜欢用Lord Mayor来称呼南京市市长，大概此即为旧时代所谓"京兆尹"之称谓，听起来好似更威风一点。然而我这个京兆尹说来也够寒酸，接任时连个住处都没着落，就在我的朋友段锡朋那里去挂褡了将近半年，后来才算有了个市长官邸。事实上这个官邸以前乃是一所极破旧的医务院所改造，然而占地甚广，位于北平路各国大使馆之间，自经整理修造后，倒也出落得气派非常，这是完全靠名建筑师董大酉先生的设计高明，和参以凝对艺术上的几个观点的配合，完工后，竟然面目一新。内部布置幸有我内弟晋三替我们保存在上海租界上的全部家具，均完好未遭损坏，又加上从香港运回的全部柚木家具，略有不足的乃由市府补充，虽是七拼八凑，但布置起来倒也别具一格，很受人的注目。这座房子的外墙完全用白色粉刷，因此外交宾客都戏称之为南京白宫（The White House of Nanking）。

我在南京的这段时期中，因大局之动荡不定，经费之调度困难，许多想做的事皆力不从心，难有理想的贡献，倒是外交上的交往着实替政府争点面子。我是算南京市的地主，凡有国际贵宾前来访问，迎送宴聚，已成为我的必然任务，幸凝对于主持这类事务很能调度得恰到好处，而且她事必躬亲，巨细不遗，我们的气派也绝不稍逊于欧西各国的使节们，而最重要的还是要做到绝不超出预算。这个戏法完全得力于我们占有一中一西两个好手艺的厨子，和雇用到几个曾经受过西洋大场面训练的侍役，一切排场礼节绝不丝毫疏忽。这是因为凝自己在学校的时候，曾经读过这一项西洋宴客的课目，故我们每次请客颇有宾至如归之概。凝的这一贡献，对我为助甚大。

讲到此，不由我要回想起我曾做过一件绝不解情趣而愚蠢的事。照说人人都懂得洞房花烛夜是何等可珍贵的时间，而我却把这一刻值千金的春宵谈了一大堆杀风景的话，原因是我一心要想对凝说明我的家境清寒，绝无恒产，希望她能负起这份责任，以俭朴节省来主持这个毫无根基的家，甚至我还一再叮嘱，千万要守住量入为出而更要稍有积余为原则。谈话结束的最后，我还再加上一句"这是大姊的关照，我们一定要遵守的"。现在想来我这人真是迂拙之极，要是我早知凝于治家有这样善于调度的天才，我当时所说的话，真是愚不可及！

凝之最难能可贵者，无过于公私义利之辨，分毫不渝，这是我所最心折的。而我所最感惭愧的无过于在南京的这几年，要凝维持这一外强中干的局面，其艰苦绝非局外人所能想像。尤其每到孩子们开学的时候，在罗掘俱空的情况下，她总是不声不响的拿她嫁时的金饰去银楼变换一点现款来应付学费，连我也不让知道。后来她讲笑话的告诉我，她每次去办这类事，总是叮嘱司机要去小银楼，司机不解其意，她就说小银楼工价便宜，实则她怕去大银楼万一被人认出来，反为不美，其用心可谓苦矣。

大概我家的经济情况，以及平日公私分明的作风颇为外间所熟知，当南京已完全入于军事状态中，我终于获得辞职照准。我于三十七年十二月三十一日前往黄埔路官邸向总统辞行的那天，好像他已准备好了要问我个人经济的情形，我未免为之一怔，稍一踌躇，我就回答说："现在凡是奉公守法的公务员无一不是同样情形，我的经济情况实在无法为总统告，请总统不必为我特别担心。"总统闻言就不再往下说。我向总统告别时彼此都略有黯然之情。哪知我刚回到家中，官邸立刻就来电话嘱我在家稍候，说总统有要件派人送来，不多一会即有周君赍来支票拾万元一纸。总统的这番德意，使我甚是感动，当然不能推却，只好具据领受。

当日我们即由南京回到上海，孩子们是住在顾孟余先生居尔典路（后称湖南路）的一宅借我们临时暂住的公寓中。说来可怜，其时我手中所有仅只能暂时应付短时的生活之用，而到了上海后，才知沁儿有病，且来势之凶险，一如上年在南京时。幸而此时有了总统这笔赠金，足以应付一切医药之需，这真是救了我们孩子的一命。此恩此德，我是永铭于心。

还有更意想不到的，那天我们深夜到家的时候，我的表姨葛敬玉竟坐在客厅里等我们，手里提着一个蓝布袋子，一见我便急忙忙的说："快去请以前看过的医生来，钱用不着愁，这里有一袋子，都是这几天里我们所收入的诊金。我们天天有收入，尽管用好了。"原来玉姨丈是位内科医生，他们深知我们两袖清风的情况，竟对我如此肝胆相待，她的这番至情热心的话，真使我泪之不能自已。在上海我尽有更亲更富的至亲，我们的孩子病到如此地步，大家都视若无睹，不问不闻，而玉姨夫妇仅不过是家道小康的一个行医之家，他们竟有如此的肝胆关切，可见世态虽浇薄，人间仍是存有纯厚的温情。

第二天一早，老友黄仲苏来访，当他把我的手紧紧握住时，哪知他手心里贴着两张一百元美金的钞票塞在我的手里，轻轻的说："这是我在开滦煤矿时积蓄着的，现在孩子的病要紧，朋友有通财之谊，不必在意。"我握着他的手尽是发抖，什么话也说不出来。仲苏的经济情形，一直是在捉襟见肘的状况中度日，他这一举动实在使我太感动了！由此可见贫寒的朋友才有真的友情。

总统馈赠给我的拾万元，约合当时黄金二条，差不多大半都用在沁儿的这场病上。因为京沪两面的医生诊费真是不小。及至病愈，我正在踌躇今后的生计将何所出。事情竟有这样的巧，就在我这一筹莫展的时候，一天中国农村复兴联合委员会主任委员蒋梦麟先生忽来我寓所，邀我担任该会顾问，并为解决湘鄂两省水利纠纷，而且要我立刻启程前往洞庭湖一行，我自然欣然允诺，匆匆的摒挡了数日，即行上道。

从洞庭湖视察后，到广州在该会领到一笔出差费，合成港币共有八百数十元。我知道这时家中已将濒于绝粮边缘，其时适我舅父葛运成即将去沪，我便将这笔款子全部托舅带沪。后来得凝来信云，收到这笔款子正如久旱之得云霓，而且还舍不得去多换，每次去换五元或十元，就足够一周的伙食，闻之使人酸鼻。

我们这段艰苦的岁月，终于有了拨云雾而见天日的一天，当我犹滞留于广州时，正又将出行视察，忽接凝来电谓谭伯羽兄转来台湾电报，拟请我去担任台糖公司总经理。此电刚到，接着凝又转来联合国秘书处一电，聘我为亚洲暨远东经济委员会的防洪局局长，职位与待遇都说得清清楚楚，这时颇使我有些将信将疑，但明明是一正式公电，决不会错，这对我好如平地升天，喜出望外，而且这又是我的本行路线，当然我立时复电接受，于是便向农复会说明，即回沪准备一切。

联合国的亚洲暨远东经济委员会原设于上海，后以局势关系迁移泰国曼谷。我回沪后即接联合国纽约总部之正式聘书，稍事摒挡，即启程去泰国曼谷。一方面我立促凝尽速准备离沪，因这时共军之南下势如破竹。果不出我所料，我行才月余，共方军队已临近苏州，凝竟于一夜之间携六孩二仆仓惶离沪，她讲到于晓色朦胧中在机场和老父兄长弟妹等话别之时，一家人失声而号，其哀哀欲绝之情，大有生离死别之感。而这次凝等能立时得到机票，完全因我在离沪前与中央航空公司早有接洽，将机票价款已先行付讫，一方面也因我与交通部的旧有关系，故能得此方便。但凝说她这次离老父骨肉独自出走，心里实有无比的内疚。

我们在泰国曼谷一晃住了将近十二年，这是我归队回到本行上去工作的又一次。最侥幸的，我的尝试游说四国——泰、越、寮、高棉，——获得他们共同合作联合开发湄公河计划顺利成功，总算我在这地区做了一件举世瞩目对国际有益的事情。然而可叹息者，初步工程正在积极进行之时，而攘权夺功者不一而起，可见天下一事之成，其重重阻挠，诚有不堪想像者！

在远经会任事十二年，对我个人却成全了两件事，一是我们六个儿女的教育，幸有联合国的优厚待遇及辅助，得以一一完成大学教育。二是我对凝的婚前约言终于得以差能实现。事情是这样的，当年我为了急于要结婚，要求凝将她考取沪江大学的计划暂行搁置，等结婚后再继续实行。哪知婚后生儿育女，何来时间去读书，就把她读大学的志愿飘去了。想不到这十二年中大的几个女儿都去了西部奥立冈大学读书，凝为照顾大小儿女便也同去玉京奥立冈，结果很自然的把这个母亲也带进大学去念书了。读了年半的英文及文学，虽不能完全如我的约言，我只能自我解嘲的对凝说："总算聊胜于无。"

凝对这六个儿女的管教极严，尤其对他们幼时学校的功课指示督导不遗余力，而最不可思议的凝所属意的课目实在太多，但一个人哪能样样都学得了，于是她把己之所向往的几门课目，按每个女儿的性之所近，一一分配了给她们：如长女育华卒业于奥立冈大学的建筑系；二女育培习农，得美国密雪根州立大学博士学位，现已成太空生物学专家；三女育三习室内布置，卒业于华盛顿州立大学；四女育全习文学，卒业于奥立冈大学，又得文学硕士于加州天主教大学；五女育莱习音乐，卒业于奥立冈大学，这样她心所思存的几门课目五个女儿都替她读了去，这是她最得意之事。然而最小的儿子育沁读的是国际关系系，卒业于印地安那州普渡大学后，连读二硕士学位，一为亚洲政治学于新泽西赛登霍州立大学，一为国际政治学于洛杉矶加州大学，这些学系都是他个人自己选择的，现正在修博士学位于柏克莱加州大学，已近完成。我们也算是向平愿了了。

在联合国做事最享受的无过于每两年有一次归乡假，名之曰Home Leave，全家旅费都由公家供给，假期的日期或先或后，可以按规定期限自己来安排，可以说很有伸缩性的。

一九五三年二月十二日是我们的银婚纪念日，我有意把我们回台的归乡假期排在我们银婚纪念日的前一日开始，早在一个月以前，我就写信给我以前上海工务局的老同事莫葵卿兄，请他在我们到达台湾的后一日晚上定六桌酒席，设于外交宾馆，印请客帖及请客名单都开给了他请他代办，并告请帖必须于一星期前代为发出。我这次有意要去拜托莫葵卿兄办这件事，因为他是当年我们结婚帮忙办喜事的主持人，但他这时已记不得这件事。据说我们这一举动，凡接到我们请帖的亲友们，都觉得十分意外而突然，不晓得我们究竟在哪里搞的什么玄虚，及至我们抵台以后，才为之恍然。

这天来宾十分踊跃，其中有若干人，还是我们结婚时也来参加的，而最难得的莫过于胡适之先生，他是我们结婚时的来宾代表演说者，而这次他又被推举为来宾代表，他的致词所用的辞汇都是十分斟酌而轻松，可谓极尽亦庄亦谐之能事，全堂为之掌声不绝。席间还有很多来宾自动的争着发言，好像他们只想把我们这二十五年中事尽量的渲染一点，此起彼落，热闹非常，我们这天的银婚宴，可算得十分圆满欢欣。

我在联合国远经会防洪局任事一下十二年，别人认为我这只金饭碗必将捧到退休了。实际上我内心无时不在反复思维，岁月几何，报国何日？我的这份工作，在外表上看来，果然好像很是轰轰烈烈气概万千，但其中暗流之澎湃冲击也真使我疲于应付，只想适可而止。在这种时候凝总是竭力的来劝说我，给我打气，她认为湄公河的计划能推动到此一阶段该可以自慰自豪了。她每次谈到这类事，常常喜欢半开玩笑的学她的母亲拖着长腔高声朗诵的读："尽心焉而已，岂有他哉！"

讲到此我不禁常要想到凝对我的种种鼓励与安慰。她平日总是恪守分际，绝不来过问我外面的事，但对我为人处世有失注意的地方，则无不直言规勉，毫不保留。她时时来提醒我虚名之不可长，社会上加诸于我的所谓"专家""学家"等等头衔必须名副其实，方可无愧于心，而且她不时的来提醒我要多用功，荒疏不得自己的本行。她所说的种种，使我时时为之懔懔然。总之凝对我的关切真是无微不至，大而至于一生名节，小而至于切磋学问，彼此无不随时随地，互相质疑，互相研讨。结褵以来，我们在见解上容或有参差，但了解上则绝对一致。我对凝的敬爱历久弥深，绝非偶然之事。

一九六〇年夏我应"政府"征召辞去联合国远东防洪局职务，回台受命"交通部部长"。我明知兹事之不易为，人事之难应付，凝则慰我："事在人为，尽心力可矣！"哪知我这一做竟做了将近八年。所可惜者我的满腔热忱，难抒怀抱，是非则更非所计矣。但其后绝未前知忽由无线电台宣布把我调职为"总统府国策顾问"，旋又改派出使巴西，这些调动未免太扑朔迷离，而正式命令犹未发表这一天，蒋公还叫了我去，责备我辜负他的用心，说我几次拒绝他要我做的事，这真使我如坠五里雾中，只能随着他的话，唯唯而已。直到那时我才恍然，甚觉其事之耐味实无过于此，宦海浮沉，固不足为怪也。

回顾在"交通部"八年，功耶，过耶？自有人言。倒是在我离"部"这一天，同仁为我举行的一个送别会，使我很动感情。当这个会正将开始时，凝在家里忽然来了个电话，说她为这个送别会，极偶然的写成了一首短词，在电话里她就读给我听，我边听边就抄了下来,读后真觉道出了我之所欲道者。当我在送别会中最后致辞时,禁不住把这首词读了出来,不想竟被在座的几位报馆记者先生们传播了出去,岛内外的报章杂志就都登载出来,陈香梅女士还从美国寄我一页剪报。

这词名曰《长相思》,录如下,以作纪念:

相聚情,相别情,聚别无端双鬓星,消魂此送迎。
春月明,秋月明,明月春秋一样明,天高影自清。

天下往往事之成就有很偶然而不可思议者,我的八年台湾,和凝的八年台湾,从个人的角度来衡量收获,深觉凝之收获实远胜于我,至于我的收获如何,我自己殊无意来分析,现在我把凝八年中的闲情偶寄之所得略一述之。凝居恒于家务之余自有她的那一套逸趣,这次她竟在这自得其乐中不但获致了她理想的实现,而且居然于无意中奠定了我们家庭经济的基础,这基础就是她在这八年中经之营之的在阳明山造了一所很出色的花园住宅,今日我们的生活能高枕无忧,完全靠了这所住宅。

凝生平最感兴趣的,莫过于在郊外或乡村中买一块地,然后把她脑海中所构想的几幅画稿实现在她园地屋宇之中,这是她一向的癖好。故当我犹在联合国任事度第三次的归乡假期时,我们已略有积余,适逢其会便在台北阳明山岭头买了农家一块相当大的山地，约有六七亩，售价只花了美金约五千余元。后来我既回台做事，所得到联合国一笔逐年累积的储蓄金，提出一部分来以实现凝多年在期待的希望。

回台不久我也欣然与凝共同研究，如何来实现在这块地上盖一所我们所理想的住宅。我们请的建筑师是杨卓成先生，经过年余经营，这片漫天野竹，一湾溪水的农家，已换成处处花树扶疏绿茵环境中的一座新式住宅，题名曰"迟鸽小筑"，这是凝应我之请费了多时的苦思力索而得的名字，用意在纪念我服务近十二年的联合国，因为假如我没有这段工作的经过，我势必仍是清风两袖，不可能有力量来建筑这所住宅。关于这段经过，凝在《东方杂志》所写《话迟鸽》一文中叙述甚详，此处我不再多赘。

迟鸽小筑居高临下，俯瞰天母、北投，远眺观音山、纱帽山诸峰，不但四周风景旷美，气候亦为山中无风无雨又无雾的一个地区。因为我们儿女众多，住屋不得不稍大，这下内部的布置倒是煞费周章了。幸而我们由曼谷装家具来的木箱都用的柚木板，这样将之取材，以别出心裁的设计来制成各种需要的家具，布置起来，倒也别具一格。而最辛苦的莫过于布置这个花园，为了经济打算，凡一草一木凝无不亲自动手，甚至掘鱼池、铺草坪、挑石砌路，她也是和园丁共同合作。凝并非习于这类工作者，但她兴趣之所在，心里只觉得满足与愉快，体力上的透支，就也不觉得了。后来"迟鸽小筑"竟名闻一时，这是我们所想不到的。而最可玩味的，无过于这些外交圈的洋人，他们时常会听到莫须有的传言，多少次说我要外放，来预约要租我们的房子的首先是美国"大使馆"，后来先先后后来问询者不知多少，我们只觉可笑，但竟想不到我后来居然会被派出使巴西，这岂非真有前兆！

我一向做事都很斟酌原则与出处，但这次以一个工程师出任驻巴西"大使"，岂非太离了谱了！然而这实逼处此的苦衷我又何敢告人！凝安慰我说："少年壮年的过程中我们曾经听了多少'无为'和'有为'的故事！我很佩服你对甚么事都能处之泰然，再说你在联合国这段时期，你生命史上也算得可以一舒怀抱了。此去巴西，来客串一个外交官儿，换换口味，也很难得。再说巴西里约的风景名藉于世，我们正可以大大的一饱眼福呢！"凝每次遇到任何事，总是先有一幅假定理想中的好景，她的这一态度，确是很有助于我增进尝试的勇气。

巴西里约的景物确是名不虚传，沿海一带，可以说处处都是一页页的美妙画面。我们的住处，事实上也是沿海，但一般人皆称之谓"湖"，因为这是海峡的一角湾口，湖面平静，水不扬波，三三两两的游艇，往来不绝。其地名曰"岚峨湖"，四周都是高等公寓。我们的房子傍山面湖，纵目全景，诚有"如在画里"之感。凝写有一首小词，可以看出她内心种种的不同境界和意象，录如下：

一牐山色映湖光，两三行，趁朝阳，个个人儿双桨水中央，箭样飞来波上路，身手好，笑声狂。　晚来风静自生凉，小楼旁，倚斜阳，悄对涟漪微动縠纹长，莫道生涯萍梗似，身安处，即吾乡。

————调寄江城子

　　我们"大使馆"的所在却和几个欧西巨头大使馆在同一条街上，相形之下自是无从相比。而且我们的"大使馆"过去差不多都是和大使官邸合并一起，而所谓大使官邸者，就是在大使馆中办公室后面的餐厅左侧有一间小小卧室和一间浴室，绝无有私人可以回旋余地。据说以前也有几位大使的官邸在外赁屋，但所限定租金极紧，反更为寒酸，因此后来差不多都是附住于大使馆中。这次"外交部"对我特别优待，订"大使官邸"租金为八百美元，但我们寻遍各处，这租金还是找不到一宅小有规模的住宅，奔走访觅了几个月，好不容易最后终于在沿湖的郊区看到了相当有气派的一宅顶楼公寓，有二层，且有相当大的屋顶花园，惟租金则须千元以上，为了"国家"体面，也只好自己来稍分负担，然而"外交部"对于租这宅房子的复文却极为耐味，而且还有当时魏道明"部长"加的签注，其辞为"关于该屋不足之租金，请沈大使暂代垫付"。

　　外交礼节，凡新大使到任，必须与所有各国驻在的大使有一番巡回拜访，其后则又有一番巡回的宴会，这一项周旋可以忙上几个月。凝心里最着急的就是我们所请的这位厨司的手艺实在太平凡，临时抱佛脚，她只得天天下厨，不厌其烦的来一样一样的做尝试，把她一向别出心裁的几式菜肴尽量的传授给他。幸而里约绝无出色的中国菜馆，而我们这厨子也相当肯受指挥，几次试验以后再经凝随时从旁指点，居然一下就被人称为名厨，从此中国"大使馆"的宴会莫不深受各界欢迎。里约某大报主笔甚且亲撰长文记载，极尽揄扬，此实为凝一番辛苦之收获。

凝对厨师之训练颇有一套独得之秘，我们自结婚以来训练出了几个名厨。最使我们不能相信的，大概在几年以前某次于某台北报纸的地方新闻栏中，忽发现一张照片，有若干日本人在拜某某厨司为师，行的是跪拜礼，细细一看，哪知坐着受礼的人原来就是在台湾我家做过七八年的厨子胡某。然而尤有不能想像的，无过于在不多时前，由大陆传来消息说，在我们结婚后就开始雇用，一连在我家服务达十余年之久的一个厨子李某，现在上海仍是十分走红。可见中国人讲究吃，连共产党人也不例外。

我家自上海而香港，而兰州，而南京，而泰国曼谷，而台湾，而巴西里约，无论邀客便饭或正式宴会，甚至茶会，总是很受人欣赏，但在曼谷的十二年，一直无法请得到厨子，幸而长女的乳母颇谙烹调，在我家服务很久，所有几个好厨子的菜也看得很多，更以她原籍扬州，几色扬州名菜做得很是出色，在这无法觅到厨子的时候，凝只能与她合作，以应礼尚往来与友朋间不可避免之宴饮，而她们二人的合作，倒是相得益彰，人人反而认为沈家的菜肴曼谷第一，然而凝的调度与操心真煞够辛苦矣。

凝虽生长于富室，但于治家却井井有条，克勤克俭，这些都是得之于母之平日教导，而其对惜物之习惯虽一纸一绳之微，亦不肯轻易抛弃，总事事要做到物尽其用。她说这是她自幼从外祖母家所受的熏陶，她外家虽是杭城著名的大盐商，但治生十分俭约，可见良好的习惯每从上代递传下来，这是何等可宝贵而有意义的教育。凝从这一种环境中生长，所以她的个性很是好强，而又很省俭。只是她的"小姐"脾气自无可避免，但她性情很天真爽直，对人总是相见以诚，但往往易犯认识不足，即热心过度，推心置腹，以致易受愚弄，后悔莫及，一时间便气愤异常，怒不可遏，但过后亦即淡然置之，从不记恨于心。这是她的厚道与可爱之处。

凝对物十分节省爱惜，但遇款客之时，不论食品器皿则必倾其上品以待之，以致反惹人家说我们甚么都是讲究奢侈，岂不冤哉。但此一习惯她终不能改。此外人人又觉得她的服饰甚是华贵，事实上她婚后极难得添制新衣，但制则必选以上乘材料，配合缝制，十分精细。她每制一袭新衣总是要穿上多少年，甚至一二十年，顶多有时修改一下又好像是一件新衣。说来更有使人不能想像者，这次我们的金婚纪念日，儿女们为我们宴客庆祝，席设于美国加州北林间其津饭店。那晚凝所穿的一袭玄色软缎绣深浅蓝色蟹爪菊花的旗袍，还是五十年前她的嫁时之衣，不但身材适度，且色泽鲜艳如新，见者莫不啧啧赞美不止。

最难得的凝的好学，出自天性，对任何学问或任何技能，不学则已，学则必孜孜不倦力求其精。今试举国画一端来说，早在二十余年前，她就拜张大千先生为师，学画于香港，时间虽不长，每周教课一次，才三阅月大千先生因事去巴西，画事遂寝。但由于她的认真自习，渐有进境，我的老友陈芷町（方），以画竹名，来书对凝推许备至，嘱我应多加鼓励，我亦为之欢喜不止。凝作画纸上从不着一字，连个署名也没有，老师看了却替她题了许多字，还盖上几方图章。后来我选了她临的一幅古画拿到裱画店去裱，他们竟以为是大千先生的画，夜里都不敢留在店里，只怕万一被窃赔偿不起。后来我取回来挂在家里客厅中，见者都以为是大千先生之作，连精于鉴别的张岳军先生都不例外。

凝对人物画似乎最感兴趣，我虽不懂画画，但有时好戏用铅笔勾几张人物的素描，倒也颇有似处。很可惜那年我们婚后去游西湖，在月下老人祠错过了不曾为月下老人速写一幅画像，不然凝现在很可以用我的速写画出一幅月下老人的像来，岂非很有意义。因为其中有过一个故事，原来凝于民国十六年夏毕业于慕尔堂女子专修学院后，即去杭州省视其外祖母，她趁便畅游西湖，在月下老人祠与表弟兄姊妹各占一笺，凝占得之笺词为"谁谓荼苦，其甘如荠，宴尔新婚，如兄如弟"。她只觉此一笺意甚是费解，但此亦不过游戏之事，就不去作研究。岂知回到上海就立即遇到了我们真真的月下老人赵叔雍兄夫妇来为我和凝介绍，岂月下老人竟有如此灵验？竟已早有此预知耶！

我这人虽为留学生，但为人却是三眼一板，十分守旧，在德留学了将近五年，从未接交异性，亦从未涉足舞场。在德兰诗顿就学工大四年余，除了星期日，总是终日在学校，连晚餐后都还要去学校，因为学校的绘图室夜间照例开放，我每夜都去，总要被校工熄灯催赶，才回家去。像我这样的生活，不但在德国学生中很少有，即在中国留学生中也是不多见的。

初到德国的每一个学生，找房子是件大事情，但是我很幸运，到后不多久，就得到登报的复信，在 Hohestrasse 女主人 Frau Tsehache 的回信，我立即就去看了房子，很是满意，可是这女主人却郑重的提出声明，绝对不得带女友进门，我即立刻表示绝对不会有这类事，其形势好像要你立誓似的，其郑重有如此。于是这女主人才答应租给我，我一住三年，直到我离德去美，从未有一个女友上门过。

我还记得，有一次我和同学们一起跟了我们的教授 Professor Engles出外参观，我适站在Engles的身旁，那时他对我还不太熟悉，但他很喜欢和学生们随意说笑话，忽然间他笑着问我，有没有相好的女友？我急得连连摇头的说："没有，没有……"他看我这般着急的样子，一面笑，一面轻轻的拍着我的肩说："就是有，又有什么关系呢！"

我自己常常检讨，由于我这人如此的性格，以及我持身自律之严谨，见了异性总是十分拘束，而且也不觉得和异性周旋有任何兴趣，或有爱慕的意念。我屡屡问自己，也屡屡对凝说我实在爱她，我一生中所爱的就只是她，这实在完全是千真万确的事实。当然，我和凝未认识以前也有人给我介绍这个那个，但我从未有当意者，也从未有觉得可爱者，是何理由，连自己都无法解释。凝和我说她也是如此，这岂非是天生的缘分了！

我们订婚以后，由于相见之频，彼此的认识和了解的进度愈来愈深，而彼此的敬爱与情感亦与日俱增，但我们相互之间都是十分彬彬有礼，十分守分际，从未稍有逾分的态度，我们常常会半晌默默无言的相视对笑，但在这"默默无言相视对笑"之中，我们彼此都能领会我们的心灵交流及绵绵的情意。我是最爱吃上海在弄堂里叫卖的新鲜橄榄，每在这种时候我会不声不响的吃上一大碟，凝常和我说笑话："我们这种默默相对的境地，只有吃橄榄的人才能懂得这种滋味。"

说来一定不会有人相信，我和凝结婚以前，虽是几乎天天见面，但从来没有挽手同行出游过一次，更不曾和她有亲脸的机会，虽则我也有动念的时候，却总有所未敢。有一次我很想和她来个"初吻"，那是在她二哥结婚的前几天，我俩奉母命，坐了一辆马车去静安寺路云裳公司看江小鹣，为商量结婚礼服的图案。我们坐的是一辆有篷的马车，蹄声得得，缓缓而行，并坐其中这情味安得不使人心旌摇摇，极想拥凝一吻，踌躇至再，总觉不敢。这次，连想去抚一抚她都壮不起这个胆来，只恐万一凝会怪我轻狂，引起反感。后来婚后，我把这次坐在马车中这自我心理交战的情形讲给她听，倒反惹她笑我是"傻女婿"。

然而我们结婚以后，我曾有过一次最难忘的一吻，甚至至今回忆犹有无穷的回味。那是在我们结婚满一月以后的事。原来按照旧俗，女儿出嫁满一月后，母家必须接回家去住满一个月，那当然是单独接回女儿，婿则无与焉。我的岳母是如此守古礼的人，对这一礼节当然不能"赦免"，到了满月后的第一天，大清早就派车来接凝回去，这新婚初别的滋味真是不好受，幸而岳母准我天天下班后去她家晚饭，这一权利我当然绝不放弃，然而我岳母毕竟还是软心肠人，她看到我和凝每次夜间临别依依的情景，也觉心有未忍，于是在第一个周末便发了一道赦旨，准凝星期六晚上可以回小家庭去住，但星期一早晨必须回母家。那次，我们这小别重逢，回到家的第一吻，真是令人心醉魂销，好像比新婚的初吻更另有一种滋味。

五十年来我们很少不在一起，即或偶尔离别，为时也很短暂，尤其难得的，我们有很多次共同出国的机会。第一次在民国二十三年，所到有德、意、苏联、英、法、瑞士、捷克等国，那次我出国的主要使命是参加黄河试验及在德举行的世界道路会议，故在德国住的时间最长。最有趣的，我们一路旅行过来，不论在任何地方，人家总以为我们是一对新婚夫妇在蜜月旅行。也许那时候我们年纪轻，特别是凝，她那时才二十五岁，还有点稚气未脱的。

我们第二次出国是在民国三十八年，我应联合国之聘，去泰国曼谷。哪知我们一住竟将近十二年。凝对那里最满意的无过于那地方的住屋，只要你愿意稍稍多花几文，高楼大花园的住宅很容易租得到，以是她虽不惯斯地之酷热，但对住处很觉享受。

我在远经会这段时期出差的任务很多，故在东南亚这一带跑的地方真是不少。凝于一九五四年首次访美，那就是她在奥立冈大学读书的那段时期。后来我因家中无主妇，一切事都成了群龙无首的状态，所以年半以后，我不得不要请她回来，两个小儿女也一同带回。这次的路程我们是有意取道经法、意、瑞、回泰，这是我们第二次同游欧洲。

第三次赴欧是在一九六五年，那是专为去参加在瑞士蒙曲鲁所举行的国际电信联合会，台湾派我出席为首席代表，凝亦偕行。这次瑞士政府安排的会议和游览的日程很是参差妥贴，与会的人倒是大大的游了许多名胜。会毕，我独自先行返台，凝则由欧去美探视儿女，直至近年终时才回台。她此行写有《行程七十日》一书叙述全部经历，颇为脍炙人口。

一九六八年我奉派出使巴西，在里约住了约近三年，曾去游历了若干南美国家。一九七一年春我应联邦德国邀请讲学，在门欣住了未及半年，正将开始在两个大学讲学，不意我大姊亦云在纽约病重，急电催行，即匆匆赶去美国，留约半载，姊卒，我等即返台。

当我在台湾任职时曾有许多短程旅行，多数都是出席会议和应海外的邀请，东亚这一带如日本、菲律宾、马来西亚等国以及中东的一些国家如伊朗、约旦、黎巴嫩、科威特、沙乌地阿拉伯等等凝均相与同行，总之我们的行踪就只除了非洲的国家以外，可以说足迹所至，几遍全球，所惜我在联合国任事时所到的若干国家，凝均不能参加，未免可惜，然而像我们这样的能遍游世界，说来应算得人生极不寻常的事了。

一九七七年年底我与凝再度访美，最大目的为与全体儿女作一团聚，度我们的金婚纪念日，我们的金婚纪念日是在一九七八年二月十二日，期前即获得王符武兄由邮寄来亲笔写赠金婚词一轴，洋洋大篇，情文并茂，溢誉尤甚，为之感愧不已。此为我等金婚所得之唯一珍贵纪念物！特刊于后，以殿我文，而留永念。

迟鹄主人金婚词

雍容儒雅嘉兴沈，早从释褐登华省。深造还为海外游，工程实学明光锦。南都鼎定正求才，区划申江特市开。建设要为天下式，英年饱学乍归来。旧邦景运新中国，致身素志希禹稷。遂以专长总百工，十年庶政称熙绩。由来婚宦事相连，诗咏宜家窈窕贤。锦瑟华年今不改，同心眷属比神仙。夫人门第射雕馆，沪杭一苇春江暖。妇德兼工咏絮吟，女箴还擅生花管。齐眉鸿案意相庄，燕寝不殊昼锦堂。忽漫骄邻偏构衅，芦沟桥月冷流霜。战时宦辙嗟蓬转，陌头几见春光换。漫言西北是长安，莼鲈梦绕江乡远。汉皋小住又兰皋，自笑流人比燕劳。往日琴书浑抛却，布衣井臼手亲操。民生服用资蓄牧，林木资源国用足。不因关陇叹兵尘，却喜庭阶森玉簇。陪都新命下山城，翊赞机枢位列卿。八载六军今奏凯，又传羽檄出关行。支离东北风尘里，玄黄我马愁行止。休戚相关国与家，课儿望远劳良匹。莺迁移节驻京华，开府旌旗拥大牙。弦诵士民成卧治，忽听城阙引悲笳。跳梁本是潢池丑，星火燎原惊九有。元首殷忧引退初，乞身闲却回澜手。防洪曼谷阅春秋，水利翻为异国谋。省识平生康济意，泽流瀛海等神州。十年再是国门入，衮职尊同华衮袭。文轨一新路电邮，更从寰宇通舟楫。除书持节又巴西，惯涉沧溟路不迷。前席自陈非少壮，傍山小筑称幽栖。向平愿了完婚嫁，从心风月今无价。万里晨昏隔海云，双飞鹣佩临风驾。含饴乐事弄诸孙，清白相丞世德存。五十年间家国事，高门有喜庆金婚。多时王粲依莲幕，不才只愧陶甄负。几回清坐话承明，轮囷肝胆平生故。若论志业总无伦，天与康强自在身。举世愿长开寿域，年年簪笔颂芳辰。